KB253770

스마트 TV 혁명

스마트 TV 혁명

스마트 TV 혁명

미래 미디어의 중심

고찬수 지음

21세기북스

미래 미디어의 중심, 스마트 TV

지금은 IT 기술이 방송에도 적용되면서 IT 관련 기술에 대한 이해가 없으면 미래 TV에 대해서도 예상할 수 없는 세상이 되었다. 필자는 10년 전부터 우연한 기회에 IT에 관심을 가지게 되었는데, 개인적인 호기심에 많은 관련 글들을 읽었고 이에 대해 인터넷에 개인 의견도 피력해 왔다. 15년이 넘는 시간동안 방송사의 예능 PD로 오락 프로그램을 만들고 있는 필자는 인터넷 세상에서는 쇼피디showpd라는 필명으로 활동하고 있다. 일반적으로 PD는 회의하고 편집하고 촬영하느라 잠을 잘 시간도 없이 바쁘다고 여겨지고 있어서 인터넷에서 활동하는 필자의 모습을 주변에서는 신기하게 바라보곤 했다. 처음에는 그저 호기심에서 시작된 쇼피디 활동이 방송과 통신의 융합이 당연해진 지금에는 필자의 가장 큰 경쟁력이 되었다.

방송에 항상 새로운 신인들이 나타나서 사람들의 사랑을 받듯이,

IT 업계도 항상 새로운 용어를 만들어 내면서 성장을 한다. 마치 패션 산업이나 엔터테인먼트 산업처럼 인기 스타, 즉 'buzz word'라고 하는 유행어를 만들어 내면서 그 열기와 함께 성장을 한다. 2년 전 필자는 『쇼피디의 미래방송 이야기』라는 졸저에서 당시 IT 업계의 스타였던 IPTV에 관한 많은 이야기를 했었는데, 2년이 지난 지금 IPTV는 사람들을 열광시킬 수 있는 스타성을 상실해 버렸고 새로운 스타를 찾던 사람들은 IPTV를 버리고 스마트폰이라는 새로운 신인에 열광하기 시작했다.

방송 제작 일을 하고 있는 사람으로서 가지고 있는 TV에 대한 애착과 관심 때문이었는지, 스마트폰의 열기 속에서도 TV가 미래 미디어의 중심이 될 운명이라는 확신을 필자는 버리지 못했다. 그러던 중 스마트 TV라는 용어를 일찍 접하게 되었고, 쇼피디의 직관을 통해 당시 그저 개념적인 수준으로만 이야기가 되던 이 새로운 신인에 뭔가 대단한 잠재력이 내재되어 있다고 판단을 내리고 스마트 TV 관련 자료들을 조사하기 시작했다. 이를 통해 IPTV가 꿈을 꾸었지만 현실의 장벽 속에서 이루지 못했던 모든 미디어의 중심이 되는 미래 TV의 가능성을 스마트 TV에서 발견하게 되었고 이런 필자의 생각을 사람들과 나누고자 이 책을 집필하게 되었다.

필자의 직관이 적중했는지 이제 스마트폰의 열기가 스마트 TV로 이어지고 있는 징표가 하나 둘 나타나고 있으며 이제 스마트 TV는 스마트폰의 IT 스타 자리를 이어 받을 다음 주자로 인식이 되고 있다. 항상 차세대 스타를 찾으려는 사람들에게 스마트 TV는 너무나 매력적인 차세대 신인으로 여겨지고 있는 것이다. 스마트 TV가 주목을 받게 된 것은 구글과 애플이라는 세계의 IT 업계를 선도하는 회사에서 스마트 TV를 출시할 계획이라는 뉴스 때문이었다. 세계 TV 시장의 강자로 굴림하고 있는 한국의 가전업체에게는 큰 위기가 다가오고 있는 것이다. 한국의 가전업체들은 세계 휴대폰과 TV 시장의 상당 부분을 장악하고 있으며, 브랜드에 대한 충성도도 점차 높아져 가고 있다. 하지만 휴대폰과 TV가 스마트화되면서 이제는 단순히 기기를 판매하는 것으로는 높은 수익을 거둘 수 없는 세상이 되었고, 기업의 미래도 장담하기 어려운 상황이 되어 버렸다. 우리 기업들이 앞으로 가까운 미래에 어떤 전략으로 어떤 선택을 하여 대응을 하는가가 향후 10년 이후의 기업의 먹거리를 좌우하게 될 것이기 때문에 지금은 기업들이 자신의 미래를 결정할 아주 중요한 시간인 것이다.

스마트폰이 그러했듯이, 스마트 TV도 단순히 TV라는 하드웨어만의 문제가 아니다. 스마트 기기들은 그 기기를 통하여 이용하게 되는 콘텐츠를 생산하는 업체들에게도 미래의 생존이 걸린 새로운 전쟁터가 되고 있다. 방송사, 신문사, 출판사 등 기존의 미디어 업계 뿐 아니라 그동안 TV와는 별다른 연결고리가 없던 교육이나 의료 산업 등도 스마트 기기 시대에는 새로운 소비자들의 미디어 소비 행태의 변화에 적극적으로 대응하지 않으면 뒤쳐져 버리는 세상이 다가오고 있다.

이 책에서는 스마트 TV로 발전해가는 TV의 발전 과정을 통해 스마트 TV의 개념을 정리해 보고, 스마트 TV가 우리 사회에 가져올 폭풍 같은 변화와 이 변화에 대처하기 위한 각 업계들의 움직임을 살펴볼 것이다. 또한 스마트 TV가 만들어 가게 될 미래 미디어의 모습에 대한 필자의 생각과 비전을 제시해 보고자 한다. 항상 새로운 미래를 상상하며, 창의적인 생각으로 우리 사회의 변화를 만들어 내고자 하는 많은 분들에게 이 책이 조금이나마 참고할 수 있는 내용이 되었으면 하고 기대한다. 또 이제 막 그 모습을 만들어 가기 시작한 스마트 TV가 제대로 성장할 수 있도록 하는 것에 조그마한 기여를 하는 성과를 만들어 내기를 바라며 내용을 완성하는데 도움을 준 모든 분들에게 감사의 마음을 전하고 싶다.

Chapter. 3 | 스마트 TV와 미디어의 변화

Chapter. 4 | 스마트 TV와 사회 변화

Chapter. 1

스마트 TV란 무엇인가?

Smart TV

왜 '스마트 TV' 인가?

스마트폰 열풍　아이폰의 등장과 함께 스마트폰 열풍이 불고 있다. 스마트폰이 비싸고 폼 나는 기기에서 앞서가는 현대인의 필수품으로 등극하면서 스마트폰에 대한 소비자들의 인식이 달라지고 있다. 스마트폰 이전의 휴대폰은 전화를 걸고 문자를 보내는 정도의 기능이면 족했다. 그 이외의 기능들은 불필요할 뿐 아니라 휴대폰의 가격을 올리기 위해 만든 것들로 인식하던 보수적인 소비자들도 이제는 휴대폰이 PC와 같은 개인용 컴퓨터로 변해 가는 것을 당연한 흐름으로 인정하게 되었다.

스마트폰이 개인용 PC로 변화하면서 이제 사람들은 휴대폰이라는 이름보다 스마트폰이라는 개념을 자연스럽게 받아들이게 되었다. 이러한 휴대폰의 변화는 그동안 PC에 의해 만들어진 우리 사회의 변화

그 이상의 혁신을 몰고 올 것으로 예상하고 있다. 스마트폰으로 대변되는 무선 인터넷은 지금까지와는 전혀 다른 변화를 만들 것이다. PC와 이를 연결하는 네트워크의 발달로 우리는 제1의 인터넷 혁명을 경험했고, 이제 스마트폰과 무선 네트워크의 발달로 제2의 인터넷 혁명을 눈앞에 두고 있다.

기존의 인터넷 혁명과 제2의 인터넷 혁명은 무엇이 다를까. 그것은 기존의 인터넷이 가지고 있던 장소의 제약으로부터 해방되어 진정한 유비쿼터스 시대의 네트워크가 되었다는 것을 의미한다. 이 유비쿼터스라는 새로운 변화는 우리 사회를 근본적으로 변화시키게 될 것이다. PC에 맞추어져 개발된 모든 것들이 이제는 스마트폰의 사용자들에게 그 타깃을 두게 될 것이고, 이런 변화의 움직임 속에는 엄청난 기회가 숨어 있다. 이런 이유 때문에 제2의 인터넷 혁명이라는 용어가 사용되고 있으며, 지금의 경제 위기를 해결할 그 무엇으로 기대하고 있는 것이다. 그동안 초고속 인터넷이라는 정보 고속도로로 표현되는 유선 네트워크의 발달은 우리 사회 곳곳에 큰 변화를 가져왔다. 초고속 망의 존재가 이제는 혁신의 문제가 아닌 당연히 필요한 인프라로 인식되면서 스마트폰과 무선 인터넷이 기회의 땅으로 우리 앞에 나타나게 되었다.

이렇게 스마트폰 혁명의 출발점에서 필자는 스마트폰의 다음을 상상해 보고자 한다. 스마트폰이 만들어 낼 미래를 고민해야 할 시기에 너무 빠르게 그 이후를 고민하는 것에 이의를 제기할 분들도 있을 것이다. 그러나 필자의 생각으로는 여기서 논의하고자 하는 스마트폰

이후의 미래는 스마트폰이 만들어 낼 미래의 변혁과 분리되어 있는 것이 아니고 함께 연결되어서 나타날 현상이기에 이에 대한 발의는 유효하며 필수적이라는 확신도 든다. 그렇다면 스마트폰 혁명 이후는 무엇인가?

스마트 TV의 등장　　　　PC는 인터넷이 등장하기 전에도 그랬고, 지금도 콘텐츠를 소비하기보다는 콘텐츠를 생산하는 기기이다. 인터넷 시대 이전에는 콘텐츠 생산자와 소비자는 명확하게 분리되어 있었다. 일부의 한정된 콘텐츠 생산자와 다수의 콘텐츠 소비자로 나누어져 있는 것이 일반적인 모습이었던 것이다. 그러던 것이 인터넷의 등장으로 소비자와 생산자의 분리가 불명확해졌다. 콘텐츠 소비자가 콘텐츠를 생산하는 UCC가 각광을 받게 된 것이다. 많은 인터넷 사용자들이 자신이 직접 콘텐츠를 제작하는데 참여하고 있으며 대부분의 콘텐츠 제작은 주로 PC를 통해서 이루어지고 있다. 이런 이유로 앞으로 어떤 미디어 기기가 등장하더라도 PC가 가진 콘텐츠 생산 기기로써의 지위를 대체하기는 힘들다는 이유를 들어 일부에서는 PC의 몰락은 있을 수 없다고 주장한다.

지금의 디지털 혁명과 인터넷 빅뱅을 탄생시킨 PC는 이제 쏟아지는 개인용 미디어 기기와 TV의 도전에 직면해 있지만 앞으로도 콘텐츠 생산 기기로써의 지위는 유지해 갈 수 있을 것으로 보인다. 하지만 PC가 가진 가장 큰 약점은 이동성의 결여이다. 노트북이나 넷북의 등장으로 이런 문제점을 해결하려는 노력이 있었지만 여전히 휴대하고 다니는 것에는 불편이 따른다. 그래서 휴대폰에 인터넷 기능 등 컴퓨터화 작업이 이루어지고 스마트폰이 탄생하게 되었으며 이를 통한 무선 인터넷이 각광받게 된 것이다.

개인용 미디어 기기의 대명사인 휴대폰 또한 콘텐츠를 생산하기보다는 콘텐츠를 소비하려는 기기였다. 휴대폰을 통해 일부 발생되는 창작물, 문자나 사진 등은 콘텐츠로써의 가치를 누리지 못하고 시간이 지나면 사라지는 운명이었다. 하지만 스마트폰으로 업그레이드된 지금은 이런 휴대폰의 특성이 서서히 변해 가고 있는 중이다. 요즘 들어 스마트폰과 SNS 서비스의 결합으로 휴대폰에서 만들어진 콘텐츠가 중요성을 갖게 되었고, 이제 휴대폰은 콘텐츠 소비를 위한 것에서 콘텐츠의 소비와 생산을 동시에 해내는 기기로 그 면모를 일신하고 있다.

휴대폰이 이동의 자유를 콘텐츠 소비자들에게 주면서 큰 변혁을 만들어 내고는 있지만, 콘텐츠를 소비하는 휴대폰 화면의 크기가 콘텐츠 소비에는 치명적인 약점이다. 이동 중에는 휴대폰으로 콘텐츠를 소비하는 것이 편리하지만, 고정된 장소에서는 작은 화면이라는 한계 때문에 더 큰 화면을 가진 다른 기기에 비해 소비자들의 선택을 받을 가능성이 적다. 이런 치명적인 약점 때문에 스마트폰은 콘텐츠 소비에 더욱 적합한 다른 기기에 자신의 자리를 일부 내어 주게 될 것이며, 그 주인공은 바로 스마트 TV 라는 것이 필자의 생각이다.

PC, 스마트폰, 스마트 TV의 연동

PC, 휴대폰 그리고 TV는 이제 콘텐츠의 생산과 소비에 함께 공존해야 하는 연결성이 만들어지고 있다. 각각의 단점을 보완해 주고 장점을 특화시키는 방향으로 함께 발전할 운명이다. PC와 스마트폰, 그리고 스마트 TV가 연동하면서 콘텐츠 생산과 소비가 유기적으로 이루어지는 것이 미래 콘텐츠의 흐름이 될 것이다. 이 세 기기가 항상 연동하면서 이동하는 도중이나 야외에서는 스마트폰을 사용하건 소비자들이 고정된 장소, 즉 가정에서는 스마트 TV를 그리고 회사 등에서는 PC를 통해서 콘텐츠를 소비하는 것이다. 이런 미래 미디어 환경의 변화 때문에 스마트폰 혁명의 시작을 논의해야 하는 이 시점에서 스마트 TV에 대한 논의도 함께 이루어져야 하는 것이다.

스마트 TV라는 용어가 등장한 것은 최근의 일이다. 디지털 기술의 발달에 따라 기존의 단어 앞에 스마트라는 형용사를 붙여서 새로운 개념의 용어들이 나타난 것은 꽤 오래 전의 일이지만 TV 앞에 '스마트'라는 형용사를 붙이게 된 것은 얼마 되지 않았다. 최첨단 기능이 추가된 제품들에 이 스마트라는 형용사가 첨가되었는데, 사람들과 가장 가까운 TV라는 기기에 이제야 스마트가 사용되게 된 것은 어찌 생각해 보면 늦은 감도 있다.

스마트smart는 어떤 명사 앞에 붙으면 기존의 것보다 더 뛰어난 기능을 가지고 있다는 것을 의미한다. 특히 디지털 관련 기술의 도입으로 기기가 단순히 본래의 역할을 수행하는 것에서 사람의 사고 능력을 보유한 것처럼 작동한다는 의미가 강조되고 있다. 소프트웨어나

하드웨어에 관해 말할 때는 정보처리 능력을 가지고 있다는 것을 나타내는 용어로, 특히 지금까지는 기대할 수 없었던 정도의 능력을 가지고 있다는 것을 나타낸다. 스마트 빌딩, 스마트 카, 스마트 카드 등 다양한 분야에서 이미 이런 정보처리 능력이 부가되어 사용되었으며, 이런 움직임은 모든 분야로 확대되고 있다.

스마트폰은 휴대폰과 개인휴대단말기의 기능을 합친 것으로, 휴대 전화기에 인터넷 접속 등의 데이터 통신과 컴퓨터의 정보처리 기능을 통합시킨 것이라 정의할 수 있다. 휴대폰이 스마트라는 단어와 결합하여 정보처리 능력이 부가된 지능형 휴대폰이 된 것이다. 스마트 TV는 이 스마트폰에 TV를 적용한 조합어라 할 수 있다. 즉, 휴대폰이 컴퓨터의 기능을 포함하면서 나온 개념이 스마트폰이듯이 TV가 컴퓨터의 정보처리 능력을 흡수하여 발전한 개념의 제품을 통틀어서 스마트 TV라고 부르는 것이다.

그림 1 | 미래 미디어로 성장할 스마트 TV

스마트폰의 정확한 정의를 내리는 것이 현실적으로 쉽지 않은 것처럼 스마트 TV 또한 어려운 일이다. 스마트폰이 PDA에 전화 기능을 포함시킨 것을 시작으로 무선 인터넷 위주의 기능을 중요하게 만든 것, 그리고 최근의 어플리케이션 위주의 휴대폰까지 다양한 종류의 스마트폰이 존재하고 있으며 이런 모든 것을 아우르는 명칭이 스마트폰인 것이다. 스마트 TV도 이처럼 다양한 스펙트럼을 가지고 있으며, 이제 걸음마 단계이기 때문에 정의를 내리기가 쉽지 않다. 이런 이유로 스마트 TV의 범위가 어디까지인가는 정확하게 일치된 의견을 구할 수 없다. 하지만 스마트 TV가 스마트폰에서 단초를 찾아서 나타난 개념이기 때문에 TV의 역사와 함께 휴대폰의 발달 과정을 살펴보고 이를 통해서 미루어 생각해 보면 TV가 어떻게 스마트 TV로 발전해 갈 것인지에 대한 대략적인 모습을 상상해 볼 수 있을 것이다.

TV의 역사

TV의 발달　1929년 영국 BBC는 세계 최초로 TV의 시험 방송을 시작했고, 이어 1936년이 되어서야 영국 BBC는 정규 방송을 시작했다. TV는 80년이라는 길지 않은 기간 동안 많은 변화를 겪었다. 기계식 송출에서 전자식으로, 흑백에서 컬러로, 이제 아날로그에서 디지털로 변화했고 앞으로도 무한한 변화가 이루어질 것이다. 그렇다면 TV는 어떤 과정을 거쳐 스마트 TV로 발전했을까?

　TV의 시작은 무선 전파에 음성, 사진, 동영상을 실어 보낼 수 있게 된 것이 계기가 된 마르코니의 무선 전신을 그 태동이라고 말할 수 있겠다. 그 뒤에 우리의 일상생활에 존재하는 전파에 콘텐츠를 실어 나르는 기술이 발달하고 전파를 주파수로 나누어 일정 주파수에서 콘텐츠를 보내고 받는 것이 일반화되면서 전화, 라디오, TV가 모습을 드러내게 되었다. 촬영된 동영상을 화면을 통해 본다는 행위는 인류에게 커다란 충격으로 다가왔지만 이제는 너무도 친숙해져서 원래부터 자연스럽게 존재했었던 것으로 인식하게 되었다.

TV는 세상에 모습을 드러낸 이후부터 지금까지 두 번의 큰 변혁을 만들어 냈다. 첫 번째는 흑백의 화면으로 시작한 TV가 컬러로 변화한 것이고, 두 번째는 아날로그가 디지털로 변신한 것이다. 이런 두 번의 변혁과 함께 앞으로 다가올 세 번째는 그동안과는 전혀 다른 새로운 방송 시대를 만들어 갈 것으로 예상된다. 새로운 방송은 스마트 TV로 대표되어 불릴 것이며 이것이 가져다줄 산업적 충격은 앞에서 우리가 겪은 두 번의 변혁과는 차원이 다른 것이 될 것이다. 앞으로 다가올 스마트 TV 시대를 더해서 TV의 발달 과정을 아래와 같이 구분할 수 있다.

> 1세대 – 흑백 TV의 시대
>
> 2세대 – 컬러 TV의 시대
>
> 3세대 – 디지털 TV의 시대
>
> 4세대 – 스마트 TV의 시대

1세대는 TV가 처음 세상에 모습을 선보인 후 색깔을 가지게 되기 전까지를 흑백 TV 시대라고 할 수 있다. 이 시절의 TV는 그야말로 사치품이었다. 처음 국내에서 만들어진 흑백 TV의 가격은 6만 원으로 쌀 27가마니 값이었는데 추첨을 통해서 판매했다고 한다. TV는 부잣

집 마당에 놓여있어 마을 사람들 모두에게 열려진 창이었다. 물론 그 집 마당에 누가 들어올 수 있느냐에 대한 권한은 부잣집 자녀들에게 있었지만 말이다. TV는 사람들을 모두 TV가 있는 마당으로 불러 모으게 했으며, 함께 울고 웃으며 감정을 나누던 동네 사랑방 역할을 톡톡히 해냈다.

그림 2 | 국내 최초로 출시된 국산 흑백 TV, VD-191 (출처 : LG전자)

TV의 2세대는 컬러 TV 시대이다. 세계 최초의 컬러 TV 방송은 1951년에 미국에서 시작되었다. 그런데 국내에 컬러 TV가 소개가 된 것은 1980년의 일로 무려 29년 후였다. 국내에서 컬러 TV의 생산이 시작된 것은 1970년대였지만, 컬러 TV가 소비를 조장한다는 이유로 전량을 외국으로 수출했다. 한국의 첫 컬러 방송은 1980년 12월 1일, 수출의 날 기념식 중계로 시작되었다. TV에서 흑백 화면 대신 컬러 동영상이 방송된 초기의 놀라움은 상상 그 이상이었다. 컬러 TV의 등장으로

TV의 사실주의 경향이 더욱 두드러졌다.

이어서 나타난 TV의 3세대는 디지털 TV 시대이다. 디지털 TV와 관련해서는 방송의 기술적 방식에 대한 논쟁이 있었다. 미국식과 유럽식, 두 개의 방식을 두고 어떤 기술 표준을 사용하는 것이 미래의 국내 방송에 더 이익이 될 것인가에 대한 논의가 지루하게 계속되었다. 당시 방송 기술에 대한 정책의 주무부서였던 정보통신부에서는 미국식 표준으로 디지털 방송의 전송 방식을 정하였으나 이에 대해 유럽식의 장점을 주장하는 반대 의견도 만만치 않아 소모적인 논쟁이 계속되었다. 결국 정보통신부의 의견대로 미국식으로 추진되었고, 우리의 방송은 디지털과 아날로그 송출을 같이 하는 과도기로 들어가게 되었다. 아날로그 TV 방송은 2012년 12월을 끝으로 그 이후부터는 디지털 TV 방송만을 하게 되어 있다. 디지털 기술의 등장으로 기존의 아날로그 방송으로는 불가능했던 고화질과 다채널 방송이 가능해졌으며, 한국에서는 다채널 방송을 대신하여 SD, HD라고 불리는 고화질 방송이 시작되었다.

아날로그를 디지털화하는 이유　　디지털이라는 것이 무슨 마법과도 같은 힘이 있기에 디지털 기술로 인해 방송이 새로운 세상을 맞이하게 된 것일까? 디지털 기술은 아날로그 기술에 비해 효율적이다. 그렇다면 왜 디지털은 효율적일까? 또 디지털은 아날로그보다 왜 고화질, 고음질 일까? 우리가 살고 있는 현실은 모두 아날로그이며, 인간의 오감은 디지털을 전혀 인식하지 못한다. 그렇다면 디지털이라는 것은 왜 세상에 나타나게 된 것일까? 우리가 살아가는 아날로그 세상은 정확한 분석이 불가능하다. 내 앞에 사탕이 하나 있다고 가정하자. 이것을 계속해서 부수면 분자, 원자, 전자 등 끝없이 쪼갤 수 있지만 궁극적인 형태는 알 수 없다. 그래서 우리는 무언가 분별이 가능한 상상의 물질을 가정하게 된다. 그래야 사탕이라는 물건을 분석이 가능한 무엇으로 만들 수 있는 것이다.

점을 찍어서 그림을 그리는 점묘법을 사용한 그림을 확대해서 자세히 들여다보면 그림이 하나하나의 점으로 이루어져 있다. 디지털은 아날로그 세상을 아주 작은 점으로 나누어 표현하여 분석이 가능한 상상의 세상을 만들어 낸 것이다. 점의 수가 많으면 많을수록 아날로그 세상과 더 유사하게 보인다. 그렇다면 이것이 왜 방송 산업의 발전과 관계가 있을까?

점을 찍어서 세상을 표현하는 디지털은 아무리 정교하고 작게 점을 만들어 낸다고 해도 아날로그 세상보다 사실적인 정도가 약하다. 품질에 있어서 디지털 형태는 아날로그를 능가할 수 없다. 디지털은 유한한, 아날로그는 무한한 점으로 이루어졌기 때문이다. 그런데 왜 디지털 기술이 방송의 고화질, 고음질을 가능하게 만드는 것인가? 그 이유는 세상을 분석 가능하도록 해주는 디지털 기술 때문이다. 아날로그 기술로 표현되는 방송은 이상적으로는 디지털 기술의 방송보다 더 고품질이 가능하지만 이를 위해서는 아날로그 세상의 엄청난 정보를 표현하고 처리해내는 것이 필요하다. 어느 지점에 도달하면 분석이 어려운 아날로그보다 분석이 가능한 디지털이 효율적이다. 그래서 사람들은 디지털이라는 효율적인 분석 도구를 사용한다. 아날로그적인 현실을 디지털화함으로써 컴퓨터로 분석하고 처리할 수 있게 되고, 기존에는 불가능해 보였던 여러 가지 것들을 가능하게 할 수 있게 된 것이다.

인간의 인식 한계　　　　사람의 눈과 귀 등의 감각은 어느 정도 이상의 정보량을 넘어서면 그 뒤에는 정보량의 차이를 구별해 낼 수 없다. 점묘화의 점을 작게 찍을수록 정교한 그림으로 인식하지만 어느 순간부터는 아무리 작게 점을 나누어도 사람의 눈에는 큰 차이가 없게 되는 시점이 온다. TV를 볼 때 우리는 무수히 많은 주사선(텔레비전 화면 위를 달리고 있는 선)의 색을 보고 있는 것인데, 우리의 눈은 1초에 30번 이상의 움직임을 감지할 수 없기 때문에 일정한 화면이 보이는 것이다. 이러한 인식 기관의 한계와 컴퓨터의 정보처리 능력을 결합하여 디지털 기술은 아날로그에 비해 훨씬 적은 정보량으로 고품질의 영상을 표현할 수 있다. 우리가 현재 HD 또는 SD라고 부르는 고화질의 방송 프로그램을 디지털 기술로 구현해 내는 것이다. 이런 현상은 소리에 대해서도 같이 적용된다. 아날로그에 비해 적은 정보량으로 효과적인 결과를 만들어 낼 수 있는 디지털 기술의 마술이 오늘날의 디지털 세상을 만들고 있다. 그리고 이제 4세대 TV인 스마트 TV 시대의 서막이 열리고 있다.

TV의 디지털 전환

방송 분야 특히 TV에서의 디지털 전환은 아래의 세 가지가 혼재되어 사용되고 있다.

1. 디지털 전환
2. HD 전환
3. 디지털 워크플로우

이 세 가지 용어에 대해 알아보고, 방송의 디지털 전환이 어떤 모습을 보여줄 수 있을지 생각해 보자.

디지털 전환　　　　디지털 전환은 말 그대로 아날로그 방송으로 송
출되던 것을 디지털로 바꾸어 송출한다는 것이다. 디지털 전환에서
는 송출이 중요한 요소이다. 송출이란 제작을 모두 끝낸 프로그램을
전파에 실어 보내는 것을 말한다. 이 전파는 주파수에 따라 나눠지고
방송을 실어 나르기 위한 공간을 위해 일정 대역의 주파수가 각 방송
채널에게 할당이 된다.

　방송 프로그램의 정보량에 따라 필요한 전파 넓이가 다르다. 음성
에 비해 영상을 표현하기 위한 정보량이 많고 흑백에 비해 컬러를 표
현하는 컬러 TV가 정보량이 많다. 고음질과 고화질의 프로그램을 송
출하기 위해서는 더 넓은 대역의 주파수가 필요하게 된다. 여기에 왜
디지털로 전환을 해서 송출하는가 하는 이유가 있다. 디지털은 압축
이라는 기술로 정보량을 줄일 수 있고 송출 시에 보다 적은 주파수
대역으로 더 고음질, 고화질로 보낼 수 있다. 한정된 전파 자원을 효
율적으로 이용할 수 있다는 것이 디지털 전환의 이유인 것이다. 한정
된 방송 주파수를 디지털로 바꾸면 아날로그 송출보다 고품질이면서
더 많은 방송 채널을 송출하는 것이 가능하게 된다.

　디지털 전환은 현재 미국이나 영국, 일본 등이 추진 중이거나 계획
하고 있고 우리나라도 2013년부터는 디지털 방식으로 송출을 하겠
다고 국가의 정책을 세워 놓았다. 우리나라는 아날로그와 디지털, 두
가지의 방식으로 방송 프로그램을 송출하고 있다. 이미 디지털 TV를
가지고 있는 시청자들은 디지털 방송을 보고 있는 것이다. 2013년
디지털 전환이 이루어지면 아날로그 방송의 송출은 중단되고 디지털

방식만을 사용하게 된다. 방송통신위원회의 계획은 2012년 12월 31일 오전 4시를 기해 기존의 아날로그 방송을 종료하고, 디지털 방송만 송출한다는 것이다. 그때부터는 아날로그 방식의 TV 수상기를 통해서는 TV를 볼 수 없다. 시청자의 디지털 전환에 대한 무관심과 반대에 대해서 방송통신위원회는 셋톱박스를 무상으로 지원하고 디지털 전환에 대한 필요성을 홍보하는 등의 노력을 기울이고 있다.

한정된 주파수 자원을 효율적으로 활용하고자 하는 디지털 전환은 TV 시청자의 입장에서 보면 불편한 일이다. 아날로그 TV를 보유한 시청자들은 다른 집에 가거나 가전제품 매장에서 디지털 TV를 보지 않는 이상 아날로그 TV로도 별 불편을 느끼지 못한다. 지금 아날로그 TV에서 방송되는 채널로도 충분하다고 생각하는 시청자들에게 디지털 전환은 어떤 의미가 있을까. 필자는 디지털 전환은 단순히 고화질과 다채널이 가능해진다는 의미 이상으로 새로운 시대의 기술 전쟁 성격이 더 강하다고 여겨진다. 변화를 거부하고 지금 있는 것에 만족한 사회나 국가는 항상 역사에서 자신의 의지와는 상관없이 다른 세력에 의해 도태되는 운명을 겪는다. 디지털 전환은 단순한 기술적 발전에 따른 좋은 TV와 콘텐츠를 즐기게 되었다는 의미 이외에 우리 사회가 국제무대에서 어떻게 적응하면서 발전해 가는가와 관련 있는 문제이다. 또 기존의 아날로그 방송 주파수를 차세대 방송과 통신에 이용할 수 있어 국가경쟁력을 높이는 기회를 갖도록 하며, 미디어 산업의 발전을 만들어 내는 첫 단추와도 같은 일이 될 것이다.

디지털 전환은 TV를 통해 더 많은 채널과 더 좋은 품질로 즐기게 되는 것뿐 아니라, 국가의 경쟁력을 확보하는 일이라고 생각하며 추진해야 할 국가적인 사업인 것이다.

HD 전환　　HDHigh Definition전환은 현재 SDStandard Definition 방식인 TV 방송 프로그램의 화질을 더욱 고화질화하여 HD급 화질의 프로그램으로 만든다는 것이다. SD도 이미 디지털 방식으로 제작되고 있고 아날로그에서 디지털로 바뀌게 되면서 등장한 것이 SD급 화질의 프로그램이다. 처음 SD급의 등장에도 고화질이라는 말이 쓰였는데 이제는 더 화질이 좋은 HD가 나타나면서 벌써 SD는 구시대의 산물처럼 느껴지게 되었다. 영상의 화질은 보통 화소라고 불리는 점의 수로 나타내는데, SD는 영상 화면의 구성을 가로 720개, 세로 480

그림 3 | 디지털 방송의 두 가지 혜택, 고화질과 다채널

개의 점으로 만들어 낸다. 이를 720×480이라고 표현하며, 약 35만 화소, 즉 점의 숫자가 35만 개로 이루어진 화면이 SD급의 영상인 것이다. HD는 가로 1920개, 세로 1080개의 점으로 구성된 화면으로, 약 200만 화소의 영상을 표현한다.

우리는 지상파 TV가 디지털로 넘어갈 때 디지털 기술로 인해 가능한 고화질과 다채널 중에 고화질을 선택했다. 그래서 디지털 TV에서는 자연스럽게 HD 고화질 방송을 보고 있는 것이다. 반면 유럽 국가들은 다채널 정책을 선택했고, 유럽의 지상파 방송은 다채널을 방송하여 케이블과 위성 등 유료 방송과 경쟁했다. 이런 선택의 결과, 지금의 거의 HD 방송을 하고 있지 않은 유럽 지상파 TV는 이제야 HD 방송의 위력을 실감하고 서서히 적용하고 있다.

우리는 HD라는 고화질을 선택하면서 채널 수는 그대로 유지하는 정책을 선택했고, 이런 이유로 다채널은 케이블 등의 유료 방송에서만 가능하다. 지상파 다채널 시대는 고화질 때문에 늦어지기는 했지만 MMSMulti Mode Service라는 기술로 다채널도 가능한 세상이 오고 있다. 하지만 지상파 다채널 문제는 다른 유료 방송과의 이해 관계가 상충하기 때문에 추진하는 것에 어려움이 많다. 결국 지상파 방송에서 다채널과 고화질 방송은 시간의 문제이지 당연히 추진되어야 할 방향이고 기술적으로도 이미 가능하기 때문에 가까운 미래에 시청자들은 더 많은 채널을 더 좋은 품질로 즐길 수 있게 될 것이다. 방송사들은 이런 디지털 변화를 어떻게 효율적으로 제작에 적용할 것인가를 두고 고심하고 있다. 아직까지는 이상적인 형태의 디지털화를 한꺼번에 추진하기에는 장애 요소가 있다. 하지만 결국 방송의 디지털화는 거부할 수 없는 시대적 대세이며, 살아남기 위해 받아들여야 하는 미래의 방송 모습이기도 하다.

디지털 워크플로우　　　　디지털 워크플로우Digital Workflow란 제작 전 과정을 디지털화한다는 의미이다. 여기서 말하는 디지털화란 컴퓨터 기반의 제작 체계를 말한다. 기존의 방송에서 사용하던 영상 저장 매체인 테이프를 없애고, 이를 대신해서 디지털화된 영상 정보를 파일화하여 저장하고, 파일 형태의 영상을 컴퓨터 기반의 편집 장비로 자유롭게 편집하고자 하는 것이다. 디지털 워크플로우를 아주 쉽고 거칠게 표현하자면, 기존의 동영상 저장 매체인 테이프를 컴퓨터 방식의 파일로 바꾸는 것이라고 할 수 있다. 이미 카메라의 영상 저장 매체가 테이프에서 하드나 블루레이 디스크로 변화되고 있으며 대부분의 국가 방송사에서는 이런 카메라로 얻어진 영상을 컴퓨터 기반의 편집 시스템으로 가공하여 완성물을 만드는 시스템을 갖추고 있다.

이렇게 영상물의 제작 과정이 파일화되고 컴퓨터 기반의 제작 작업이 완성되면 기존의 제작 인력의 활용이보다 효율화되고 다매체, 다채널에 융통성 있게 대응할 수 있는 제작 체계가 만들어질 것으로 기대하고 있다. 촬영하는 카메라의 테이프를 하드로 바꾸고, 하드에 파일 형태로 저장된 동영상을 NLE라는 컴퓨터 기반의 파일 편집 기

기로 편집하며, 편집된 동영상도 파일 형태 그대로 송출하는 방식이
다. 기존의 촬영과 편집에서 사용하던 테이프를 모두 없애는 것은 정
부에서 녹색 방송이라는 이름으로 탄소 배출을 줄이는 사업으로도
장려되고 있다.

테이프가 사라지고 하드를 사용하는 것이 과연 탄소 배출을 줄이는
것인가에 대해서는 논의의 여지가 있지만, 방송의 제작 과정을 효율화
하고 방송 콘텐츠를 바탕으로 다양한 연관 콘텐츠를 만들어 낼 수 있다
는 점에서 미래지향적이라 할 수 있다.

고화질, 다채널 그리고 코덱

고화질과 다채널 방송　　　　그림이나 사진의 선명도를 나타내는 숫자를 화소수라고 부른다. 화소는 그림을 구성하는 점을 뜻하고, 화소수는 그림이 몇 개의 점으로 구성되어 있느냐하는 것이다. 이 화소수, 즉 점의 개수가 클수록 그림은 세밀하고 표현력이 높지만, 그만큼 정보량도 커지게 된다. 디지털 TV의 영상은 화소, 즉 점 하나하나의 정보를 전송해 모자이크처럼 화면을 만든다. 화소가 많은 동영상을 보통 해상도가 높다고 표현하는데 해상도가 높다는 것은 화소수가 크다는 것이고, 보다 더 선명한 동영상 화면이라는 뜻이다.

우리가 TV를 통해 보고 있는 SD는 앞에서 이야기한 것처럼 가로에 720개, 세로에 480개의 점을 이용하여 TV 화면에 표현한다. 현재 일반 디지털 방송과 DVD가 이 SD급의 화질을 가지고 있는 동영상이다. 아날로그 TV 방송이 가로 525개, 세로 480개로 이루어지는 것과 비교하면 2배 정도의 화질 개선이 디지털 방송을 하면서 이루어진 것을 알 수 있다. HD급은 가로 1920개, 세로 1080개의 점을 이용하기 때문에 SD에 비해 4배 이상의 고화질을 표현할 수 있다. 여기에 화면을 표현하는 방식을 다르게 하여 HD에 비해 2배의 고화질을 표현하는 것을 Full HD라고 부른다. TV에서 방송되는 동영상의 화질은 그 동영상을 구성하는 점의 숫자에 의해 결정된다. 디지털 방송에서는 이 점 하나하나가 정보로 처리되므로 화질이 높은 동영상일수록 정보량이 커져서 이를 처리하는데 많은 리소스가 투입되어야 한다. 이런 이유 때문에 고화질 영상을 제작하고, 편집하며 이를 송출하는 것은 방송 장비에 관련된 기술이 따라주어야 가능하다.

SD와 HD 화면에 대한 이론적인 이야기가 어려우면 얼마 전 KBS에서 방영되었던 「추노」라는 드라마를 생각해 보면 이해가 쉬울 것이다. 이 드라마는 기존의 카메라에 비해 화소수, 즉 해상도가 높은 동영상의 촬영이 가능한 레드 원이라는 카메라를 사용하여 드라마의 색감이 뛰어나다는 찬사를 받았다. 고화질이라는 것이 단순히 동영상이 선명해지는 것을 넘어서 새로운 영상 미학을 만들어 낼 수 있다는 것을 이 드라마가 보여준 것이다.

이제 고화질의 영상을 촬영하는 카메라부터 이를 편집하는 NLE 편집기, 그리고 송출 장비 등 모든 것이 고화질 방송에 맞추어 발전을 거듭하고 있다. Full HD에 이어 UDUltra Definition급의 TV까지 연구되고 있는데, UD TV는 Full HD에 비해 가로와 세로의 화소수가 2배 이상이 되는 상상하기 어려운 고화질이다.

디지털 방송은 우리에게 고화질과 다채널이라는 두 가지 선물을 주었다. 디지털 기술로 인해 일정한 주파수 대역으로 고화질 방송을 하거나 다채널 방송을 하는 것이 가능해지면서 지금의 방송 변혁이 일어나고 있다. 고화질을 SD, HD, UD TV로 대표해서 말한 것처럼, 다채널은 MMSMulti Mode Service로 대표해서 말할 수 있다. MMS하면 대부분의 사람들이 SMS라고 불리는 휴대폰 문자 서비스에서 발전한 음성, 그림, 동영상 등이 가능한 멀티미디어 메시지 서비스Multimedia Messaging Service, MMS라고 생각할 것 같은데, 방송의 새로운 용어 중 하나인 MMS는 다채널과 관련된 용어로, 휴대폰의 메시지 서비스와는 전혀 다른 내용이다.

MMS는 기존의 7번, 9번, 11번 등 하나의 HD 채널이 방송되던 곳에 압축이라는 디지털 기술을 사용하여 SD급의 채널과 데이터 방송을 몇 개 더 송출할 수 있는 방법이다. 예를 들면, 앞으로는 7-1, 7-2, 9-1, 9-2 등 채널이 여러 개 늘어나게 되는 것이다. 이런 MMS가 가능해진다면 지상파를 통해 볼 수 있는 채널이 지금의 두 배 이상으로 늘어나게 된다.

그동안 지상파 방송은 5개 정도의 채널만을 볼 수 있었고 다채널을 시청하기 위해서는 유료 방송인 케이블이나 위성 방송 또는 IPTV를 이용해야만 했다. 유료 방송을 시청하기 어려운 시청자들에게도 디지털 방송의 혜택인 다채널이 가능하도록 해야 한다는 이유와 급격하게 발전하는 유료 방송과의 경쟁에서 살아남아야 한다는 자구책으

그림 4 | KBS에서 추진 중인 MMS, K-View

로 이 MMS 기술이 지상파 방송사들에게 각광을 받았던 적이 있었다. 이런 분위기에서 2006년 월드컵 경기 기간 동안 MMS에 대한 시험방송을 KBS1(9-2), KBS2(7-2) 채널로 실시했지만, 지상파의 방송 지배력 강화, 채널의 운영주체 선정, 프로그램 수급과 수익성 문제로 인해서 MMS 도입은 지금 답보 상태에 있다.

무료 보편적 서비스로 시청자에게 다채널을 제공하는 것의 당위성과 재해 방송이나 공공 방송 서비스와 같은 공익적인 방송의 도입을 위해서 다채널이 필요하다는 것에는 모두가 공감하지만, MMS 서비스가 지상파 방송사의 독과점을 강화시킬 수 있다는 우려와 수익성 문제로 좋은 기술을 활용하지 못하고 있는 것이다.

동영상 압축 기술, 코덱

고화질과 다채널이라는 두 가지가 디지털 방송에서 가능하게 된 이유는 디지털 영상 기술이 가지고 있는 압축 때문이다. 디지털 영상은 코덱Codec을 사용하면 동영상을 압축해서 송출하고, 이를 다시 풀어서 방송할 수 있다. 코덱 덕분에 이런 고화질이나 다채널이 가능한 것이다. 코덱은 음성이나 비디오 데이터를 컴퓨터가 처리할 수 있게 디지털로 바꾸고, 그 데이터를 다시 풀어서 모니터에 본래대로 재생시켜 주는 것을 지칭하는 말이다. 동영상을 압축시키는 코덱의 등장으로 기존의 주파수 대역을 사용하고도 더 고화질의 방송을 만들고 송출할 수 있게 되었다. 동영상을 압축한다는 것은 반복이 되는 부분을 제거한 후, 어느 부분이 반복이라는 정보를 만들어 두면 나중에 다시 제대로 된 동영상을 조합해서 만드는 것이다.

다음 페이지의 하늘 그림을 살펴보자. 그림은 하늘색과 흰색 부분으로 나눌 수 있다. 그렇다면 일일이 화면을 구성하는 점을 다 정보로 표현해서 가지고 있을 필요가 없이 이렇게 분석한 것을 바탕으로 같은 하늘색 부분은 어디인지를 정보로 만든 후, 하늘색 점 하나만을 기억해 두면 나중에 이를 조합해서 그림을 원래대로 만들어 낼 수 있다. 이것이 디지털 기술에서 영상을 압축하는 방식의 기본 원리이다. 이런 과정을 통해 디지털 영상이 가진 정보량은 현저하게 줄어들고 작아진 데이터를 보낸 후 다시 풀어내서 원래의 동영상이 보일 수 있도록 하는 것이 바로 코덱의 마술이다.

코덱은 끊임없이 새로운 기술이 나오고 있기 때문에 앞으로 고화

그림 5 | 하늘 그림

질의 동영상을 더 많은 채널로 즐길 수 있을 것이다. 물론 코덱이 계속 변화하기 때문에 압축을 푸는 방법이 달라서 볼 수 없는 문제가 발생하고 있기는 하지만, 더 좋은 화질의 영상을 더 많이 즐기기 위해서는 거쳐야 하는 과정이다.

주파수 전쟁과 망 개방

미국의 주파수 경매　　　몇년 전 미국에서 700Mhz 대역의 주파수를 경매에 붙였고, 버라이즌이라는 통신사가 47조 원에 달하는 엄청난 액수를 써내서 이 주파수를 가져간 일이 있었다. 주파수라는 것을 사용한 사업이 엄청난 수익을 가져다준다는 것을 이런 뉴스를 보면 알 수 있다. 앞으로 얼마나 많은 수익을 낼 수 있기에 주파수 경매에 이런 엄청난 액수를 지급하는 것일까. 주파수는 유한한 자원이고 경매를 한 대역이 주파수 특성이 좋아서 다른 주파수 대역에 비해 통신망 구축에 드는 비용이 저렴하다는 이유로 이런 높은 금액에 낙찰되었던 것이지만, 주파수 경매가 사람들의 관심을 끌었던 이유는 이런 엄청난 금액을 써냈다는 것 외에 두 가지 이유가 더 있다.

첫째는 주파수 경매에 구글이라는 세계 최고의 검색 점유율을 가진 회사가 도전했다는 점이다. 구글은 이 경매에 도전하면서 이 주파수를 자신들이 만든 안드로이드라는 무선 플랫폼을 이용해 개방된 시스템으로 운영할 것이라 밝혔다. 만약 구글이 이 주파수를 획득하게 된다면 그동안 폐쇄적으로 운용되던 휴대폰 시장에 돌풍을 일으킬 것으로 예상되었다. 이 경매에서 구글이 주파수를 낙찰받는 것에는 실패했지만, 구글이 경매에 참여하여 망을 개방하는 이슈를 만들면서 앞으로 휴대폰 망을 이용한 서비스들이 개방형으로 발전하는 전기를 이루어 냈다. 이제 이런 움직임은 우리의 이동통신 시장에도 영향을 주어 지금의 폐쇄적인 시장에서 개방형으로 바뀌게 될 것으로 보인다.

둘째는 이 주파수 대역이 아날로그 방송의 디지털 전환으로 남게 되는 여유 대역으로, 그동안 아날로그 방송용으로 사용되던 주파수를 국제전기통신연합ITU에서 통신용으로 개방할 것을 권고한 이후에 이를 통신 사업자에게 경매한 것이기 때문이다. 우리도 2013년부터는 디지털 방송으로 완전한 전환을 하도록 디지털 전환 특별법이 통과되었다. 당초에는 2010년까지 아날로그 방송을 하는 것으로 계획을 잡았다가 너무 무리한 일정이라는 점을 들어 2년 연장했다. 이 과정에서 디지털 방송은 아날로그 방송에 비해 적은 주파수 대역을 사용하므로 여유 대역이 생기는데 이 여유 대역 중 700Mhz를 세계적으로 통일해서 통신용으로 사용하도록 국제기구에서 결정했고 이에 따라 미국은 경매라는 절차를 통해서 통신사에게 넘긴 것이다.

주파수의 재배치　　　　주파수의 재배치는 앞으로 우리에게도 다가
올 일인데 어떤 기준으로 어떻게 주파수를 사용하도록 할 것인가가 우
리의 방송과 통신의 지형을 바꾸게 되는 중요한 의미를 가진다. 우선
주파수의 재배치는 기존의 방송사들이 새로운 서비스를 더 하게 될 것
인지 아니면 신규 방송사가 설립될 것인지 같은 큰 틀에서의 방송정책
이 결정되는 시작점이 될 전망이다. 디지털 방송은 하나의 방송 채널
에서 한 개의 HD 채널 외에 SD 방송을 더 할 수 있도록 기술이 발전되
어 현재 방송사들은 MMS라 불리는 다채널 방송을 준비 중이다. 하지
만 디지털 방송 기술의 발달로 여유 주파수 대역을 기존의 방송사가
아닌 새로운 방송사에게 주게 될 경우에는 MMS가 방송 시장의 주목
을 받게 될 것이다. 또한 여유 주파수 대역을 모두 정부에서 회수하여
재배치하려는 주장에 따르면 앞으로 방송뿐 아니라 통신 사업자들도
여유 주파수 대역을 사용하려고 경쟁을 벌이게 될 것이다.

　이동통신 시장도 2012년에는 기존의 주파수 사용 기한이 끝나서
이를 재배치해야 한다는 주장이 제기되고 있어 디지털 TV 방송과 이
동통신용 주파수의 재배치 문제는 미래의 방송 – 통신 시장을 결정할
변수로 떠오르고 있다. 정책 당국이 어떤 결정을 하느냐에 따라 우리
의 방송 – 통신 환경이 큰 변화를 맞이하게 될 운명적인 시기이다.

화이트 스페이스　　　　뜨거운 주파수 전쟁의 한가운데 공적인 무
선망을 구축하려는 시도도 나타나고 있다. 미국의 주파수 경매에 무

선망의 개방이라는 비전을 제시하며 강력하게 도전장을 내밀었던 구글이 실패에도 굴하지 않고 자신의 생각을 실현하려는 노력을 계속하면서, 새롭게 떠오른 화이트 스페이스White Space라는 주파수 대역에서 결국 꿈을 이루게 되었다. 많은 논란 끝에 미국 정부가 화이트 스페이스를 개방한다는 결정을 내린 것이다.

화이트 스페이스란 아날로그 TV 방송 주파수에서 각각의 주파수 신호들 간 충돌을 우려하여 비워둔 대역이다. 구글 등의 사업자들은 이 대역을 이용하여 저렴한 무선 인터넷 통신망을 구축하려는 비전을 제시하고 있으며, 이를 통해서 인터넷 광고 시장을 확대하려고 하고 있다. 그런데 이런 계획은 기존의 방송 사업자들 입장에서는 TV의 광고 수익을 인터넷 기업들에게 빼앗길지도 모른다는 우려감을 낳고 있다. 또한 미국의 주파수 경매에서 엄청난 거액을 주고 주파수를 구입한 버라이즌 같은 통신 사업자의 입장에서는 미국 전역을 무대로 무선전화와 인터넷을 통합하여 서비스한다는 전략을 실행하려고 하는데 경쟁자의 출현이 신경 쓰일 것이다. 이런 이유로 화이트 스페이스의 개방은 쉬운 일이 아니었다.

많은 반대에도 불구하고 화이트 스페이스를 개방하는 것을 미국의 연방통신위원회FCC가 만장일치로 승인한 것은 무엇을 의미할까. 전파의 활용이 그 전파를 소유하고 있는 국가의 국민들 모두에게 가장 큰 효용을 줄 수 있는 곳에 사용되어야 하며, 산업적인 논리 이외에도 공적인 가치에 대한 평가도 필요하다는 것을 말해주는 것이다. 당장의 주파수 활용이라는 측면에서 보면 주파수를 경매하여 보다 많은 재원을 확보하는 것이 합리적인 판단일 수 있을 것이다. 주파수를 상업적인 판단에 의한 사업이 아닌 공적인 영역에 사용하여 미래의 비전을 내건 개방된 무선 인터넷과 같은 곳에 할당하는 정책적인 판단이 이루어진 것이다.

주파수 재배치라는 정책의 진정한 의미는 주파수 경매에 있는 것이 아니라, 화이트 스페이스 같은 주파수 대역을 공적인 영역으로 만들어 모두가 참여할 수 있는 개방된 주파수 대역을 만들어 둔 것에 있다. 개방된 무선망에서도 그동안 인터넷이 보여준 네티즌들의 참여와 공유로 인해 폭발적인 발전이 이루어지길 기대하며, 우리에게도 개방된 무선망의 시대가 찾아오기를 바란다.

미래의 TV, 스마트 TV

미래의 TV　　얼마 전 삼성전자는 콘텐츠 TV라고 이름이 붙여진 새로운 개념의 TV를 발표했다. 이 제품의 가장 큰 특징은 TV가 통신선과 바로 연결될 수 있도록 연결 링크가 내장되어 있다는 것이다. 이런 특징을 가진 제품이 콘텐츠 TV가 처음은 아니지만 마치 TV에서 인터넷 기능을 이용할 수 있는 것처럼 구성되어진 것이나 TV에 USB 포트를 만들어 USB에 저장된 콘텐츠가 재생되도록 한 점은 새로운 TV의 모습을 보여주는 것이라고 할 수 있다.

IPTV가 TV의 미래 모습을 보여주는 것으로 이야기되기도 했지만 IPTV는 TV 자체를 변화시키는 것은 아니었다. TV에 IPTV 셋톱박스를 연결해서 셋톱박스에 포함된 기능들을 TV를 모니터로 이용해서 보여주는 것이다. 이런 IPTV의 일부 기능을 TV 수상기 내부에 집어

넣어 TV 자체를 변화시키려는 시도는 가전제품 업체들의 몫이다.

삼성이 만든 콘텐츠 TV는 소니가 만든 인터넷 비디오 링크 기능이 있는 TV와 같은 것이라 할 수 있다. 소니는 시청자들이 인터넷에 올린 동영상을 TV를 통해서도 볼 수 있도록 만들었다. 이런 소니의 움직임과 함께 일본의 유명 가전제품 업체 중 하나인 샤프도 아쿠오스넷AQUOS Net이라는 이름의 신개념 TV를 생산하고 있다. 이처럼 TV를 인터넷과 연결하려는 움직임은 가전제품 업체가 만들어 내는 신개념의 TV와 IPTV 셋톱박스를 이용하려는 통신사 진영, PC를 TV와 연결하려는 애플 등 여러 가지 모습으로 진행되었다. 이렇게 각각의 업체에서 다른 전략으로 미래의 인터넷 TV를 추진하던 모습들은 스마트 TV가 나타나면서 통합되려는 움직임을 보이고 있다. 이제 스마트 TV의 시대가 다가오고 있는 것이다.

변화를 만들려는 업체들의 움직임에서 눈길이 가는 부분은 이들이 단순히 하드웨어에만 머물지 않고 TV를 통해서 시청자들이 즐길 수 있는 콘텐츠에도 많은 노력을 기울이고 있다는 점이다. 가전제품 업체나 통신사들도 이제는 콘텐츠를 수급하는 문제를 자신들의 업무 영역으로 보고 있으며, 이를 위해서 다양한 회사들과 제휴하거나 인수하는 등 미래의 TV는 단순한 수상기가 아닌 그 안의 콘텐츠까지 포함된 모습으로 판매될 전망이다. 이런 모습은 애플이 만들어서 크게 성공한 아이팟이라는 MP3 플레이어의 사업 모델과 유사하다. 단순히 기기만을 파는 것이 아니라 이것을 통해 콘텐츠를 즐길 수 있는 서비스도 함께 판매하여 새로운 콘텐츠 소비 문화를 만들어 내고 새로운 시장을 형성해서 큰 수익을 내는 것이다. 핸드폰 업계의 세계 최강자인 노키아도 핸드폰을 판매할 때 이를 통해서 음악이나 동영상을 즐길 수 있는 서비스를 패키지로 함께 추진하는 사업 형태를 만들고 있다. 이런 사업 모델은 이제 세계 유수의 업체들이 추구하는 트렌드가 되었다. 이제는 TV 업체들도 자신들이 하드웨어 업체가 아닌 미디어 업체로 여기고 하드웨어와 함께 서비스를 연구해 패키지화하고 있다.

TV 기술의 발전은 영원한 진행형

앞으로 TV는 기술적으로도 새로운 모습으로 업그레이드 될 전망이다. 현재 3D 방송에 대한 연구가 진행되고 있는데 안경을 쓰지 않고도 3D 입체 영상을 TV 수상기로 즐기거나 HD 영상을 무선으로 즐길 수 있는 HD 무선 기술도 표준을 만들어 내기 위한 여러 업체들의 각축이 벌어지고 있다. 이와 함께 전기도 무선으로 공급이 가능한 기술이 나와서 TV가 선의 연결이 없이도 전원을 작동할 수 있으며 집안의 PC뿐 아니라 어떠한 기기와도 무선으로 연결해서 콘텐츠나 데이터를 주고받을 수 있게 될 전망이다. 그래서 집안의 연결선이 모두 사라지게 될 것이다.

스마트 TV는 우리가 상상하는 모든 것을 모아둔 미래 TV의 모델인 것처럼 보인다. TV와 PC의 중간 형태라 할 수 있는 스마트 TV는 단순히 지상파, 케이블 방송 등을 보는 기능만 가진 것이 아니라 인터넷을 TV 안으로 포용한 새로운 개념으로, 앱스토어라는 콘텐츠 시장에서 어플리케이션을 다운로드 받아 개인화할 수 있는 TV를 말한다. 스마트 TV가 주목받게 된 것은 구글이 구글 TV라 명명한 스마트 TV를 소니, 인텔, 로지텍 같은 세계 최고의 회사들과 함께 만들 계획이라고 밝히면서부터이다. 그동안 국내 업체에게 TV 시장을 내어준 소니가 스마트 TV로 설욕을 하려는 것이다. 세계 TV 시장의 강자로 굴림하고 있는 삼성, LG에게는 큰 위기가 다가오고 있는 것이라 할 수 있다. 그렇다면 스마트 TV는 기존의 TV와 무엇이 다를까?

첫째, 스마트폰처럼 TV에서도 개인화가 가능하도록 하여, 사용자가 자신만의 TV를 구성할 수 있게 될 것이다. 휴대폰은 퍼스널 미디어Personal Media라는 이름과 함께 개개인이 자신만의 세상을 가질 수 있는 미디어 기기로, 취향에 맞게 꾸미는 것이 가능하고 개개인이 각자 자신만의 휴대폰을 사용한다. 이런 특성은 스마트폰에 오면서 더욱 강화되었고, 이제는 단순히 외관만을 꾸미던 것에서 벗어나 기능도 자신에게 맞게 조정하여 사용하는 시대가 된 것이다. 전화 통화를 많이 하는 사람은 다른 기능을 실행하는 것들을 첫 화면에서 모두 없애 버릴 수 있으며, 음악을 많이 듣는 사람은 음악을 듣는 기능을 첫 화면에 배치할 수 있는 것처럼 말이다. 또한 언제든 마음이 변하면 그에 맞게 또 다른 변화가 가능하다. 스마트폰은 사용자에게 자신의 취향에 맞게 기기를 변화시킬 수 있는 자유를 주고 있으며, 이런 자유가 스마트폰을 더욱 성공적인 미디어 기기로 만들고 있는 것이다. 휴대폰이 태생적으로 개인 미디어였다면, TV는 일종의 공동 미디어라고 할 수 있다. TV를 혼자서 보는 경우도 있지만 대부분은 가족이 함께 시청하며, 초창기에는 마을 주민 전체가 함께 했다. 혼자서 TV를 보는 경우라고 해도, TV의 채널이 그리 많지 않아서 누군가 지금 시청하고 있는 TV 프로그램은 몇 만 명의 사람들이 함께 시청을 하고 있는 것이 TV의 대중 매체적인 특성인 것이다. 그런데 이런 공동 미디어인 TV에서도 개인화가 가능하게 된 것이다. 인터넷상의 프로그램 가게라고 할 수 있는 TV용 앱스토어를 통해 다양한 콘텐츠를 각자의 필요에 따라 이용할 수 있게 되면서 TV 시청자들은 각각의 기호에 맞게 자신의 TV 화면을 배치해서 사용하게 될 것이다.

둘째, 스마트 TV, 스마트폰, PC가 항상 연결이 가능하게 될 것이다. 3-스크린이라 불리는 이 개념은 세 가지 기기가 연동되어서 하나의 콘텐츠를 어디에서나 사용할 수 있다. 이것은 단순히 물리적으로 세 가지 기기들이 연결되어 있다는 것을 넘어서는 더 큰 의미가 있다. 스마트 TV의 첫 번째 특성으로 개인화를 이야기했는데 그것과 배치되는 개념으로 연결성이 바로 3-스크린의 진정한 의미이다. 스마트 TV가 TV를 개인 미디어화하는 것과 동시에 스마트 TV는 수많은 사람들과 나를 연결해 주는 연결 미디어의 역할을 하게 될 것이다.

TV는 고독한 미디어라고 할 수 있다. 우리가 가장 외로울 때는 많은 사람들 속에 자신이 혼자라는 사실을 알게 될 때인데 TV는 우리를 군중 속의 고독으로 몰아간다. 가족과 같이 TV를 보지만 서로 간의 대화는 적다. 많은 사람들이 같은 시간에 같은 방송을 시청하고 있지만 그들 간에 소통이란 거의 없었다. 공동의 미디어지만 고독한 미디어, 그것이 TV가 가진 역설적인 모습이다. 하지만 스마트 TV는

　　　　　　　　　　　　　　　　　　　스마트 TV 혁명

이런 기존의 고독한 TV를 같은 생각과 감정을 공유한 사람들을 연결하는 새로운 기기로 탈바꿈시키게 될 것이다.

스마트 TV를 위한 진화　　　인터넷상의 동영상을 TV라는 기기를 통해 보려 하는 움직임은 인터넷에서 동영상 스트리밍이 활발해지면서 나타나기 시작했다. DivX 플레이어를 통해 인터넷에서 다운로드 된 동영상을 보던 것에서 이제 인터넷에 있는 동영상 콘텐츠를 TV에서 자연스럽게 골라 볼 수 있게 된 것은 애플 TV나 로쿠Roku라는 셋톱박스 형태로부터 나타났다. 로쿠는 미국의 온라인 DVD 대여 사이트인 넷플렉스Netflix의 비디오 스트림Stream 서비스를 거실 TV에 제공하기 위해 탄생한 셋톱박스이다. 로쿠는 이제 넷플렉스 이외에도 어떤 콘텐츠 제공 업체나 개인이라도 콘텐츠 제공이 가능하도록 플랫폼을 개방했다. 애플 TV가 299달러였을 때, 로쿠는 99달러라는 저가 전략을 이용해 소비자들을 유혹했다. 애플 TV에 비해 디자인적인 세련됨이나 UI는 많이 떨어졌지만, 저렴한 가격으로 비슷한 기능을 누릴 수 있다는 점에 승부를 걸었다. 애플이 2010년 다시 애플 TV를 출시하면서 가격을 대폭 내렸지만, 로쿠 역시 가격을 내려서 여전히 가격 경쟁력을 가지고 시장에서 선택받고 있다.

애플 TV나 로쿠가 셋톱박스라는 하드웨어 제품이라면, 소프트웨어의 성격을 가진 제품으로는 박시Boxee를 꼽을 수 있다. 박시는 TV나 PC를 통해 온라인 동영상을 자유롭게 볼 수 있도록 만들어진 무료 소프트웨어로, 애플 TV와 같은 셋톱박스에 설치되어 동영상을 재생하는 브라우저 역할을 한다. 특히 박시는 소셜 미디어를 적극적으로 활용하고 있다. 박시 서비스에 가입한 사용자들이 친구 관계를 맺으면 사용자 사이의 추천하는 동영상을 공유할 수 있으며, 공개 정도에 따라 다양한 미디어를 서로 추천하면서 즐길 수 있다. 유료와 무료 콘텐츠를 구분하여 무료인 경우에는 친구로 등록된 사용자에게도 재생이 되지만, 유료의 경우에는 일부의 메타 데이터만 전송함으로써 저작권 등의 문제를 해결하는 방식을 채택하고 있다. 이미 이런 제품들로 미국 시장의 소비자들은 인터넷 동영상을 TV를 통해 즐기는 시청 형태를 어느 정도 학습해 가고 있지만, 스마트 TV라는 단어를 가장 먼저 사용하게 될 제품은 구글 TV가 될 전망이다.

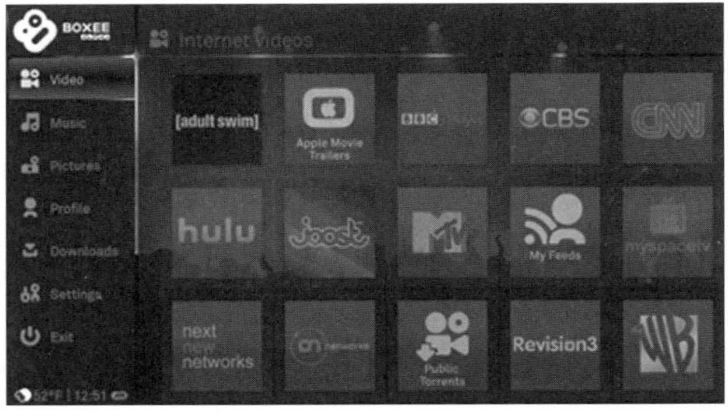

그림 6 | 박시의 서비스

위에서 살펴본 제품들은 이미 소비자들에게 새로운 TV의 모습을 보여 주었지만 스마트 TV라 불리기에는 약간의 부족한 점이 있다. 구

　　　　　　　　　　　　　　　　　　　　　　스마트 TV 혁명

글 TV는 검색 기반의 스마트 TV를 선보이겠다고 하고 있어서 많은 기대를 받았다. 물론 구글의 스마트 TV에 대해 기대 이하의 제품이 나올 것이라고 주장하는 전문가들도 꽤 있다. 스마트 TV에게 소비자들은 꽤 많은 것을 원하고 있는데, 구글이 과연 어떤

그림 7 | 소니의 구글 TV와 리모콘

모습의 스마트 TV를 세상에 내놓게 될 것인가는 모든 사람들의 관심사였다. 그렇게 기대를 가지고 기다리던 구글 TV는 로지텍이라는 회사에서 일반 TV에 연결할 수 있는 셋톱박스 형태로 출시했고, 소니에서 TV 완제품을 만들어 출시했다.

사람들의 기대가 너무나 크기 때문에 이를 만든 회사들이 느끼는 중압감이 컸을까? 소니의 구글 TV와 리모컨 로지텍의 셋톱박스나 소니의 스마트 TV는 기존 제품에서 볼 수 없었던 새로운 개념의 TV를 원하던 사람들의 눈에는 약간의 개선이 들어간 정도로 밖에는 보이지 않는다. 안드로이드 운용체계OS 기반에 그글 크롬 브라우저, 인텔 아톰 프로세서 장착, 인터넷 검색은 물론 트위터 등 소셜 네트워크 서비스 SNS 및 VOD 형태로 영화 등 콘텐츠를 이용할 수 있다는 소니의 발표를 보면 뭔가 다른 TV라는 생각이 들기도 한다. 하지만 앱스토어를 사용하지 못한다는 점을 보면 진정한 스마트 TV라고 하기에는 무리가

있어 보인다. 물론 2011년 초에는 앱스토어인 안드로이드 마켓을 이용할 수 있도록 한다지만 가장 중요한 부분인 앱스토어가 빠져 있는 것은 문제가 있어 보인다. 구글 TV에는 소니의 프리미엄 스트리밍 서비스인 큐리오시티 VOD가 탑재됐으며 CNBC, 냅스터Napster, NBA, 넷플릭스, 판도라, 트위터, 유튜브 등이 앱 형태로 내장되어 있는 등 많은 부분에서 신경을 쓰고 있지만 역시 다른 앱을 다운로드 받아 쓸 수 있도록 하지 못한 것은 스마트 TV에서 소비자들이 원하던 개방적인 모델은 아닌 것이다.

소니의 이번 제품은 새로운 사용자 경험을 제공하는 문제로 스마트 TV에서 중요한 과제였던 리모컨 부분도 그동안 다른 제품에서 이미 보여진 것들이 모아진 형태 이외의 새로움은 찾아 보기가 어렵다. 또한 광학 마우스를 통합한 휴대용 RF 자판 및 키패드 리모컨을 발표했는데 전혀 새롭지가 않다. 전용 어플리케이션을 다운 받으면 안드로이드폰 등 스마트폰으로도 조작이 가능하도록 한 것도 이미 삼성 등에서 사용하고 있는 방식이다.

그나마 주목할 점은 제품의 가격이다. 이번에 선보인 소니의 구글 TV는 24인치는 70만 원, 46인치는 150만 원 정도로 당초 시장이 예상했던 것보다 저렴하다. 스마트 TV가 기존의 TV 가격을 크게 올리게 될 것이라는 전망을 무색하게 하는 것으로 앞으로 다른 업체들의 스마트 TV 가격 정책에 영향을 줄 것으로 보인다. 또 소비자들이 쉽게 스마트 TV를 구입할 수 있도록 하는 가격 정책을 취했는데 이는 로쿠나 애플 TV의 전략과도 같은 것이다. 업체들은 스마트 TV가 대중화되는 것에 가격 부분이 중요한 요소가 될 것으로 보고 있다.

기대를 한 몸에 받았던 구글 TV가 모습을 드러내자 기대가 컸던 만큼 어느 정도의 실망감은 어쩔 수 없는 것인지도 모른다. 구글 TV를 만드는데 참여한 업체들의 입장에서 보면 현실적으로 사람들의 이상을 채워주기에는 어려운 점이 많았을 것이다. 스마트 TV 가격을 많은 소비자들이 선택할 수 있도록 하기 위해서는 비용이 많이 들어가는 기술은 포기할 수밖에 없을 것이고, 자사가 보유한 콘텐츠 시장을 우선시하는 정책을 추진해야 하는 것이 일반 회사의 운명인지도 모르겠다.

소니에 이어 삼성 등 유수의 가전제품 업체들이 스마트 TV를 출시할 것이고 스마트폰에 이은 혁명적인 스마트 TV를 향한 도전이 줄을 이을 것이다. 과연 애플 TV, 로쿠, 박시를 넘어서는 새로운 개념의 스마트 TV가 우리 앞에 모습을 드러내고, 이를 통해 TV의 역사가 바뀌게 될지 그야말로 변혁의 시간이다.

달라지는 TV 시청 행태　　　스마트 TV의 등장은 향후 시청자들이 TV를 보는 행태를 바꾸어 놓을 것으로 보인다. 기존의 TV 리모컨을 대체할 무선 마우스 개념의 포인터 형태나 스마트폰을 활용한 리모컨이 등장해 TV를 단순한 시청 도구가 아닌 시청자 참여 도구로 변화시킬 것이다. 스마트 TV는 개인의 자유를 극대화해줄 개인 미디어이면서, 동시에 시청자 서로를 연결하는 연결 미디어이다. 이런 특성을 제대로 구현하기 위해 스마트 TV는 기존의 형태에서 변화가 불가피하다.

우선 리모컨의 변화가 절실하다. 현재 리모컨은 채널을 바꾸고, 소리를 크게 하는 정도의 기능으로, 새로운 스마트 TV 시대에는 어울리지 않는다. 리모컨이 컴퓨터의 마우스 같은 적극적인 역할로 탈바꿈하게 될 것이며 가장 가능성이 큰 리모컨은 스마트폰이 될 것이다. 기존의 PC, 스마트폰, 스마트 TV의 연결성을 이야기하던 3-스크린 개념이 이제 태블릿의 등장으로 N-스크린으로 변하고 있는데, N-스크린 개념에 의해 스마트 TV는 항상 스마트폰과 연동될 것이고, 이런 연결성은 자연스럽게 스마트폰이 스마트 TV를 컨트롤하는 리모컨 역할을 하도록 만들 것이다. 이미 스마트폰의 어플리케이션 중에 TV 리모컨의 역할을 하는 것이 등장했다고 하니 이런 변화가 그리 오래 걸리지는 않을 것으로 보인다.

이제 진정한 양방향 콘텐츠가 스마트 TV를 통해 시청자를 매료시키는 세상이 올 것이며 이런 양방향을 구현하는 것에 스마트폰과의 연동성이 큰 역할을 하게 될 전망이다. 여기에 리모컨을 넘어선 새로운 방식도 연구 중으로, 앞으로 스마트 TV에서 동작인식 같은 방법이 일반화될 가능성도 있다. 또한 더 먼 미래에는 TV가 집안의 모든 것을 컨트롤하는 중앙 센터로 발전하여 콘텐츠 소비뿐 아니라 전기, 가스, 방범 등을 통합 관리하는 기기로 발전하게 될 것이다. 집 안의 모든 기기들이 연결되는 스마트 홈이라는 개념이 스마트 TV로 인해 보다 빨리 정착될 것이다.

　　스마트 TV에 대해 일부에서는 수동적인 TV의 특성상 성공할 수 없는 모델이라는 주장도 있지만, 스마트폰이 우리 사회에 무선 인터넷 혁명과 제2의 인터넷 붐을 불러일으킬 정도로 큰 변화를 준 것처럼, 스마트 TV도 기존의 TV를 뛰어넘는 새로운 변화를 만들어 낼 것으로 기대를 받고 있다. 카우치 포테이토Couch Potato라는 말로 대표되는 소파에 앉아 멍하니 TV를 쳐다보는 일반적인 시청자 모습이 아니라 TV가 시청자와 소통하며 다른 사람들의 생각과 감정을 공유할 수 있도록 만드는 스마트 TV 세상이 될 것이다.

Chapter. 2

스마트폰에서 스마트 TV로

Smart TV

스마트폰의 발달 과정

아이폰 이전의 스마트폰   스마트폰의 개념과 기능이 TV로 확장된 것이 스마트 TV라고 생각해 보면, 스마트폰의 발전 과정을 통해 스마트 TV의 앞으로의 발전 과정을 유추해 보는 것이 가능하다. 휴대폰이 처음 등장한 이후부터 지금까지 우리의 생활에는 큰 변화가 있었고, 휴대폰은 이제 없어서는 안 될 필수품이 되었다.

휴대폰은 현대인에게 너무나 친밀한 것이기 때문에 이를 통해서 모든 휴대용 기기의 기능을 통합하려는 시도가 계속되어 왔다. MP3와 디지털 카메라가 휴대폰 안에 자리를 잡았으며, TV도 휴대폰 속에 들어왔다. 이런 기기들이 통합되면서 궁극적으로 모든 기능의 통합이라고 할 수 있는 컴퓨터를 휴대폰과 결합하려는 시도도 진행되었다. 휴대폰을 휴대용 컴퓨터로 만들려는 작업 속에서 나타난 것이 지금의 스마트폰이라 할 수 있겠다.

스마트폰의 시작은 PDA폰이라 할 수 있다. PDA라는 휴대용 컴퓨터에 전화 기능을 추가한 PDA폰은 국내의 휴대전화에 대한 보조금으로 인해 생긴 독특한 제품이다. 위키백과에 따르면 2,000년 컴팩의 아이팩에 CDMA 모듈을 추가한 형태에서 PDA폰이 시작되었다고 한다. 고가의 PDA에 핸드폰의 CDMA 모듈을 집어넣어 보조금을 받을 수 있게 했고, 이를 통해 판매가 원활하지 않았던 PDA의 활성화를 꾀하려고 시도한 제품이다.

PDA는 휴대용 컴퓨터라는 개념에서 만들어진 기기이다. 기업인들이 들고 다니던 업무용 수첩을 휴대 기기화해서 만든 것이 그 시초라 할 수 있다. 하지만 PDA가 당시 기술적인 한계에 의해 일부만 이용하는 것에 그쳤다. 이런 상황에서 휴대폰이 PDA 업체에게는 멋진 기회의 땅이 된 것이다. 휴대폰은 거의 모든 현대인이 필수적으로 들고 다니는 제품이기 때문에 여기에 PDA 기능을 결합하면 소비자들이 PDA의 편리성에 매료될 것이라고 보았다. 하지만 사람들은 PDA를 쓸모없이 복잡한 기기라 여기고 이를 외면했으며 PDA폰도 이런 소비자들의 생각을 피해 갈 수 없었다. 게다가 보조금의 남발로 문제가 생기자 정부에서 이를 금지시키면서 잠깐의 인기를 누리던 PDA폰은 소비자들의 외면을 받았다.

PDA폰과 유사하지만 스마트폰이라 불리는 휴대폰들이 그 뒤에 모습을 드러냈다. PDA폰이 PDA라는 기기의 판매를 위해 단순히 전화 기능을 삽입한 것이라면 스마트폰은 와이파이를 내장하여 무선으로

    스마트 TV 혁명

인터넷을 할 수 있도록 한 점에서 큰 차이를 보인다. PDA폰이 PDA의 컴퓨터 기기로써의 기능을 중시했다면, 스마트폰은 인터넷 연결 기기로써의 기능을 중시한 것이다. 인터넷의 콘텐츠를 이동 중에도 이용하려는 소비자들의 욕구를 파악한 휴대폰 제조업체들이 이러한 스마트폰을 시중에 출시하게 된 것이다. 하지만 처음에 나온 스마트폰은 소비자들에게 어필하지 못했다. 스마트폰이 지금의 인기를 얻게 되기까지는 해결해야 할 것들이 너무나 많았기 때문이다. 우선 이동통신사에서 스마트폰이 자신들의 수익구조를 해친다고 이해하고 소극적으로 대응했다. 당장 돈이 되지 않는 와이파이에 대한 투자에 소극적이었으며, 스마트폰 제조업체에 여러 가지 제약 조건을 주어 제대로 된 인터넷 콘텐츠 소비를 어렵게 단들었다. 이동통신사들의 스마트폰에 적대적인 전략은 시중에 나온 스마트폰들이 소비자에게 외면받는 결과를 낳았고 스마트폰은 그저 신기한 기기 정도로만 인식되어 버렸다.

한국에서 스마트폰이 일반 소비자들의 관심을 얻게 된 것은 바로 아이폰 때문이다. 스마트폰은 아이폰 이전과 이후로 큰 차이를 보이며 세대를 구분할 수 있다. 그만큼 아이폰이 스마트폰 시장에 가져온 영향력은 강력했다.

아이폰과 무선 혁명　　아이폰은 2007년 1월 애플의 제품 발표회인 맥월드에서 발표한 스마트폰이다. 미국에서 2007년 6월 AT&T

라는 통신사를 통해 발매됨과 동시에 수많은 사람들이 매장에 줄을 서서 아이폰을 사가는 진풍경을 연출했고, 그 후 제품의 성공으로 여러 변화를 이끌어 냈다. 국내에서도 많은 애플 마니아들을 중심으로 아이폰에 대한 수요가 있었고, 아이폰을 통해 기존의 이동통신사 독점 구조를 타파하려는 움직임까지 더해져 아이폰에 대한 수입 요구가 높아졌다. 하지만 당시 한국은 위피라고 부르는 정부에서 권장하던 표준 모바일 플랫폼이 존재했고, 이를 탑재하지 않은 아이폰은 수입이 불가능했다.

원래 위피는 이동통신사 간의 플랫폼을 통일하여 콘텐츠 업체가 이동통신사마다 다른 표준의 콘텐츠를 제각각 만드는 불편을 해소하고자 만든 것이었다. 하지만 이동통신사들이 자사의 제품을 보호하려는 의도를 버리지 않아 실질적으로 콘텐츠의 중복 제작을 피하지 못했다. 여기에 위피가 사용하는 기술이 미국 업체의 특허를 이용하는 것으로 결론이 나면서 국내 기술이라는 존재의 이유도 사라져 버린 상태였다. 이런 이유로 위피가 국내 이동통신 업계에 오히려 해가 된다는 주장이 거세지면서 2009년 4월 위피 의무 탑재 제도는 역사 속으로 사라졌다. 그 이후에도 요금제, 무선망 개방 등으로 계속 아이폰의 도입은 순조롭지 않았다.

하지만 아이폰은 우여곡절 끝에 한국에 들어왔고, 열혈 마니아들의 구입 열기와 아이폰의 앱스토어 문제, 앱 개발자들이 만든 어플리케이션으로 뉴스를 만들어 냈다. 한국에서 2010년 5월 기준으로 70만 대 정도가 팔린 아이폰은 그 판매 수로만 보면 그리 대단한 것은 아니다. 휴대폰이 4천만 대 정도가 보급되었다고 하니 전체 휴대폰의 2%도 안 되는 숫자이다. 그런데 왜 많은 사람들은 이토록 아이폰에 열광하는 걸까. 필자의 생각엔 아이폰이 가져온 변혁의 가능성이라고 본다. 아이폰은 우리 사회에 혁명 이상의 변화를 가져다주었다. 아이폰은 단순히 전화를 하는 기기에서 작은 컴퓨터로 생각하게끔 사람들의 인식을 바꿔 주었다. 아이폰 이전에 여러 기종의 스마트폰이 존재했지만 일부의 사람들만이 사용하는 기기였다면, 아이폰은 모든 사람이 가지고 사용할 수 있는 기기라고 사람들의 인식을 변화시킨 혁기적인 제품이다. 아이폰은 스마트폰 대세론이라는 변화를 우리 사회에 가져왔다.

아이폰이 몰고 온 변화 중에 가장 큰 것이 무선 혁명이다. 우리나라는 유선 부분에서 초고속 인터넷 시대를 세계 어느 나라보다도 빠르게 이루어 인터넷 시장을 크게 발전시켰지만, 무선 인터넷은 계속 답보 상태를 보여 왔다. 무선망을 보유하고 있는 이동통신사들은 독과점을 유지하기 원했고, 이런 구조는 무선 인터넷 콘텐츠를 개발하는 개발자들이 발전하는 것을 막는 장벽이 되었다. 이런 시장 구조를 깬 것이 바로 아이폰이다. 이동통신사들이 그동안 외면했던 무선 인터넷망인 와이파이망을 확충하겠다는 선언을 이끌어 낸 것이 아이폰이 만들어 낸 최고의 변화인 것이다.

이제 무선도 국내 어디서나 초고속으로 데이터 요금에 대한 부담 없이 사용할 수 있는 환경이 조성될 것이며, 이는 무선 인터넷이 비약적으로 발전하는 계기를 만들 것이다. 스마트폰이 기존에는 주로

이메일이나 문서 작성에 중심이 맞추어져 있었다면 이제는 검색과
위치 기반 그리고 증강현실 기반의 서비스로 중심이 옮겨가고 있다.

아이폰 혁명

마니아들의 회사, 애플　애플이라는 미국의 IT 회사는 맥Mac이라는 이름의 PC로 세상에 알려지며 세계적으로 수많은 마니아를 보유하고 있다. 마이크로소프트가 도스와 윈도우라는 운영 체제로 세계 PC 시장을 장악하며 세력을 늘려갈 때, 애플은 고급 PC의 대명사로 맥 컴퓨터를 유지하는 정책을 펼쳤다. 이런 이유로 도스나 윈도우 기반의 PC가 계속해서 가격을 떨어뜨리며 PC의 대중화에 나설 때, 애플은 고가의 PC로 그래픽과 음악 전문가 사이에서 인기를 누렸다. 하지만 IT 기술의 발달과 함께 윈도우 기반의 PC가 맥의 고사양 기능을 따라잡기 시작했으며 맥의 자랑인 멋진 사용자 화면도 처음에는 흉내 수준에서 점점 발전을 거듭해서 일반사용자들이 편하게 사용할 수 있는 상황까지 왔다. 맥이 가진 강점이 사라지면서 애플은 큰 위기를 맞게 되었다.

이런 위기를 애플은 전혀 새로운 제품으로 극복하는데, 바로 아이팟이라는 MP3 플레이어이다. 당시 세상에는 수많은 MP3 플레이어들이 쏟아져 나왔으며 특히 한국의 MP3 제품의 활약이 대단한 시기였다. 성능 면에서 가장 우수한 제품임을 무기로 세계 시장을 석권하던 한국의 제품들이 기술 수준이 평준화되면서 사그라질 때 애플은 새로운 전략을 사용하고 나섰다. 제품만을 판매한 것이 아니라 이 제품을 사용해서 즐길 수 있는 서비스도 함께 제공하는 방식으로 시장에 참여한 것이다. 아이팟과 함께 아이튠즈라는 인터넷 음악 시장을 만들어 음악 애호가들을 사로잡았다.

애플은 단순한 아이디어 차원을 넘어서 이를 구체화하기 위해 음원의 저작권을 보유하고 있던 거대 음반사들을 하나하나 설득해야 했다. 애플은 이를 성공적으로 돌파하면서 새로운 시장을 만들어 냈고 현재는 미국의 음악 시장 대부분을 장악하고 있다. 또한 아이팟의 성공을 휴대폰에서도 이루려고 했는데 이것이 바로 아이폰이다. 아이팟이 그랬듯이 아이폰도 앱스토어라는 아이튠즈와 비슷한 개념의 어플리케이션 제품 시장을 출범시켰다. 아이튠즈의 성공처럼 앱스토어도 대성공의 가능성이 보이고 있으며 이미 애플에게 큰 수익을 안겨주고 있다. 앱스토어를 간단히 설명하면 아이폰을 사용하는 사용자들이 이곳에서 개발자들이 만들어서 올린 어플리케이션을 다운 받아 아이폰에서 구동해서 쓸 수 있게 한 온라인 프로그램 시장이다. 앱스토어에 올려지는 어플리케이션은 애플의 개발자 프로그램에 등록한 모든 사람에게 개방되어 있으며 가격은 개발자가 직접 책정하도록 하고 있다. 일반 사용자에게 판매되어 수익이 발생하면 개발자가 수익의 70%를 갖게 되고 애플은 운영과 홍코 비용으로 30%를 얻는다. 웹2.0의 개념을 사업에 이용하여 자신의 회사 제품을 외부의 개발자들이 함께 개발할 수 있도록 개방하는 것이 새로운 IT 비지니스의 한 형태로 각광받고 있는데 앱스토어도 이런 추세를 잘 이용해 성공한 예라고 할 수 있다.

스마트폰 혁명, 앱스토어

앱스토어가 발표되었을 때 많은 애플 제품의 마니아들은 참신한 아이디어에 열광했고, 휴대폰의 형태도 앞으로 크게 바뀔 수 있는 계기가 만들어졌다는 점에 대해 찬사를 아끼지 않았다. 앱스토어의 등장 이후, 휴대폰도 컴퓨터처럼 어플리케이션을 다운로드 받아 설치하고 사용하게 되어 스마트폰의 폭발적인 발전을 기대하게 되었다.

세계적인 경제 침체로 IT 분야의 경기도 크게 위축이 되고 있지만, 스마트폰만은 큰 폭으로 성장할 전망이라고 한다. 이런 이유에서인지 세계적으로 큰 시장을 확보하고 있는 삼성과 LG도 스마트폰의 개발에 신경 쓰고 있다. 삼성은 애플의 앱스토어를 벤치마킹한 사이트를 오픈했는데 IT 전문 뉴스 블로그인 블로터닷넷의 기사에 따르면 "2010년 1월 29일 오픈된 이 사이트는 이달 중순 스페인 바르셀로나에서 개최되는 모바일 월드 콩그레스Mobile World Congress에서 정식 오픈 행사를 가질 예정이다."라고 하며 "삼성전자의 온라인 어플리케이션 스토어는 삼성 모바일 이노베이터 멤버들이 그들이 개발한 어플리케이션을 삼성전자 휴대폰 사용자들에게 판매할 수 있도록 한 것으로 이곳에는 상업용과 프리웨어 소프트웨어 모두 제공할 수 있다."라고 전하고 있다. 삼성이 이런 전략을 채택한 것은 애플이 이미 보여준 대로 하드웨어 제품을 만드는 가전제품 회사가 앞으로 어떻게 생존해야 하는가와 콘텐츠가 앞으로의 미디어 환경에서 얼마나 중요한가를 나타내고 있기 때문이다.

일본의 가전제품 업체들이 공동으로 운영하고 있는 액토빌라acTvila 사업은 TV라는 하드웨어를 만드는 회사들이 콘텐츠를 이용하여 직접 플랫폼을 만들고 미디어 사업을 하고자 하는 전형적인 모습을 보이고 있는 하나의 사례이다. 액토빌라는 2007년 2월 일본의 5대 가전제품 업체들인 마쓰시타 전기, 소니, 히타치, 샤프, 도시바 등이 공동 출자한 TV 포털이다. 이들은 TV를 제조할 때 공통의 표준을 만들어 이들이 생산하는 모든 TV 제품에 액토빌라 서비스를 내장하여 판매하도록 했다. 이를 통해 TV 판매뿐 아니라 TV 시청자들이 소비하는 콘텐츠의 유통도 장악하려는 시도이다. 노키아도 자신들의 휴대폰으로 이용할 수 있는 콘텐츠와 서비스의 확대에 심혈을 기울이고 있다. 오비 스토어Ovi Store라는 아이폰의 앱스토어와 같은 기능을 가진 서비스를 런칭했으며, 이를 통해 노키아 휴대폰 사용자들이 이용할 수 있는 다양한 콘텐츠를 제공한다는 전략을 세우고 있다. 여기에 마이크로소프트, 구글 등도 자신들의 앱스토어를 구축하고 있으며, 국내의 이동통신사 중 SKT도 T스토어란 이름의 앱스토어를 만들었다.

삼성뿐 아니라 TV나 휴대폰 같은 하드웨어 제품에 콘텐츠와 서비스를 함께 판매하려는 이러한 도전이 앞으로 어떤 결과를 얻게 될 것인지는 각각의 앱스토어에 올라올 어플리케이션의 양과 질에 달려있을 것이다. 이런 온라인 어플리케이션 시장을 만드는 것만으로는 항상 새롭게 변화하는 소비자들의 기호를 따라잡을 수 없다. 미디어 시장을 정확히 이해하고 이를 위한 과감한 투자만이 소비자들을 움직일 수 있을 것이다.

휴대폰 비즈니스의 변화　　　앱스토어의 성공은 단순히 큰 수익을 얻는 사업이라는 것 뿐만 아니라, 엄청난 변화의 기폭제 역할을 할 혁명적인 사업 모델이라는 것에 그 중요성이 있다. 애플의 성공으로 다른 휴대폰 회사들이 비슷한 형태의 사업을 운영하게 되며, 이는 휴대폰 시장에 큰 변화를 가져올 것이다. 그리고 이런 변화는 그동안 휴대폰 시장이 거대 이동통신사 위주로 발전해 온 것에서 벗어나 아이디어 하나만으로도 큰 성공을 할 수 있는 기회를 많은 개발자들에게 줄 수 있을 것이다.

물론 이런 애플의 전략이 먼 이야기일지도 모르겠다. 우리의 시장은 그들과는 많이 달라서 이런 모델을 그대로 적용하는 것이 성공하리라는 보장도 없다. 아이튠즈 같은 모델도 정착되지 않고 있는 우리의 시장에서 앱스토어 같은 것이 생겨나고 성공하게 될 가능성이 커

보이지는 않는다고 말할 수도 있다. 하지만 이제 세계 시장을 내다보며 사업을 구상하는 우리의 기업들이 이런 움직임을 통찰력을 가지고 지켜보며 전략을 세워야 하지 않을까.

구글폰과 안드로이드

세상에 선보인 구글폰 세계 최대의 검색 서비스로 유명한 구글이 소문만 무성했던 G1이라는 구글폰을 세상에 내놓았다. 애플의 아이폰과 비교될 운명을 타고난 이 제품은, 앞으로 모바일 세상을 뒤집어 놓을 운명을 지니고 세상에 태어난 기대주라는 점에서 아이폰과 같은 운명을 타고 났다고 할 수 있었다. 아이폰이 세상에 나오기 전부터 IT 업계에서는 이미 아이폰과 구글폰에 대한 이야기가 화제가 되고 있었고, 휴대폰 시장의 기대주라는 점과 이 시장을 근본적으로 바꾸게 될 제품이라는 것에서 더 주목을 받았다. 모두의 관심거리가 된 제품 출시에 대한 소문이 구글에서 안드로이드라는 모바일 운영 체제를 발표하고, 애플은 아이폰을 출시하고 구체화되기 시작했다.

안드로이드라는 구글의 개방형 운영 체제는 발표 당시 많은 기대를 모으며 모바일 세계를 바꿀 것으로 갈채를 받았으나, 실제적인 변혁은 오히려 아이폰의 출시에서 나타났다. 아이폰은 단순히 예쁜 제품만 들고 나온 것이 아니라 앱스토어라는 파격적인 발상을 창조했으며, 그리 성공적인 모습을 보여주고 있지는 못하지만 클라우드 컴퓨팅의 맛을 보여주는 모바일미라는 서비스를 들고 나타난 것이다. 특히 앱스토어는 모바일 세상이 기존의 PC와 같은 구조로 변화해 갈 것이라는 확신을 심어주기에 충분한 것이었다. 구글폰과 아이폰의 경쟁은 먼저 출시된 아이폰이 앱스토어라는 서비스로 이미 폭발적인 반응을 받았기 때문에 안드로이드로 엄청난 변혁을 예고했던 구글폰의 등장은 오히려 차분했다. 물론 애플이 아이폰의 판매와 앱스토어의 매출에서 큰 성공을 보여주었다고는 하지만, 구글이 노리고 있는 부분인 모바일 운영 체제로 보자면 승부는 지금부터라고 할 수 있다.

스마트폰 운영 체제 경쟁

그동안 모바일 기기의 운영 체제는 노키아가 대부분을 장악하고 있었다. 노키아는 심비안이라는 운영 체제로 얼마 전까지만 해도 70% 정도의 스마트폰을 장악하고 있었으며, 그 뒤로 PC의 운영 체제를 거의 독점하고 있는 마이크로소프트의 윈도 모바일이 과점 체제를 이루고 있는 상황이었다. 윈도우나 그 전의 도스에서 보여주듯이 운영 체제를 장악한다는 것은 PC를 장악하는 것이었듯이, 모바일에서도 운영 체제는 앞으로 다가올 새로운 스마트폰 시대를 장악한다는 것을 의미한다. 운영 체제를 장악하면 여기에 올려지는 소프트웨어의 통제권을 가지게 되며 모든 모바일 기기마다 막대한 로열티 수입을 거두게 된다. 이런 이유로 마이크로소프트는 윈도우 모바일을 이용하여 PC에서의 지배력을 그대로 이어받으려 하고 있으며, 노키아는 자신들이 판매하는 핸드폰에 심비안을 장착하여 그 영향력을 더욱 확대하려는 정책을 펼치고 있다.

이제 핸드폰은 단순한 모바일 기기에서 휴대 가능한 소형 컴퓨터로 발전하고 있으며 이런 추세를 간파한 세계 유수의 기업들이 모바일 운영 체제를 두고 전쟁을 벌이고 있다. 이 와중에 구글은 개방형 운영 체제인 안드로이드를 무료로 쓸 수 있도록 하는 정책으로, 유료인 심비안과 윈도우 모바일과는 다른 전략을 구사하며 자신단의 영역을 만들고 있다.

아이폰의 등장으로 노키아와 마이크로소프트의 스마트폰 운영 체제 과점 형태에 균열이 생기기 시작했다. 그리고 구글폰까지 가세하자 스마트폰 운영 체제 점유율에 큰 변화가 나타나기 시작했다. 아직까지는 세계 스마트폰 운영 체제의 선두인 심비안이 미국 시장에서는 약세를 면하지 못하고 있는데 이는 향후 스마트폰 시장의 움직임을 미리 예측해 볼 수 있다는 점에서 시사점이 크다고 할 것이다. 기술의 발달과 시대의 변화에 재빠르게 대응한 새로운 세력에 의해 지난 시절의 강자들이 서서히 밀려나고 있는 것이다. 이러한 변화는 스마트폰 시장의 패러다임 자체가 바뀐 것이기 때문에 당분간 애플이나 구글의 상승세는 계속될 것으로 전망이 되고 있다. 이러한 전망의 근거에는 앱스토어와 어플리케이션이라는 새로운 콘텐츠 소비 형태가 자리잡고 있다.

앱스토어와 외부 개발자

어플리케이션 스토어란 컴퓨터의 소프트웨어에 해당하는 어플리케이션을 판매하는 모바일 시장을 기기와 같이 런칭한 것이다. 이제 아이폰의 사용자는 자신이 원하는 어플리케이션을 모바일 가게에서 골라 구매하는 시대가 된 것이다.

이 시장에 올라온 어플리케이션 중에는 애플이 직접 개발한 것이 아닌 외부 개발자3rd party라고 부르는 제3의 회사나 개인들이 만든 것들이 올려져 있는데, 이는 애플이 자신들의 아이폰에서 구동이 가능하도록 개발 프로그램의 일부를 공개하고 있기 때문에 가능한 일이다. 이런 제3의 개발자들의 자발적 참여는 애플에게는 보다 다양한 어플리케이션을 갖추도록 해주고 있으며 개발자들에게는 자신들의 재능을 발휘할 공간을 확보하고 경제적인 성공을 얻을 수 있는 윈-윈 모델인 것이다. 이런 새로운 모델의 도입으로 애플의 앱스토어는 승승장구하고 있다. 다른 경쟁 업체에서 잇따라 비슷한 앱스토어를 만들어 애플의 독주에 제동을 걸어보려고 했지만 애플의 앱스토어는 보유한 어플리케이션의 양과 질 모두에서 타 업체의 추적을 불허할 정도로 명확한 우위를 점하고 있다. 그런데 애플의 앱스토어가 추구하고 있는 외부 어플리케이션 개발자들에 대한 개방은 애플이 자체적으로 정한 규정에 의해 통제되고 있기 때문에 완전한 것이 아니라는 비판도 있다.

애플은 애플의 CEO인 스티브 잡스의 완벽주의 덕분에 자신들의 앱스토어에 올라오는 어플리케이션에 대해 일정한 규정을 가하고 있으며 심사를 통과하지 못한 것들은 애플의 온라인 시장에 올리는 것을 불허하고 있다. 이 정책은 긍정적이거나 부정적인 면을 동시에 가지고 있는데, 긍정적인 부분은 이렇게 애플이 나서서 어플리케이션을 관리하기 때문에 이용자들이 안심하고 사용할 수 있다는 것과 항상 일정한 정도의 수준을 유지할 수 있다는 것이다. 반면 부정적인 면은 틀에 갇히다 보면 창의적인 어플리케이션을 놓치는 우를 범할 수 있고, 더 활발한 외부 개발자들의 참여를 막는 일도 생길 수 있다. 구글이 만든 앱스토어인 안드로이드 마켓은 애플의 이러한 철저한 관리 시스템에서 벗어나 보다 자유로운 참여를 가능하도록 하고 있다. 물론 그러다 보니 어플리케이션의 품질에 대한 보증이 어렵고, 보안 문제 같은 것들이 나타나고 있다.

멋진 디자인과 소비자들이 당장 원하는 부분을 멋지게 사업화시킨 애플의 아이폰이 이 경쟁의 승자가 될 것인지, 아니면 먼 길을 가고 있는 것처럼 보이지만 더 큰 시장인 운영 체제를 노리고 있는 구글의 구글폰이 승리를 할 것인지 흥미로운 상황이다. 구글폰이 아이폰의 기능을 대부분 비슷하게 구현하고 있으며 앱스토어와 비슷한 안드로이드 마켓을 전면에 배치하는 등 큰 차이점을 보여주지 못해서 초반의 판매 면에서 아이폰과 같은 성공은 어려워 보인다. 하지만 장기적인 관점에서 보면 안드로이드라는 운영 체제의 가능성에 따라 더 큰 성공도 가능하리라 생각된다.

전혀 다른 영역에서 IT 업계의 최신 트렌드를 만들어 온 애플과 구글, 두 업체는 스마트폰으로 처음 격돌하게 되었다. 애플은 맥의 제조사로 PC를 통해 세상에 알려졌고, 구글은 검색 서비스를 통해 세계적인 기업으로 성장했다. 이렇게 전혀 다른 두 회사가 미래의 인터넷을 두고 격돌하게 된 것은 미래의 흐름을 잘 읽고 이에 대처하며 자신들의 사업을 만들어 왔기 때문이다.

애플과 구글의 격전지, 모바일　　　　서로 다른 길을 걸어온 IT 업계의 두 거인이 최근 선택한 미래의 트렌드는 바로 모바일이다. 애플은 하드웨어 업체로 시작한 이력답게 아이폰이라는 기기를 통한 시장 진입 전략을 선택했고, 구글은 자신들의 강점인 막대한 정보를 이용한 전략을 취하고 있다. 스마트폰 시장에서 처음 대결을 펼치고 있는 두 IT 거인은 그 시작은 다르지만 스마트폰에 이어 스마트 TV에서도 팽팽한 대결을 벌이게 될 전망이다.

모바일 격전지에서는 애플의 우세가 눈에 띈다. 안드로이드의 개방 정책으로 많은 회사들이 구글폰을 출시하고 있지만 아직까지는 애플의 아성을 넘지 못하고 있다. 게다가 그동안 공짜로 알려져 있던 안드로이드 사용도 특허권 분쟁에 휘말리면서 일부 금액을 기술 특허료로 지불해야 할 가능성까지 생기면서 경쟁 업체들의 견제를 받고 있는 상황이다. 여기에 구글폰을 만드는 회사마다 자신들의 회사에 맞게 약간씩 다른 사양의 스마트폰을 생산하면서 어플리케이션의 호환성 문제가 생기고 있다. 물론 이러한 문제는 개방이라는 자율성을 택한 이상 겪어야 하는 통과의례 일지도 모르지만 구글이 애플과의 경쟁에서 가장 큰 약점으로 작용하게 될 것이다.

애플의 앱스토어와 구글의 안드로이드 마켓도 스마트폰에서의 정책과 같은 일이 벌어지고 있다. 애플은 심사 후에 허가를 해주는 정책을 가지고 있는 반면, 구글의 안드로이드 마켓은 개방적인 정책을 펼치고 있다. 선두업체로써 애플이 취하고 있는 정책도 일리가 있지만, 이제 추격을 하는 안드로이드 마켓의 입장에서는 오히려 당장의 문제가 있더라도 개방적인 정책을 취하는 것이 장기적으로 더 많은 가능성을 만들어 낼 수 있을 것이다. 두 거인의 대결이 어떤 결론을 내게 될 지는 알 수 없지만, 이 대결 과정에서 많은 콘텐츠들이 생산되며 모바일 인터넷을 풍부하게 해줄 것으로 기대가 된다. 애플의 앱스토어와 구글의 안드로이드 마켓은 향후 스마트 TV 시대의 콘텐츠 경쟁력을 결정하게 되므로 스마트폰 시장에서의 지배력이 스마트 TV로 전이될 가능성이 높다. 이 싸움은 미래의 승자가 되기 위해 누구도 양보할 수 없는 혈전이 될 전망이다.

아이패드

애플의 브랜드 파워　　애플에서 발표한 신제품 아이패드가 인터넷을 뜨겁게 달구었다. 아이패드는 아이폰의 성공에 이어 애플이 출시한 신개념의 태블릿Tablet PC이다. 태블릿 PC는 보통 키보드 없이 터치 스크린을 이용하여 조작하는 개인용 컴퓨터를 말하고, 여기서 태블릿은 네모난 형태의 컴퓨터 입력판을 의미한다. 태블릿이 등장한 것은 컴퓨터의 입력 장치로 마우스나 자판을 사용하지 않고 네모난 모양의 판 위에 펜으로 그림이나 글씨를 모양 그대로 입력하는 용도였다. 초기의 태블릿은 입력하는 방식이 펜이 압력을 가하는 위치를 파악하여 이루어지는 형태였는데 오류가 많이 발생해서 대중적으로 이용되지는 못했다. 그래서 고가의 태블릿만이 주로 그래픽을 작업하는 전문가용으로 이용되는 것이 일반적이었다.

그러던 것이 터치 스크린이 일반적으로 사용되면서 상황이 변했다. 터치 스크린 방식은 IT 기기의 사용자들에게 신선하게 받아들여졌으며, 특히 애플의 아이팟 제품에서 멋진 모습을 보여주어 이제는 휴대용 기기의 입력 방식으로 완전하게 자리를 잡았다. 이런 터치 방식이 인기를 끌자 그동안 성공하지 못했던 태블릿 PC를 애플에서 개발할 것이라는 소문이 돌았고, 곧이어 애플이 아이패드를 출시한 것이다. 아이팟에 이어 아이폰에서도 성공을 경험한 애플이 다음 작품으로 선택한 태블릿 PC인 아이패드는 이번에도 애플 마니아들의 열광적인 반응을 만들어 냈다.

아이패드가 출시되기 전에 이미 몇몇 업체에서 태블릿 PC를 시장에 선보인 적이 있었고, 마이크로소프트도 태블릿 PC에 대한 열의를 보인 적이 있었다. 그런데 이 아이패드에 대한 반응은 기존의 다른 태블릿 PC와는 다른 것이었다. 그 이유는 그동안 터치 방식이 일반화되었고 기술이 발달한 것도 하나의 원인이라고 할 수 있지만, 가장 큰 것은 바로 애플에 대한 믿음 때문이었다. 사람들은 아이패드가 콘텐츠 시장의 새로운 혁신을 가져올 것이라 믿고 있었던 것이다. 이제 신문이나 잡지 등의 인쇄 매체들이 인터넷 시장에서도 수익 모델을 만들어 낼 수 있는 방안을 아이패드가 창출할 것이라는 믿음이 기존의 태블릿 PC와 다른 반응을 만들어 내게 된 것이었다.

스티브 잡스가 그동안 보여 주었던 비즈니스 모델을 생각해 보면 이번의 아이패드도 이 기기의 사용에 필요한 서비스나 콘텐츠를 함께 만들어 낼 것이라고 생각한 것이다. 아이팟이 그랬던 것처럼 우선 아이튠즈에 아이패드의 출시와 함께 인터넷 신문과 잡지를 일정 요금을 내고 구독할 수 있도록 하는 콘텐츠가 올라가고 이를 아이패드 사용자들이 구입하게 된다면 음악 시장에서 애플이 만들어 놓은 비즈니스 모델과 같은 것이 인쇄 매체에도 적용될 수 있다는 것이다. 이렇게 수익이 발생한다면 콘텐츠 생산업체들은 질이 좋은 내용의 콘텐츠를 이용자들에게 서비스할 수 있는 선순환구조를 만들어 낼 수 있게 될 것이다.

이 제품에 대한 긍정적, 부정적 평가야 나중에 제품을 사용해 본 구매자들이 정확하게 정리해 줄 것이고 성공 여부도 어느 정도 지나봐야 알 수 있지만, 필자는 그런 것보다는 애플이 가진 브랜드 파워에 매번 놀라곤 한다. 애플은 시장에 내놓는 제품을 통해서 소비자들에게 애플은 뭔가 특별한 회사라는 인식을 각인시켜 놓았다. 나오는 제품마다 마니아들이 열광적인 환호를 보냈고, 판매를 떠나서 미디어 생태계에 큰 변화의 바람을 일으키고 있다. 애플이 만들고, 스티브 잡스가 발표하면 바로 뉴스가 되고, 화제가 되며, 사람들이 관심을 보이고 모여든다. 이것은 그동안의 노력으로 쌓아온 브랜드의 힘이다.

기존 고급 브랜드의 귀환　　　아이패드는 제품 발표 때부터 올드 미디어라고 불리던 신문과 잡지 콘텐츠가 그 진가를 발휘할 수 있는 기기로 소개되었다. 그동안 디지털 변혁에 제대로 적응하지 못해 미래에 대한 고민으로 전전긍긍하던 올드 미디어에게 새로운 희망이

　　　　　　　　　　　　　　　　　　　　　　스마트 TV 혁명

나타났는데 아이러니하게도 디지털 혁명의 첨병이라고 할 수 있는 애플의 아이패드인 것이다.

새로운 인터넷 환경에서 새로운 세대에게 어필할 수 있는 콘텐츠를 개발하지 못하던 업체들은 고급 콘텐츠를 제작할 수 있는 저력을 가지고 있는 회사들이다. 이들은 고급 콘텐츠를 소비할 수 있는 고객과 자신들을 연결해 줄 새로운 기기의 탄생에 고무되어 있다. 그동안 PC나 휴대폰 화면에서 제대로 소비가 어려웠던 신문, 잡지 등의 고급 콘텐츠들이 아이패드라는 기기로 제대로 표현이 가능해졌으며 그동안의 노하우를 그대로 살려서 콘텐츠에 보여줄 수 있기 때문에 아이패드는 이들에게 기회의 땅이 될 전망이다. 그리고 아이패드용으로 제작된 어플리케이션이나 콘텐츠들은 자연스럽게 TV에서도 소비가 가능할 정도의 콘텐츠이기 때문에 뒤에 따라올 스마트 TV 시대의 콘텐츠로 사용될 것이다. 이런 이유로 필자는 아이패드를 애플이 다음에 구상 중인 '아이 TV'를 선보이기 전에 콘텐츠 환경을 만들기 위한 선제적인 포석이라고 생각한다. 아이패드용 콘텐츠 개발은 대부분의 기존 콘텐츠 회사들이 뛰어들 것으로 보이고, 이렇게 콘텐츠가 풍부해지면 스마트 TV가 모습을 보였을 때 바로 사용이 가능한 콘텐츠들을 보유하고 있는 회사가 애플이 된다는 계산이 있다고 보는 것이다.

이제 우리 시장에도 아이패드의 태풍이 몰아치게 될 것이다. 기존의 전자책 시장이 아이패드의 등장으로 자연스럽게 통합되면서 콘텐츠 시장 자체는 더욱 커질 것으로 예상이 된다. 여기에 국내 업체의 태블릿이 경쟁에 가세하게 되면 그동안 수세에 몰려 있던 신문사들이나 출판사들이 새로운 활로를 찾기 위해 적극적으로 움직일 것이다.

인터넷의 등장으로 그동안 콘텐츠 소비자로만 머물러 있던 개인들이 콘텐츠를 생산하는 주체로 성장하는 환경이 만들어졌다. 수많은 블로그의 글들과 UCC 동영상 그리고 디지털 카메라로부터 만들어지고 있는 사진들까지 개인들이 만든 아마추어 콘텐츠로 인터넷은 새로운 디지털 콘텐츠 시대를 만들어 냈다. 인터넷이 활성화되기 전까지는 대단한 영향력을 보여주었던 거대 업체들이 생산한 콘텐츠와 이름조차 알려지지 않았던 개인들의 콘텐츠가 경쟁하는 시대가 되었고, 그 안에서 네티즌들은 기존의 고급 콘텐츠보다도 새로운 개념의 개인들이 만든 콘텐츠를 선호하는 경향을 보였다. 이런 결과에 따라 주로 광고에 의존하던 고급 콘텐츠들이 자신들의 터전을 잃고 생존의 위협마저 느끼게 되는 세상이 되어 버렸다.

이제 아이패드로 상징되는 태블릿 PC에서는 기존의 고급 콘텐츠 업체들이 자신들의 장기를 제대로 보여줄 수 있는 환경이 만들어지고 있다. 망이라는 인프라도 이런 고급 콘텐츠가 유통될 수 있을 정도로 발전했다. 그동안은 개인의 콘텐츠와의 차별성을 보여주기에는 인터넷이라는 환경이 업체들에게 유리한 부분이 없었지만 이제는 고급 콘텐츠들이 빛을 발할 세상이 되었다. 물론 앞으로도 개인들이 제작한 콘텐츠들은 인터넷의 개방성이라는 무기를 가지고 사람들에게 꾸준한 사랑을 받겠지만, 서서히 전문적인 콘텐츠 업체들에게 그 중심 자리는 서서히 내어주게 될 것이다.

스마트 TV에서도 주로 고급 콘텐츠들이 소비될 것으로 보인다. 아이패드 등 태블릿 PC용으로 제작된 대부분의 콘텐츠들은 스마트 TV에서의 소비가 가능하다. 애플은 이런 것을 염두에 두고 그동안 음악을 듣는 것에 국한되어 있던 에어 플레이Airplay를 사용하여 아이패드의 콘텐츠를 애플 TV를 통해서 TV에서도 볼 수 있도록 하는 기술을 선보였다. 하지만 TV로 고화질의 드라마나 예능 프로그램을 보다가 인터넷의 일반적인 콘텐츠를 이어보는 것은 품질 문제로 오래 지속되지 못할 것이다. TV에서 소비되는 콘텐츠는 이런 이유로 고급 콘텐츠가 주류를 이룰 것으로 보이는데, 아이패드 같은 태블릿 PC가 고급 콘텐츠 시장을 풍부하게 만들어 주게 될 것으로 기대하고 있다.

스마트 TV의 시작, 286 IPTV

인터넷 프로토콜 TV　　2008년 코엑스에서 IPTV 출범을 코앞에 둔 시점에 한 세미나가 열렸는데 정책 당국이나 IPTV 사업자의 긍정적인 전망보다 솔루션과 콘텐츠를 제작하는 회사에서 나온 발표자들이 전한 다소 보수적인 시각의 의견이 더욱 관심을 끌었다. 특히 한 발표자가 언급한 286 컴퓨터 수준의 IPTV라는 다소 충격적인 발언은 IPTV 사업에 대해 많은 생각을 하게 했다. 물론 그 이야기가 당시 출범할 IPTV의 수준이 286 컴퓨터 시대의 기술 정도라는 것을 의미하는 것은 아니었지만, 그래도 시사하는 바가 큰 발표라고 필자는 생각했다.

IPTV가 출범할 당시 미래의 방송이라는 이미지를 선점하며, 인터넷과 TV가 융합된 새로운 방송 시대를 만들어 낼 것으로 기대를 한몸에 받았다. 물론 그동안의 모든 뉴 미디어들이 그랬듯이 밝기만한 장밋빛 전망에 대해 반기를 들며 부정적인 미래를 예견하는 이야기들도 있었지만, 새로운 변화를 가져다 줄 것이라는 기대를 받았던 것만은 사실이었다. 특히 정책 당국에서는 IPTV가 산업 전반에 활력을 주고 대규모 일자리를 창출하며 평등한 교육의 기회까지 제공할 것으로 믿고 있는 것처럼 보였다. 그런데 286 컴퓨터 수준의 IPTV라니 무슨 소리일까.

286 컴퓨터 수준의 IPTV?　　286 컴퓨터는 1982년 미국의 인텔사에서 만든 '80286'이라는 이름의 마이크로프로세서를 장착한 PC를 지칭한다. 우리나라에는 1985년 삼보컴퓨터에서 만든 'TriGem 286'이 최초의 286 컴퓨터이다. 당시 100만 원이 넘는 고가의 물건으로 몇몇만이 소유할 수 있었다. 흑백의 까만 화면상에 하얀색의 한글과 영문 글자만 칠 수 있었고, 도스DOS라 불린 운영 체제를 사용했고 디스켓으로 부팅했으며 게임을 하려면 게임 파일을 복사한 디스켓 3~4장을 번갈아가면서 몇 십분 동안 로딩해야 겨우 실행시킬 수 있었다.

　그렇다면 지금의 IPTV가 이런 286 컴퓨터 수준이라는 말은 무슨 의미일까. 당시 출범하게 될 우리의 IPTV는 현재 컴퓨터 기술로 가능한 모든 것을, 아니 미래에나 가능한 상상의 기능까지도 덧붙여서 미래의 방송으로 이미지를 만들어 냈고 IPTV가 가져다줄 미래의 모습에 많은 사람들이 열광하고 있었다. IPTV 사업 초기에 가장 중요한 것은 IPTV를 시청하는 가구의 수를 늘리는 것이었다. 그런데 이를 위해서 IPTV 사업자는 가입을 원하는 사람들에게 셋톱박스를 설치해 주어야만 했는데 이 셋톱박스가 있어야만 가입자들은 자신이 원하는 서비스를 받을 수 있었기 때문이다. 셋톱박스는 컴퓨터의 본체와 같은 기능을 수행하는 것으로, IPTV 사업에서는 셋톱박스의 보급이 가장 어려우면서 꼭 필요한 부분이었다. 그런데 이 셋톱박스를 가입자에게 나누어줄 때 셋톱박스의 가격을 시청 가구에게 받을 수 없었다. 우리 방송 시장에서는 셋톱박스를 유료로 판매한 경우가 없었으며, 이런 이유로 누구도 셋톱박스를 돈을 주고 사야하는 물건이라고 생각하지 않는다는 점 때문이다. 대부분의 시청자가 셋톱박스까지 돈을 주고 구입해야 IPTV를 볼 수 있다면, IPTV를 신청하는 것에 상당히 망설이게 될 것이다. 게다가 가격이 수십만 원 이상이라면 가입자는 더더욱 줄어들 것이다. 그렇기 때문에 초기 사업에서 IPTV 사업자는 셋톱박스를 무료로 주거나 임대하는 방식을 택해야만 했다.

이런 방식의 사업을 위해서는 IPTV 셋톱박스가 일정한 금액을 넘어서는 안 되었다. 당시 그 금액을 12~15만 원 정도로 대부분의 사업자들은 생각한 것 같다. 15만 원짜리 컴퓨터로 무엇을 할 수 있을까. 성능이나 기능이 현재 우리가 사용하는 컴퓨터에 비해서 현저히 떨어질 수밖에 없다. 그러면 이런 수준의 IPTV로 우리는 장밋빛 미래 방송을 만들 수 있을까. 이런 한계점 때문에 우리가 머릿속으로 상상하는 IPTV의 모습과 비교하자면, 당시 막 시작하는 IPTV는 286 수준이라고도 말할 수 있었을 것이다. 초창기 IPTV를 이야기하는 멋진 미래 방송의 모습은 당분간은 누릴 수 없는 것이었다. 하지만 IPTV가 매력적으로 느껴질 만큼의 수준은 만들어 낼 수 있었다. 다행히도 엄청나게 빠른 속도로 발전한 IT 기술 덕분에 이런 금액으로 만들어진 셋톱박스로도 우리는 IPTV의 가능성을 느낄 수 있는 정도의 서비스를 맛볼 수 있는 것이다.

그런데 IPTV를 시청자에게 너무나 멋진 모습으로만 홍보했고, 시청자들이 생각하는 IPTV보다 현실은 너무도 초라한 모습이었다. 물론 IPTV는 지금까지의 발전 속도보다 빠른 움직임으로 상상 속으로만 가능한 무한한 서비스의 세상을 만들 수 있는 능력을 지니고 있다. 하지만 당장은 아니라는 문제가 있었다.

IPTV가 멋진 결과를 만들어 내며 우리의 미래 방송을 한 단계 도약시킬 수 있을 것이라는 생각에 286 IPTV도 시작이었다는 생각이다. 이 의미 있는 시작이 스마트 TV를 가능하게 하는 기본 인프라를 만드는데 이바지했으며, 일반 소비자들이 스마트 TV를 인식하는데 도움을 주는 첫 출발이었다고 생각한다.

IPTV는 미래 TV로 가는 중간역

필자는 IPTV를 미래의 TV가 발전하기 위해 꼭 거쳐 가야 하는 중간역이라고 생각한다. 인터넷의 발달 과정을 살펴보면 초창기 인터넷은 전문가들이 자신들의 생각을 서로 나누며 토론하던 것에서 발전하여 인터넷이 연결되고 PC가 있는 곳에서는 누구나 참여할 수 있는 열려 있는 장이 되었다. 그런데 이 초창기의 인터넷은 지금의 인터넷 모습을 보면 상상할 수조차 없을 정도로 삭막했다. 볼만한 내용의 콘텐츠는 거의 없었고 올라오는 자료의 검증도 어려웠다. 그런 모습을 보며 과연 그 누가 지금의 인터넷을 상상했겠는가? 하지만 지금의 인터넷을 만든 것은 불가능하리라는 일반적인 생각을 뛰어넘는 이상을 향한 열정이 있었기에 가능했다.

한편 지금의 TV를 보자. 양방향 콘텐츠가 나타날 것이라면서 TV의 변신을 이야기한 지도 벌써 수년이 흘렀지만 TV의 프로그램은 옛날이나 지금이나 큰 차이가 없어 보인다. TV가 바보상자에서 만능상자로 바뀔 것이라는 예언이 과연 가능할 것인가. 이런 회의 속에서 TV의 미래를 만들어 낼 수 있는 건 TV의 미래에 대한 열정이다. IPTV에 아직도 미련을 가지고 IPTV 사업자들의 동향을 예의주시하는 것도 바로 이런 이유에서이다. 당장은 IPTV의 모습이 성에 차지 않을 수 있다. 하지만 꿈을 꾸는 것을 멈추면 우리는 앞으로 다가올 미래의 TV를 창조해 낼 수 없을 것이다. 지금의 인터넷을 만들어 낸 것 같은 열정이 스마트 TV에도 필요한 것이다.

현재의 IPTV 사업자들이 추구하는 IPTV의 모습이 단순한 상업적인 방향일 수 있다. 망을 개방하여 모두가 선순환적인 발전을 하는 열린 네트워크로의 방향이 까마득해 보일 수도 있다. 지금 이 단계를 거치지 않고는 우리가 원하는 것을 아예 잃어버릴 수도 있기 때문에 지금의 IPTV 모습이 중요하다는 생각이다. 모든 일이 이상적인 목표를 향해 이상적인 단계를 밟아가며 진행된다면 좋겠지만 세상은 그렇게 발전해 오지 않았고 앞으로도 그럴 것이다. 목표를 이루어 가는 과정이 이상과 다르더라도 초심을 잃지 않고 차분하게 밀고 나가야 한다. 이것이 이상을 성취하는 최선의 방법인 것이다.

위에서 상상해 본 IPTV의 미래 모습을 만들어 내기 위해서는 열린 네트워크는 필수적인 사항이다. 현재 IPTV의 현실은 폐쇄된 망을 소유한 거대 통신사들과 콘텐츠를 소유한 방송사들의 주도권 싸움이 한창이다. 이들 중 어느 쪽도 개방된 네트워크를 조절할 능력을 가지지 못했고, 그런 철학도 소유하고 있지 않다. IPTV가 초기 완전히 개방된 망이 아니라 폐쇄적인 통신사의 망을 이용하여 출범한 것이 문제가 되는 것은 아니다. 애플이 보여주고 있듯이 산업의 초창기에는 명확한 비전과 철학을 가진 누군가가 조정 역할을 하는 것이 오히려 전체 IT 생태계의 발전에 필요한 덕목일 수 있다. 인프라가 갖추어지지 않은 상태에서의 개방이란 자칫 혼란을 불러와서 자리가 잡히기 전에 무너져 내릴 수도 있기 때문이다.

현실에 충실한 나머지 국내의 사업자들은 비전을 제시하는 것에 실패하고 있으며, 함께 새로운 시대를 만들어 간다는 철학도 부재한 상태이다. 인프라의 확충이라는 현실적 논리로 시작된 폐쇄된 IPTV는 기대했던 투자마저도 제대로 실행되고 있지 못하다. 이렇게 현실에 막혀 주춤거리던 IPTV의 미래를 살려준 것은 아이러니하게도 스마트폰이다. 폐쇄적인 이동통신 시장을 획기적으로 변화시킨 스마트폰이 이번에는 스마트 TV라는 이름으로 IPTV 시장을 변화시키게 될 전망이다. 스마트폰이 우회적으로 IPTV가 가야할 길을 보여주었고 이제 그 길을 선구자들이 만들어 가고 있다. 개방된 IPTV라는 미래의 IPTV를 스마트 TV가 만들어 갈 것이다.

오픈 IPTV

오픈 IPTV의 좌절　　IPTV의 시작이 현실적인 이유로 인해 통신사의 폐쇄적인 서비스로 나타났다면, 그런 한계점을 극복하고자 나타난 것이 바로 오픈 IPTV이다. IPTV 사업자 선정을 처음 진행할 때 이미 오픈 IPTV라는 이름으로 회사를 차리고 도전한 회사가 있었다. 인터넷 포털로 알려진 다음이 주축이 되어 IPTV 사업자 선정에 뛰어든 '오픈 IPTV'는 다음이 IPTV 셋톱박스 사업자인 셀런과 각각 50억 원을 투자해 설립한 회사로, 양사는 오픈 IPTV가 IPTV 사업자로 선정되면 펀딩을 조성해서 자금을 확보해 기존 통신사들과 경쟁할 방침이었다. 그러나 오픈 IPTV는 방송통신위원회의 IPTV 사업자 선정에서 부적격 판정을 받고 바로 사라져 버렸다. 그 당시에는 오픈 IPTV라는 형식의 서비스가 제대로 서비스하기에는 많은 제약점이 있었고, 특히 수익 모델의 부재를 많은 전문가가 지적했다. 그 정신에는 당연히 높은 점수를 받는 것이 마땅했던 오픈 IPTV가 이러한 현실적인 이유로 사업자 선정에서 탈락했고, IPTV는 폐쇄적인 서비스만으로 시작을 한 것이다.

인터넷의 개방성과 폐쇄형 IPTV　　　IPTV의 기본을 이루는 인터넷은 망이 누구에게나 열려있는 개방된 형식을 띄고 있다. 이런 개방성 때문에 인터넷은 비약적인 속도로 발전해 왔으며, 그 개방성으로 인해 앞으로의 발전 또한 눈부시리라 기대되고 있다. 그런데 인터넷 기반의 IPTV는 TV 서비스의 안정성이라는 이유와 초기 투자 비용의 회수를 원활하게 하여 투자를 자극하기 위해 망을 폐쇄적으로 운용하는 것으로 시작했다. 폐쇄적인 IPTV의 성격은 세계 어느 나라나 같은 상황인데 투자 초기의 성공 가능성은 높여줄 수 있겠지만 장기적으로는 폐쇄적인 IPTV의 한계로 인해 발전에 제약이 생기리라는 것이 대부분의 예상이었다. 이런 문제점은 누구나 예상하고 있었지만, 통신사 입장에서는 새로운 수익원를 만들어 내기 위한 투자의 개념으로 IPTV 사업에 뛰어들고 있으며, 정부는 당장의 어려움은 인정하지만 향후 콘텐츠나 인터넷 망의 발전을 위해서는 꼭 필요한 투자라 생각하기 때문에 IPTV를 열심히 홍보하고 정책적으로 밀어붙여 왔다.

하지만 그 한계 때문에 IPTV는 제대로 꽃을 피워보기도 전에 위기에 처하게 되었다. 다음이 셀런과 합작하여 만든 오픈 IPTV는 의욕에 찬 시작이었음에도 불구하고 방송통신위원회의 IPTV 사업자 선정에서 부적격으로 탈락함으로서 사업을 포기하게 되었다. 망을 보유하지 않은 유일한 사업자로써 새로운 서비스 측면에서의 접근을 통해 다른 비즈니스를 창출할 수 있을 것이라는 전망이 오픈 IPTV의 사업 포기로 인해 사라져 버렸다. 거대 통신사업자가 아니었던 다음과 셀런은 인터넷 콘텐츠 등 인터넷 비즈니스 시각으로 차별화된 서비스를 제공하려고 했으며, 돈은 적지만 개방과 참여를 바탕으로 승부하겠다는 전략을 가지고 있었다.

삼성이나 LG가 처음 다음이 주도했던 이 오픈 IPTV에 참여를 타진했다가 수익성이 없다는 문제로 함께 하지 않았다는 소문도 있었는데, 그 당시에는 오픈 IPTV가 시기상조라는 판단이 일반적이었던 것 같다. 사업적으로는 오픈 IPTV가 수익성을 갖추기에 문제가 있었지만, TV를 만드는 제조사 입장에서 향후 TV가 인터넷을 품에 안지 않으면 안 된다는 점 때문에 이들 업체가 참여를 타진해 보았던 것이 아닐까 생각한다. 오픈 IPTV의 실패는 망을 소유하지 않는 사업자가 IPTV 시장에서 살아남기가 얼마나 어려운가를 보여준 일로, 이후에는 망 사업자인 SKT, KT, LG텔레콤만이 국내에서 IPTV 사업을 진행하고 있다. 그런데 폐쇄적인 망 운영을 보여 온 IPTV 사업자들이 그동안 폐기되어 있던 '오픈'이라는 단어를 다시 들고 나타났다. 오픈 IPTV가 다시 부활한 것이다.

SK 브로드밴드와 KT가 오픈 IPTV라는 옛 것을 가지고 나오며 꺼져가는 IPTV의 활기를 일깨우려 하고 있는데, 이들이 다음의 오픈 IPTV를 반대했던 것을 생각해 보면 우습다는 마음이 든다. 또 추진하고 있는 오픈이라는 것이 자사 위주의 정책이어서 IPTV 사업자들끼리 호환이 되지 않을 것이기 때문에 그 효과 또한 의심스럽다.

오픈 IPTV는 IPTV 사업자가 가입자 기반으로 사업을 하고 있는 것에 반해 누구나 IPTV 콘텐츠를 이용할 수 있도록 한 개방형 IPTV이다. 인터넷처럼 접속을 한 모든 사람에게 열려 있는 미디어를 표방한 것이다. 하지만 오픈 IPTV에 콘텐츠를 제공하는 사업자의 입장에서는 수익 모델을 찾기 어렵고, 오픈 IPTV 사업자도 가입비를 받는 것이 아니기 때문에 이 사업 모델은 TV 제조업체에서 주도하는 것이 가장 자연스러워 보인다.

오픈 IPTV는 스마트 TV와 비슷한 개념이라고 볼 수 있다. IPTV는 미래 방송으로 가는 중간역이고, 스마트 TV는 미래 방송의 첫 번째 역이 될 것이기 때문이다. IPTV가 중간역의 역할을 제대로 하고 있지는 못하지만, 동영상 관련 기술의 발달로 인해 인터넷망을 이용하여 TV로 콘텐츠를 즐기는 것이 점점 용이해지고 있으며, 이런 환경은 오픈 IPTV의 성공을 예견할 수 있게 하고 있다. IPTV의 미래에 대한 전망이나 방송통신 융합에 대한 견해 등으로 방송이 IT의 이슈를 상당 부분 장악한 적도 있지만, 지금은 IPTV의 부진으로 방송과 통신의 융합이라는 시대의 화두는 조금씩 희미해지고 있다. 그런 이유로 더 이상 IPTV는 IT의 트렌드가 아닌, 성공하지 못한 기술로 치부해 버릴 위기에 놓였다.

인터넷, 이제 TV 속으로

PC에서 인터넷을 이용하던 것에서 발전하여 모바일 기기에서도 그러한 시도가 꾸준하게 있었고 그 시도로 인해 많은 사람들이 휴대폰이나 넷북, 그리고 전자책 등을 통해 인터넷을 이용하는 것이 자연스러운 시대가 되었다. TV를 통해 인터넷을 하고자 하는 시도도 있었지만 시청자들의 보수성과 동영상 위주의 콘텐츠를 전송하기에는 망의 한계가 큰 장애물로 작용하여 TV에서의 인터넷 사용은 제한적인 형태로 밖에 성장할 수 없었다. 세계 유수의 TV 생산업체에서도 인터넷 연결 TV를 생산하여 시장의 반응을 살펴보았지만 성공한 제품은 거의 없었다. 유튜브의 동영상을 TV로 보고, 네이버나 구글의 검색을 TV에서 이용하는 정도 이외에는 새로운 킬러 콘텐츠 개발에 실패했다. 이런 콘텐츠의 부재 속에 TV에서의 인터넷 사용은 기술의 차이를 보여주기 위한 부가 기능 정도로만 여겨졌고, 인터넷 연결 TV는 의미 없는 고가 제품으로 인식이 되어왔다.

오픈 IPTV의 실패를 만회하려는 시도는 제조업체 쪽에서 시작되었다. 시장에서 계속적으로 실패를 경험한다고 해도 자신들의 기술적 능력을 보여주어 브랜드 가치를 높이는 측면도 있고 미래의 변화에 대해 능동적으로 대응한다는 기업의 이미지를 올려 주어야 하기 때문에 이러한 도전은 세계 유수의 TV 제조사에서 계속 이어졌다. 제조사뿐 아니라 IT 업계의 거인들도 계속해서 TV의 문을 두드렸다. 컴퓨터의 가장 중요한 부품이라고 할 수 있는 마이크로칩을 생산하는 인텔도 TV의 인터넷 기기화를 위해 노력했고 인터넷 연결 TV 제품을 국제전자제품박람회CES에 내놓기도 했다. 인터넷 초창기 검색의 대명사였던 야후도 인터넷 연결 TV에 큰 관심을 보이며 여러 업체들과 제휴를 맺고 자신들의 정보와 서비스를 통해 TV 시장으로의 진출을 지속적으로 타진하고 있다. 많은 업체가 다양한 전략을 가지고 이 인터넷 연결 TV에 참여했고, 여러 서비스들을 개발하면서 TV를 통한 인터넷 콘텐츠 소비를 창조하려고 꾸준히 노력했다. 모두들 미래의 TV 시장에서 인터넷 콘텐츠가 꽃을 피우게 되리라는 확신을 가지고 준비하고 있는 것이다. 하지만 시장은 쉽게 열리지 않았고, TV 시청자들의 행태도 큰 변화를 보이지 않았다. 이제 TV에서의 인터넷 연결 기능은 고급 제품에서는 당연한 것이 되었지만, 이를 통한 인터넷 콘텐츠 소비는 제대로 이루어지지 않고 있다.

단순히 TV를 인터넷에 연결하는 것만으로는 소비자들의 호응을 얻을 수 없었고, 세계의 TV 제조업체들의 도전에도 불구하고 획기적인 돌파구를 만들어 내는 진전은 이루어지지 않았다. IPTV의 기대에 미치지 못하는 실적이나 현황, TV에 변화를 주려는 여러 가지 시도가 원하는 결과를 얻지 못하는 사이에 휴대폰을 이용한 무선 인터넷이 미래 미디어 기대주의 자리를 차지해 버렸다. 애플과 구글 등 IT 업계의 최강자들이 무선 인터넷 승부의 결전장이 될 것으로 보고 이에 대한 다양한 시도를 했으며 놀라울 만한 결과를 도출해 냈다. 이런 결과로 TV는 미래 미디어의 경쟁에서 밀려났고, 과거에 만족해서 움직이지 않는 보수적인 기기처럼 보여졌다. 하지만 혁신적인 생각을 가진 선구자들은 이런 상황에서도 TV의 가능성을 포기하지 않고 무선 인터넷 혁명을 만들어 낸 스마트폰에서 변화의 단초를 발견하게 된다. 스마트폰의 성공 방식 그대로 TV에 적용하면 TV도 인터넷을 안을 수 있으리라고 생각하기 시작한 것이다. TV용 앱스토어를 만들고 TV도 어플리케이션을 다운로드 받아 사용할 수 있게 한다면 IPTV가 가진 망 사업자에 대한 의존성도 해결할 수 있기 때문이다. 아이폰 혁명으로 인한 제2의 인터넷 붐은 TV에까지 영향을 미치게 되었고 스마트 TV라는 개념으로 오픈 IPTV 정신이 되살아날 가능성이 보이고 있는 것이다.

TV용 앱스토어

개방을 위한 현실적 선택, 앱스토어

애플의 히트작, 아이폰은 많은 변화의 단초를 핸드폰 시장에 몰고 왔는데 그 중 가장 크게 각광을 받고 있는 것이 바로 앱스토어이다. 아이폰의 성공은 단순히 새로운 휴대폰의 등장이나 독특한 수익 모델을 만들어 낸 것 이상의 효과를 시장에 주었는데, 그것은 그동안 큰 주목을 받지 못했던 소프트웨어 시장을 만들어 낸 것이다. 소프트웨어, 즉 어플리케이션을 스마트폰 시대의 주요한 콘텐츠로 자리매김하게 하면서 아이폰은 새로운 휴대폰 시대를 열었다. 이제 휴대폰은 스마트폰이라는 이름처럼 단순한 전화기를 넘어서 휴대형 컴퓨터가 되었다. 그리고 기존 휴대폰과의 가장 큰 차이점인 스마트폰의 자유로운 어플리케이션 사용으로 소프트웨어 빅뱅을 만들어 내고 있다. 새로운 인터넷 혁명의 서막을 열고 있는 이 현상은 앞으로 몇 년 안에 또 다른 인터넷 빅뱅을 몰고 올 것으로 보인다.

아이폰의 앱스토어가 큰 성공을 거두자 그 뒤를 이어 많은 휴대폰 제조사들이 애플의 전략을 벤치마킹하고 있다. 앞에서 소개한 것처럼 삼성도 앱스토어를 발표하여 새로운 휴대폰 환경에 뛰어들었다. 앱스토어의 성공에는 여러 원인이 있지만 휴대폰 사용자들의 욕구를 반영하여 휴대폰의 기능을 한 단계 업그레이드한 것이 큰 작용을 한 것으로 보인다. 그동안 휴대폰은 전화를 걸고 받는 본래의 기능 이외에 많은 기능들을 담아오면서 발전했다. 이런 기능들은 휴대폰을 사용하는 사용자의 선택에 의해서가 아니라 휴대폰 제조사나 망을 소유한 이동통신사에 의해 결정되던 구조였다. 이미 제공된 기능 외에 다른 기능을 추가하는 것이 불가능했던 것이다.

PC나 인터넷에서 새로운 세상을 경험한 소비자들에게 휴대폰은 닫힌 세계였던 것이다. 이를 극복하기 위한 노력이 최근 진행되었고, 애플이 아이폰으로, 구글이 구글폰으로 새 세상을 만들기 위한 첫 발을 내딛었다. 구글폰은 휴대폰의 운영 체제를 어느 한 회사에 종속되지 않는 오픈 소스로 만들어서 휴대폰을 PC 시장과 같은 열린 시장으로 바꾸려는 시도를 했고 다소 급진적인 방법을 택하였다. 궁극적으로 구글이 추구하는 방식으로의 변화가 일어날 가능성은 크지만, 기존의 통신사들과 제조사들이 과연 과거의 기득권을 포기하면서 이 대열에 동참할지는 어려운 문제이므로 변화에 시간이 걸릴 것으로 보인다.

애플이 선택한 앱스토어 방식은 구글의 방식과 비교하면 보수적인 접근이다. 큰 변화를 노리기보다는 현재 기술로 가능한 부분을 잘 활용하여 휴대폰에서의 다양한 기능들을 사용자가 선택할 수 있는 시장을 만든 것이다. 이 시장에서 아이폰 사용자들은 본인이 원하는 기능의 어플리케이션을 구매하여 이용할 수 있고, 큰 호응을 얻었다. 소비자의 선택이라는 카드로 제조사나 이동통신사들을 무력화시키며 새로운 시장을 이루어 낸 것이다.

이제 세계 시장을 내다보며 사업을 구상하는 우리의 기업들이 이런 움직임을 통찰력을 가지고 지켜보며 앞으로의 전략을 세워야 하지 않을까. 우리는 그동안의 실기를 극복할 수 있을 정도의 체력은 가지고 있는 듯하다. 삼성과 LG 등 국내 휴대폰 제조사들은 아이폰에 대항할 수 있는 제품들을 속속 개발하여 출시하고 있으며, 안드로이드라는 개방된 운영 체제를 바탕으로 한 안드로이드폰을 무기로 나름의 시장을 개척하고 있다. 아이폰의 앱스토어에만 국한되어 있던 새로운 어플리케이션들이 안드로이드 마켓에도 모습을 보이며 더욱 풍성한 소프트웨어 시장을 만들고 있는 것이다.

앱스토어를 바탕으로 한 새로운 소프트웨어 사용 방식은 스마트폰을 넘어서 TV로 그 영역을 확장하고 있다. 그것이 바로 삼성의 앱스 TV라 할 수 있다. TV에서도 앱스토어의 어플리케이션을 다운 받아 설치하고 이를 통해 다양한 기능을 실행시키며, 콘텐츠를 즐길 수 있는 새로운 모습의 TV가 나타난 것이다. 앱스 TV는 생각해 보면 당연한 귀결점이라는 생각도 든다. 그동안 IPTV부터 시작된 TV의 인터넷

그림 8 | 삼성의 앱스 TV

화를 위한 다양한 도전이 스마트폰의 성공에서 아주 적절한 방법을 발견하게 된 것이고, 이제 TV는 스마트폰이 만든 길을 따라서 조금은 손쉽게 스마트 TV로 발전하게 된 것이다.

TV용 앱스토어　　　아이폰의 성공으로 스마트폰이 일반화되자, 스마트폰의 어플리케이션을 TV에도 적용하려는 생각들이 나타나기 시작했다. 이런 환경 속에서 나타난 개념이 바로 TV용 앱스토어이다. 세계 TV 시장은 이제 인터넷 연결은 당연한 추세가 되고 있으며 셋톱박스를 내장한 오픈 IPTV형으로의 발전도 꾸준히 추진되고 있다. 그렇다면 TV용 앱스토어도 가능하지 않을까. TV마다 모두 똑같은 콘텐츠가 가능한 것이 아니라 소비자가 원하는 어플리케이션을 TV에 다운로드하여 각자의 필요와 개성대로 사용한다면 더 멋지지 않을까.

스마트폰으로 중심이 옮겨 가는 휴대폰 시장의 변화를 보면서 필자가 TV 프로그램을 제작하는 방송사에 근무하고 있어서 그런지, 이 앱스토어라는 것이 TV에도 생기면 어떨까 하는 생각을 했었는데 누구나 생각은 비슷한 모양이다. 필자가 이런 생각을 운영 중인 블로그에 올리자 바로 댓글이 달렸는데, 그 내용이 미국의 한 방송사에서 TV용 앱스토어를 이미 만들었다는 것이다. 그 뒤로 삼성, KT 등이 TV용 앱스토어를 발표하면서 이제 TV에서 어플리케이션을 다운로드 받아 설치한다는 것은 그리 신기한 일은 아니다.

콘텐츠 소비라는 측면에서 TV와 휴대폰은 많은 차이점을 가지고 있지만 또 비슷한 측면도 있어서 휴대폰의 변화 과정을 TV도 비슷하게 가져가게 될 것이라는 것이 필자의 개인적인 생각이기도 하다. TV가 가진 수동적인 성향은 물론 스마트폰이 보여 준 콘텐츠 사용의 패턴과는 다른 양상을 보일 가능성이 크지만, 그렇다고 하더라도 휴대폰에서 거의 사용하지 않던 인터넷과 새로운 콘텐츠의 수요가 스마트폰으로 넘어가면서 폭발적으로 증가한 사실은 TV에서도 시사하는 바가 크다. 어떤 점을 해결했을 때 소비자들이 인터넷의 콘텐츠를 PC가 아닌 다른 기기에서도 사용하는가 하는 점을 스마트폰은 명확하게 보여 주고 있기 때문이다.

 스마트 TV 혁명

미래 미디어의 핵심, 콘텐츠

국내 기업 중 앱스토어에 가장 발빠르게 대처하고 있는 삼성은 스마트폰의 어플리케이션뿐 아니라 TV용 어플리케이션을 삼성 앱스토어에서 이용할 수 있도록 하고 있다. 그리고 어플리케이션 콘테스트를 열어서 유수한 소프트웨어 개발자를 발굴하려는 노력도 진행하고 있다. 삼성은 앱스 콘테스트를 통해서 다양한 어플리케이션을 개발과 콘텐츠 네트워크를 구성하려 하고 있다. 2010년 삼성이 처음 개최한 앱스 콘테스트에서 대상은 다양한 언어로 동화를 보고 읽을 수 있는 다국어 동화책을 개발한 스포크 시스템즈에게 돌아갔다. 삼성의 이런 도전이 앞으로 어떤 결과를 얻게 될 것인지는 삼성의 앱스토어어 올라오게 될 어플리케이션의 양과 질에 달려 있다.

삼성과 LG 등 한국의 대표 가전업체들은 뛰어난 기술을 바탕으로

그림 9 | LG 전자의 TV 앱

세계 시장에서 눈부신 활약을 해왔다. 휴대폰과 TV 시장을 장악했으며, 이제 회사의 브랜드가 세계인들에게 친숙하게 느껴질 정도까지 발전했다. 이제 우리의 가전업체들에게 필요한 것은 마진율이 얼마 되지 않는 레드오션에서 벗어나 새로운 블루오션을 만들어 내는 것인데, 그 새로운 시장은 바로 콘텐츠이다. 이런 이유로 국내 업체들도 이미 애플이 보여 준 방법인 앱스토어에 큰 관심을 보이고 있는 것이다. 앱스토어라는 것이 주로 스마트폰의 어플리케이션을 위한 것으로 여겨졌지만 이제 삼성, LG 등 가전업체들이 스마트폰과 함께 앞으로 다가올 스마트 TV를 대비하여 TV에 앱스토어를 함께 구축하고 있으며, 기존의 앱스토어들도 어떠한 기기에서도 사용이 가능하도록 바꾸어 가고 있다. 삼성 플에이Playy 서비스는 TV, PC, 각종 모

그림 10 | 소니의 큐리오시티

바일 기기에서 모두 사용이 가능하도록 하고 있어 이러한 추세를 단적으로 보여주고 있다. 애플의 앱스토어도 이미 아이패드라는 기기에서 소비가 가능한 동영상 등 다양한 콘텐츠를 확보하면서 자연스럽게 TV용 콘텐츠를 축척하고 있다. 소니는 구글 TV를 만들면서 자신들이 그동안 음악 서비스를 해오던 큐리오시티Qriocity를 활용한 콘텐츠 마켓을 만들고 있다. 큐리오시티는 소니의 다양한 네트워크 가능 기기들을 연결하는 네트워크 서비스 플랫폼으로, 소비자들로 하여금 다양한 기기들을 활용하여 고품질 콘텐츠를 즐길 수 있게 하고 있다. 소니는 비디오, 음악, 게임 어플리케이션, e북 등 다양한 디지털 콘텐츠와 서비스를 선보일 예정이라고 한다.

앱스토어는 어떠한 기기에 특정된 콘텐츠만을 가진 온라인 마켓이 아니라 어떠한 기기를 사용하든지 간에 편리하게 앱스토어의 콘텐츠를 활용할 수 있게 기획되어야 하는 시기가 되었다. 애플은 얼마 전 에어플레이라는 기술을 이용하여 애플 제품끼리는 서로 콘텐츠를 무선으로 전송하여 볼 수 있도록 하고 있다. 애플의 아이패드에서 보던 동영상을 TV로 보내서 즐길 수 있고, 아이팟이나 아이폰에 있는 콘텐츠를 애플 TV로 보내서 볼 수 있다. 이 기술은 애플 제품에 한정되어 이용할 수 있지만 서로 다른 회사 간의 제품을 통해서도 이런 기능이 가능하도록 할 수 있다.

홈네트워크 기술인 DLNADigital Living Network Alliance를 활용하면 TV-PC-휴대폰-태블릿 등 N-스크린에서 무선으로 사진, 영상, 음악 등의 콘텐츠를 공유할 수 있다. DLNA란 휴대폰, 가전, PC 등 정보기술IT 분야의 250개 회사들이 모여 구성한 비영리 단체로, 전자제품에 저장한 동영상, 음악, 사진 자료를 다른 전자제품들과 공유할 수 있도록 같은 이름의 기술 표준을 만들었다. 따라서 DLNA 인증을 받은 전자제품끼리는 자료를 공유할 수 있어서 스마트폰에 저장한 영화를 TV나 PC로 감상하는 일이 가능하다.

앱스토어도 이제 미디어 환경의 변화에 맞추어 빠르게 진화하고 있다. 콘텐츠 소비의 행태를 바꾼 위대한 발명품 앱스토어의 진화가 스마트 TV의 성공에도 중요한 역할을 할 것으로 보인다. 특히 아이패드의 콘텐츠로 개발되고 있는 고급 콘텐츠들은 스마트 TV의 콘텐츠로도 활용이 가능하다는 점에서 아이패드가 스마트 TV를 위한 콘텐츠를 미리 안정적으로 공급하는 소스가 될 것으로 보인다.

스마트 TV

애플 TV　　2007년 애플은 애플 TV를 발표했다. 이제 막 스마트 TV에 대한 이야기들이 나오는 시점인데, 4년 전에 애플 TV라는 이름으로 제품을 발표한 것이다. 애플 TV는 우리가 상상하는 멋진 LED 화면을 가진 TV가 아니라 셋톱박스이다. 셋톱박스를 TV와 연결하여 여기에 저장되어 있는 동영상도 재생하여 보고, 아이튠즈를 통해 다양한 콘텐츠를 다운 받아서 사용할 수 있다. 애플 TV는 애플 코리아에서 판매를 시작한 지 몇 달 되지 않아 슬그머니 자취를 감추었다. 지금까지 애플이 아이팟을 세상에 내놓은 이후 거의 모든 제품이 성공한 반면 애플 TV만은 완전히 실패한 것으로 보인다. 애플은 기존의 TV를 대체하는 개념으로 접근한 것이 아니라, 전략적으로 기존의 TV에 연결하는 셋톱박스를 택했다. 애플에게는 항상 시대를 앞서가는 혁신적인 제품을 원하는 마니아들이 보기에 너무도 보수적인 접근이었다. 애플은 왜 모두가 상상했던 보다 혁신적인 모습의 TV를 추구하지 않았을까?

TV는 현재 다양한 기능이라는 측면보다는 가격과 화질, 디자인이 경쟁의 포인트로 되어 있다. 수많은 TV 제조업체들이 TV를 생산하고 있으며 경쟁도 치열하다. 대표적인 레드오션인 것이다. 고가의 TV를 구매하는 것은 화질이나 디자인이 차별화될 때로 국한되어 있다. 다양한 기능은 현재 수동적인 시청 행태를 보유한 TV 시청자들에게는 고려의 대상이 아니다. 또한 삼성이나 LG, 소니 등 세계적인 가전업체들도 이미 이종 기기 간의 연결성에 대한 투자를 하고 있으며 기술을 개발하고 제품을 쏟아내고 있다.

애플 TV가 보여준 단순한 연결성만으로는 새로운 시장을 만들어내는 것이 쉽지 않다. TV 시장은 애플 TV가 보여준 것을 넘어서는 그 무엇이 필요해 보인다. 아이팟이 만들어 낸 음악 시장처럼, 애플 TV로 동영상 콘텐츠 시장을 만들기에는 이미 많은 회사들이 VOD 시장을 장악하고 있으며 콘텐츠 확보 또한 쉽지 않다. 이런 시장에서 애플 TV가 성공하기 위해서는 다양한 기능의 제공보다는 시장의 룰을 혁신적으로 바꾸는 혁명적인 제품의 이미지가 필요했다. 그런데 애플 TV는 보수적으로 접근했고, 그런 이유로 사람들에게 외면을 받았다.

이러한 실패에도 불구하고 애플은 다음 버전을 준비 중이라고 한다. 이제 구글과의 경쟁도 본격화되고 있다. 현재 IT 업계에서 혁신을 주도하는 대표적 기업은 애플과 구글이다. 이들이 기획한 제품이나 서비스는 관련 시장 모두를 요동치게 하는 미래에 대한 비전을 가지고 있으며, 그런 비전을 실현시킬 수 있는 영향력도 보유하고 있다. 그동안 스티브 잡스가 보여주었던 통찰력을 생각해 보면 애플 TV에 대한 기대가 부질없는 것은 아니다.

물론 TV 시장은 기존에 애플이 성공했던 분야와는 크게 다른 특성을 가지고 있어서 성공 가능성을 점치기가 쉽지 않다. 아이팟의 음악 시장과는 전혀 다른 동영상 시장이 과연 애플의 생각대로 움직여 줄지는 알 수 없다. 아이튠즈에 음원이 올려진 때에는 CD 시장의 붕괴로 음원을 소유한 제작사들이 곤경에 처해 있었지만, 지금의 방송사나 영화사들은 그렇지가 않다. 그들은 아플이나 구글이 장악한 스마트 TV에 순순히 자신들의 콘텐츠를 내어주기보다는 자신들만의 인터넷 시장을 만들고 싶어 한다.

이런 점에서 애플이 그동안 만들어 온 비즈니스 모델은 동영상에는 적용하기가 어려워 보인다. 이미 어느 정도의 동영상이 아이튠즈에 올려져 있지만 기대만큼의 성과를 내지는 못하고 있다. 동영상 쪽은 애플보다는 구글의 우세가 점쳐진다. 유튜브라는 세계 최대의 동영상 사이트를 보유하고 있기 때문에 콘텐츠 공급에서 애플에 비해 유연한 전략을 세울 수 있다. 애플 TV가 성공하려면 많은 기능의 내장보다는 여러 서비스들이 연동할 수 있도록 TV를 최대한 개방시키는 것이 필요하다. 콘텐츠를 가진 업체와 서비스 개발업체들이 열려 있는 TV 안에서 다양한 연동 서비스를 만들어 내는 것이 미래 TV의 모습이라는 생각이다.

구글 TV의 등장

구글은 인텔, 소니와 함께 구글 TV를 만들어 출시했다. 오픈 플랫폼인 스마트폰의 안드로이드 운용 체계를 기반으로 하지만 구글이 TV용으로 개발했다고 한다. 구글의 안드로이드는 스마트폰의 경우 지난 2007년 개방형 휴대폰 동맹OHA에서 안드로이드 OS를 공개하면서 누구나 모든 모바일 기기에 적용할 수 있는 개방형 플랫폼 형태를 띠고 있다. OHA에는 단말기, 반도체, 통신 서비스, 소프트웨어 개발 등 각 분야를 대표하는 총 65개의 회사들이 참여했는데, 휴대폰 및 서비스 개발과 유통에 드는 비용을 절감하자는 취지에서 플랫폼을 개방형으로 가져갔다. 앞으로 구글 TV의 OS 정책은 제품이 시장에서 어떤 반응을 받게 되는가를 보고 그 방향이 정해질 예정이지만 지금까지의 구글 정책으로 봐서는 최소한 일정한 정도는 개방 정책을 가져갈 것으로 판단된다.

그림 11 | 구글 TV

스마트 TV 혁명

세계 검색 시장을 장악하고 있는 구글이라는 회사가 이제 안드로이드라는 개방형 운용 체계를 바탕으로 스마트 TV를 만든 것은 새로운 TV의 시대가 구글 TV의 등장으로 본격화 된다는 의미이다. 애플의 아이폰이 진정한 스마트폰의 세상을 열었다면, 구글의 구글 TV가 진정한 스마트 TV의 시대를 열어 줄 것으로 기대를 모으고 있다. 물론 현재 출시된 구글 TV에 대해 실망 섞인 반응을 보이는 사람들도 꽤 있지만 말이다.

IPTV가 꿈꾸던 장밋빛 미래

IPTV가 꿈꾸던 TV의 미래는 그야말로 만능의 TV였다. TV를 통해서 모든 것이 가능한 미래를 꿈꾸었고, 그런 모든 이상적 바람이 몇 년 안에 실현될 수 있다는 꿈을 꾸었었다. 하지만 현실은 냉정했고, IPTV는 기존의 벽을 넘지 못하고 있다. IPTV는 스마트 TV가 꿈꾸던 모든 것을 다 이루어 줄 수 있는 것처럼 보였지만, IPTV 사업자들이 가지고 있는 태생적인 한계와 방송이 가진 많은 규제로 결국은 그저 그런 하나의 매체로 안착하는 것에 만족해야 하는 상황이 되었다. 폐쇄적인 형태의 IPTV가 가지는 한계로 개방적인 구조의 새로운 혁명이 필요하다는 인식들을 하게 되었고 그 해결책을 스마트폰이 가져다 주게 된 것이다. 아이폰이라는 새로운 개념의 휴대폰은 기존의 휴대폰을 스마트폰으로 대체하는 혁명적인 변화를 이끌어 냈고, 이 변화에 자극받아 TV도 스마트 TV라는 새로운 형태를 꿈꾸게 되었다. 스마트 TV는 IPTV가 실패한 미래의 최고 미디어 기기로써의 자리를 차지하는 방법을 스마트폰의 성공을 보고 나서야 찾게 된 것이다. 스마트폰의 성공 사례를 잘 분석하고 이를 TV에 적용하는 방법을 찾는 것으로 스마트 TV는 탄생하게 된 것이다.

IPTV 이후에 TV는 여러 가지 형태로 새로운 시도를 해왔다. TV가 PC처럼 모든 기능을 다 가지기에는 문제가 있다는 판단에 일부 중요한 프로그램을 첫 화면에 두고 사용할 수 있도록 한 위젯 TV, 이어서 소셜 미디어 기능을 강화시킨 소셜 TV도 등장했다. 또한 아이폰의 히트작인 앱스토어를 벤치마킹한 앱스 TV까지 정말 많은 시도가 있었지만 대중의 큰 호응을 얻는 것에는 실패했다. 구글은 소니, 로지텍, 인텔 등의 회사와 합작해 구글 TV를 선보였는데 이들의 목표는 TV의 PC화이다. 검색과 어플리케이션 다운로드를 TV에서도 할 수 있도록 만든다는 계획으로 동영상 사이트인 넷플릭스 및 아마존 비디오 온 디맨드와 손을 잡았고, 자체 사이트인 유튜브도 적극 활용할 것으로 보인다. TV 리모컨으로 쉽게 동영상을 검색할 수 있는 유튜브 린백Leanback 서비스도 시작했으며, 큰 화면의 TV에 적합하도록 동영상 화질을 기존 풀 HD의 4배 수준인 울트라 HD급으로 높이기 위해 500만 달러를 투자하기로 하는 등 구글 TV의 성공을 위해 전력을 기울이고 있다. 또한 구글 TV는 유튜브를 통하여 로그인을 할 경우에는 그 사람의 기존 정보를 활용하여 추천 동영상을 보여주고, 로그인을 하지 않는 때는 인기 동영상을 제공하도록 개발 중이며, 페이스북과 연동하여 친구가 보고 있는 동영상도 추천해 주고 시청할 수 있게 할 예정이다. 박시 리모콘 구글 TV 진영은 스마트 TV 전용의 키보드가 장착된 리모콘이나 또는 스마트 리모콘 등 다양한 형태의 입력 장치를 개발하고 있다. 박시의 리모콘에서 보여지는 것처럼 앞면은 간단한 몇 개의 버튼만이 존재하지만 뒷면은 키보드가 있는 형태가 나타날 것이다.

스마트 TV의 성공을 위해 가장 중요한 부분은 UX라 불리는 사용자 경험이다. 스마트폰의 대명사가 된 아이폰이 큰 인기를 끌게 된 이유는 여러 가지로 분석을 할 수 있지만, 터치 스크린이나 센서를 사용한 그동안 보지 못했던 사용자 경험이 가장 큰 성공의 열쇠라고 할 수 있다. 스마트 TV의 사용자 경험을 단순화해서 생각해 보자. 스마트 TV의 어떠한 기능들이 사람들을 열광시키는 것일까. 우선 다양한 인식 기능의 탑재가 필요해 보인다. 얼굴 인식으로 현재 TV를 켠 사람을 스마트 TV가 알 수 있거나 리모콘의 지문 인식 등을 활용하여 리모콘을 가지고 있는 사람을 파악할 수 있어야 한다. 스마트 TV가 시청자를 인식하고 그에 대한 정보를 저장하고 있어야만 새로운 사용자 경험이 가능하다. 가족 중에 아버지는 뉴스와 스포츠 콘텐츠를 좋아하고, 엄마는 드라마를 좋아한다는 정보를 미리 가지고 TV를 보고 있는 사람을 인식해서 원하는 콘텐츠를 바로 볼 수 있도록 해야 한다. 가족이 함께 본다면 각자 좋아하는 콘텐츠보다는 가족이 함께 볼 수 있는 콘텐츠를 보여 주어야 할 것이다. 음성 인식이나 동작 인식도 새로운 사용자 경험을 할 수 있도록 해줄 것이다. TV는 스마트폰이나 태블릿처럼 터치로 기기를 작동시킬 수 없기 때문에 멀리 떨어져서 TV를 원하는 기능이 가능하도록 하는 음성이나 동작 인식의 기술이 필요해 보인다. 목소리로 TV를 작동하게 하는 것뿐 아니라 동작을 인식해서 작동하게 되면 혹시 보다가 급하게 나가서 TV가 켜져 있더라도 오래 사람이 없으면 자동으로 꺼질 수 있도록 할 수 있고, 잠이 들거나 하는 경우에도 TV가 동작이 없는 것을 알아서 자연스럽게 꺼질 수도 있을 것이다.

구글의 스마트 TV가 미래의 미디어 발전을 위한 변혁의 시기인 지금, 너무나 중요하다. 많은 회사들이 인터넷을 TV에서 구현해 보려는 노력을 기울여 왔지만 소비자들의 사랑을 받은 제품을 만들어 내지는 못했다. 이번에 구글이 성공하지 못한다면 소비자들이 스마트 TV에 대한 관심을 거두어 버릴지 모르고, 이런 상황이 발생한다면 몇 년간은 침체기를 겪을 수밖에 없다. 하지만 모두가 어렵다고 할 때 전혀 새로운 패러다임의 제품을 들고 나타난 사람들만이 시장의 승자가 된다는 점에서 이런 비관론 속에서 나타날 스마트 TV에 대한 기대를 버릴 수는 없다. 미래는 항상 새로운 꿈을 꾸고, 이를 실현해 내는 사람들의 것이기 때문이다.

아이 TV　　　　　IT 업계의 트렌드를 만드는 것에 앞장서 온 애플이 애플 TV라는 셋톱박스 제품을 고집하는 모습을 보면 역시 스마트 TV의 성공이 어려운 일임에는 틀림없어 보인다. 애플은 아직 스마트 TV가 소비자들에게 선택받기에는 이르다는 생각을 가지고 있는 듯하다. 현재까지 선을 보인 스마트 TV들은 소비자들에게 호기심을 주기에는 역부족이었다. 애플의 선택은 애플 TV를 통해 스마트 TV 시장에 발을 담그기는 했지만 제대로 된 스마트 TV의 출시는 조금 미루면서 시기를 저울질하고 있는 것으로 보인다. 애플이 지금까지 제품을 출시할 때 이 제품을 이용하여 즐길 수 있는 콘텐츠가 준비된 후에야 시작을 했다는 점을 생각해 보면 스마트 TV 콘텐츠가 애플의 판단으로는 아직 준비가 되어 있지 못한다고 보는 것 같다.

대부분의 방송사나 동영상 콘텐츠 소유 업체들은 자신들의 주도권을 상실할 수도 있다는 점에서 애플의 아이튠즈에 진입하는 것을 꺼리고 있다. 이런 점에서 아이패드는 방송사나 콘텐츠 업체들이 경계심을 낮추고 함께 할 수 있는 부분을 공략하고 있어 콘텐츠 수급에 성공했고, 이 콘텐츠가 향후 애플의 아이 TV에서 진가를 발휘하게 될 것으로 보인다. 구글 TV와 함께 애플이 콘텐츠 수급에 자신이 생기는 순간, 스마트 TV 시장에 참여할 가능성이 높고 그 때가 바로 스마트 TV 시장이 스마트폰처럼 폭발적으로 성장하게 될 시점이다.

스마트 콘텐츠

스마트 콘텐츠　　　미디어 업계에서 콘텐츠의 중요성을 이야기하는 것이 상식처럼 되어 있다. 미디어에서 중요한 건 미디어 자체보다는 그 미디어에 담겨져 있는 내용이라는 건 당연해 보인다. 하지만 현실은 꼭 그렇지만은 않다. 케이블 방송을 살펴보면 플랫폼 역할을 하는 케이블 방송사들의 편성 권한에 콘텐츠를 만들고 배급하는 프로그램 공급자PP들이 심하게 휘둘리는 현상을 볼 수 있다. 콘텐츠가 왕이라는데 왕이 푸대접을 받고 있는 것이다. 또한 종합편성 채널 선정에 관한 논의에서도 종합편성 채널들이 보여 줄 콘텐츠에 관한 것보다는 이 채널들이 케이블 방송에서 몇 번의 채널 번호를 받는가가 더 중요하다는 토의가 이루어지고 있다. 지상파 방송이 전파를 타는 1번에서 15번 사이의 번호를 받아야 종합편성 채널이 성공할 수 있다. 콘텐츠를 잘 만들어야 성공하는 것이 아니고, 몇 번을 받느냐 하는 것이 성공에 가장 중요한 요인이라니 어떻게 된 것인가?

콘텐츠가 왕이라는 생각은 경제의 일반 원칙처럼 무한 경쟁이라는 이상적인 시장을 기반으로 한 것이다. 시장에는 무한대의 플랫폼과 콘텐츠가 서로 경쟁하며 소비자들의 선택을 기다린다는 것이 전제가 되어 있을 때에 콘텐츠가 왕이라는 생각이 그 가치를 가지게 된다. 그런데 현실에는 독점과 과점 형태가 존재하고 있으며, 특히 미디어 플랫폼 업계에서는 초기 투자 비용이 어마어마하기 때문에 신생 기업의 플랫폼 시장으로의 진입은 거의 불가능하다. 플랫폼 사업의 투자가는 자신의 엄청난 투자가 수익을 거둬들이기를 바라기 때문에 자신의 기업 이외의 다른 기업이 시장에 진입하는 것을 반대하고, 이를 위해서 다른 플랫폼 사업자의 후발 진입을 막게 된다. 이런 이유로 플랫폼 시장은 대부분 독점이나 과점 형태를 띠게 된다.

플랫폼 시장과는 반대로 콘텐츠 업계는 플랫폼 시장에 비해 초기 투자 비용이 크지 않기 때문에 오히려 완전 경쟁에 가깝다. 시장으로의 진입이 상대적으로 쉽기 때문에 많은 업체들이 난립하는 양상을 보인다. 초기 투자비에 대한 부담이 없기 때문에 상대적으로 영세한 업체가 많아 시장에서 히트작을 내지 못하고 퇴출되는 업체가 등장하고, 다른 업체에 비해 질 높은 콘텐츠를 생산하는 독특함을 가지는 것도 쉽지 않다. 주로 기술에 대한 우위보다는 아이디어의 독특함으로 승부하는 업체들이다 보니 복제품의 위협에 시달리게 된다. 이런 저런 이유로 많은 콘텐츠 업체들이 시장에서 대접을 못 받고 있다.

미디어 산업에서 콘텐츠는 너무나 중요하다. 콘텐츠가 소비자들에게 어필할 수 없다면 미디어 산업 전체의 생존에도 문제가 발생할 정도로 콘텐츠는 미디어 산업의 핵심임은 분명하다. 하지만 현실에서는 콘텐츠 업체들이 푸대접을 받고 있는 현상이 콘텐츠의 발전의 저해 요인이 되기도 한다. 한국이 IT 분야에서는 선진국을 자처하면서도 무선 인터넷 분야에서는 후진적인 모습을 보인 이유도 바로 이런 현실에 기인한 것이다. 플랫폼 사업자인 이동통신사들이 독과점 형태로 시장을 장악하고 있으며, 이들에 의해 단말기 시장과 콘텐츠 시장이 좌지우지되었다. 무선 인터넷 콘텐츠 업체들은 자신들의 창의성을 발휘해서 시장을 만들어 갈 수 있는 가능성을 차단당했고, 단말기 업체들은 이런 현실에 애써 눈을 감았다. 그 결과 한국은 무선 인터넷에 관한 한 선진국과의 경쟁에서 한참을 뒤지게 되었고, 아이폰 혁명 이후에야 겨우 제자리를 찾고 있는 중이다.

현실적으로 많은 플랫폼 업체들이 경쟁하는 시장을 형성하는 것은 어렵다. 엄청난 초기 투자비와 설비비 때문에 자연스럽게 몇 개의 업체만이 플랫폼 시장에서 살아남는다. 플랫폼의 특성 상 쏠림 현상이 발생하기 마련이며, 많은 사용자들이 찾는 플랫폼은 점점 더 많은 사람들이 이용하게 되면서 독과점의 형태를 띠게 될 가능성이 높다. 이런 독과점 현상을 방지하기 위해서는 새로운 혁신이 가능하도록 항상 신규 진입의 가능성을 열어 두는 장치의 마련도 의미가 있지만, 더 중요한 것은 콘텐츠 업계의 활로를 찾아주는 일이다.

콘텐츠 사업은 성격상 도박과 같은 위험성이 있다. 만들어 낸 콘텐츠가 성공하면 투자한 돈의 몇 배도 벌 수 있지만, 그렇지 못하면 아무 쓸모없는 제품이 되어 버린다. 그래서 규모가 큰 기업보다는 작은 규모의 업체들에게 더 맞다. 수많은 업체들이 난립하면서, 많은 콘텐츠를 쏟아내고, 결과에 따라 많은 업체들이 사라져 간다. 이런 시장의 성격을 잘 파악하여 창의력 넘치는 업체들이 창의력을 시장에 자유롭게 쏟아 낼 수 있는 환경의 구축이 중요하다.

스마트폰에 이어 스마트 TV의 시대가 다가온다. 스마트폰이 어떻게 우리 사회에서 성공한 것인가를 생각해 보면 기존과는 다른 콘텐츠가 있었다는 것을 알 수 있다. 스마트한 기기들이 무언가 스마트한 세상을 보여주기 위해서는 당연히 스마트한 콘텐츠가 필요하고, 스마트한 콘텐트들은 새로운 스마트 세상의 중심인 것이다. 어떠한 새로운 미디어도 콘텐츠가 새롭지 않다면 새로운 변화를 만들어 낼 수 없다. 스마트폰은 휴대폰이 가지고 있는 특성을 적극 활용한 새로운 콘텐츠와 서비스를 개발해 내는 것에 성공했고, 소비자들의 호감을 얻었다.

증강현실, 위치 추적, SNS 등 다양한 콘텐츠들이 스마트폰의 대중화에 맞추어 쏟아져 나왔고 이는 스마트폰의 필요성을 소비자들에게 인식시키게 되었으며, 이러한 인식은 다시 스마트폰의 콘텐츠 소비로 이어져 스마트폰이 더 많이 팔리게 되었다. 그렇기 때문에 스마트 TV도 스마트폰처럼 새로운 개념의 스마트 콘텐츠의 개발이 필요하다. 새로운 스마트 콘텐츠로 인해 스마트 TV는 존재 가치를 인정받게 될 것이며, 이로 인한 스마트 TV의 판대 증가는 다시 스마트 콘텐츠 제작자들이 좋은 품질의 콘텐츠를 개발하도록 하는 촉매 역할을 하게 될 것이다.

새로운 미디어는 소비자들의 기호를 제대로 파악하여 킬러 콘텐츠를 만들어 냈을 때 성공한다고 한다. 그런데 킬러 콘텐츠란 전에 존재하지 않았던 것이 갑자기 나타나는 것이 아니라 이미 사람들에게 어느 정도 사랑을 받던 콘텐츠가 새로운 미디어에 맞게 변화하면서 나타나는 것이다. 스마트폰의 킬러 콘텐츠들은 인터넷의 콘텐츠들이 서로 합쳐지고, 새롭게 변형되어 만들어진 것이다. 증강현실, 인터넷 전화, 지도 등 스마트폰의 킬러 콘텐츠는 기존의 콘텐츠들과는 다른 성격을 보여 주고 있는데, 그것은 바로 콘텐츠 자체가 여러 가지 정보들과 결합하여 새로운 기능을 창조해 내기 때문이다. 완전하게 새로운 콘텐츠가 아니라 기존의 콘텐츠에 새로운 혁신이 첨가된 이른바 스마트 콘텐츠인 것이다.

스마트폰이 이러한 스마트 콘텐츠로 인해 사람들의 관심을 받게 된 것과 비교하여 그동안 DMB나 IPTV는 기존의 지상파 콘텐츠에 대한 의존을 버리지 못했기 때문에 지금도 자리를 잡는 것에 애를 먹고 있다.

가상현실과 증강현실　　스마트폰의 새로운 콘텐츠 중에서 사용자들에게 가장 큰 반응을 얻은 것은 바로 증강현실이다. '증강'이라는 표현이 일반적으로 사용하지 않는 말이어서 처음 듣는 사람들에겐 이게 무슨 의미인가를 고민하게 만드는데 스마트폰 TV CF에서는

　　　　　　　　　　　　　　　　　　　　　　스마트 TV 혁명

단골손님이 되었다. 길거리를 걸어가다가 스마트폰의 증강현실 어플리케이션을 구동시키면 그 거리에 있는 정보가 스마트폰의 카메라에 나타나는 증강현실 콘텐츠는 스마트폰의 대표적인 혁신 상품이다. 식당, 커피숍을 찾아주는 것에서부터 개인용 내비게이션의 역할까지 할 수 있다는 것을 보여 주면서 증강현실은 스마트폰의 대표적인 스마트 콘텐츠가 되어 스마트폰의 판매에도 크게 도움을 주었다.

사람들에게 증강현실이라는 말보다는 가상현실이 더 친숙하다. 그렇다면 새롭게 나타난 증강현실이란 가상현실과 무엇이 다를까. 가상현실은 컴퓨터에 의해 만들어진 컴퓨터 내부의 세계를 뜻한다. 실제의 현실과는 명확하게 구별되는 새로운 세계를 의미한다. 영화 「매트릭스」에서 주인공은 전화기를 통해서 현실과 가상을 오고 간다. 가상의 세계는 전화기 안에 컴퓨터에 의해 통제되는 디지털 코드로 이루어진 새로운 공간이다. 인간이 만드는 새로운 세계라면, 현실에 존재하는 부조리를 모두 제거하고 머릿속으로 그릴 수 있는 최고의 이상향을 컴퓨터로 만들어 낼 수 있으리라 상상한 것이다. 그러나 이 가상 세계도 인간이 만드는 것이기 때문에 인간의 모든 모순이 녹아 있기 마련이며, 세상에 완벽한 것을 만들겠다는 어떠한 시도도 실패했듯이 가상의 현실도 완벽할 수는 없다. 가상이지만 현실처럼 느낄 수 있는 컴퓨터 안의 세계, 가상현실은 이제 대부분의 영화나 문학 작품에서는 인간성이 말살된 차가운 세상으로 묘사되고 있다.

현실과 연결고리가 없는 독립된 가상현실에서 벗어나 컴퓨터의 놀라운 기능을 현실에 도움될 수 있도록 하자는 의미의 기술이 바로 증강현실이다. 인간이 머릿속으로만 꿈꿀 수 있는 가상현실에 빠져 있기보다는 현실을 더욱 풍요롭게 만드는 기술이 세상에 제공되어야 한다는 시대정신과 철학 때문에 증강현실 기술이 나날이 발전하고 있다.

증강현실이 처음 세상에 이름을 알린 것은 항공 분야에서이다. 1990년 보잉사가 항공기 전선 조립을 효율적으로 하기 위해 증강현실을 고안했는데, 전선을 조립할 실제 부분에 가상의 이미지를 중첩시켜 일의 효율성을 꾀하고자 시도했던 것이다. 증강현실이 이제야 주목받기 시작한 것은 스마트폰 때문이다. 스마트폰에는 카메라가 기본으로 장착되어 있고, 자신의 위치를 정확하게 파악할 수 있는 나침반이 내장되어 있으며, GPS 기능을 가지고 있기 때문에 증강현실 관련 어플리케이션이 등장하게 되었다. 이는 스마트폰의 킬러 콘텐츠로써 스마트폰의 새로움을 세상에 알리는 중요한 역할을 하게 되었다. 가장 쉽게 상상해 볼 수 있는 것은 앞으로의 내비게이션은 모두 스마트폰으로 대체될 것으로 보인다는 것이다. 스마트폰을 구입해서 길찾기 기능의 어플리케이션을 깔면 내비게이션의 역할이 가능한데 구태여 비싼 돈을 들여서 내비게이션을 사겠는가. 많은 기능들이 스마트폰에서 실현되면서 스마트폰은 우리의 생활을 편리하게 해주는 기기의 융합 형태가 될 전망이다.

증강현실은 아웃터넷이다　　증강현실의 영어 표현을 줄여서 AR이라고 표기한다. 이 AR에 대한 글들이 꽤 많이 나오고 있으며,

그 신기함을 보여주는 동영상들도 유튜브에 많이 등장하고 있다. 앞으로는 콘택트렌즈를 끼고 그 렌즈에 이 AR 기술이 응용되어 잠에서 깨어 우리가 보는 모든 것에 정보가 함께 나타나는 세상이 된다는 것이다. 잠에서 깨어 눈을 뜨면 눈앞에 시간과 날씨를 알려 주는 정보가 뜨고, 부엌에 가서 요리를 할 때면 음식 재료들의 칼로리 정보가 보여지는 식이다.

한편 필자가 어느 동영상을 보다가 아웃터넷Outernet이라고 쓰인 단어를 본 적이 있는데 '그 단어가 증강현실이라는 말보다도 더 쉽게 미래의 인터넷 모습을 설명할 수 있겠구나.' 라고 생각했다. 이런 필자의 생각을 트위터와 페이스북에 올렸는데 AR을 아웃터넷이라 불렀을 때의 문제점에 대한 지적을 많이 받았다. inter의 반대 의미의 말이 out은 아니라는 언어적인 언급도 함께 말이다. 하지만 필자는 아웃터넷이 분석적인 의미보다는 직감적인 느낌으로 사람들에게 AR이 기존의 인터넷과 어떻게 다른 세상을 만들어 갈 것인지를 알려 줄 수 있다고 본다.

미래의 인터넷은 컴퓨터 안에 갇혀 있는 사이버 세상이 아니라 우리의 현실을 더욱 윤택하게 만들어 줄 것이다. 길거리가 게임의 배경이 되어 거리를 다니면서 우주 괴물과 전투를 벌이는 게임도 나타날 것이고, 사진을 찍기 위해서 원하는 곳에 손으로 표시를 하면 사진이 찍히는 것도 가능하게 된다. 내 손바닥에 글을 쓰면 그 문장이 자동으로 컴퓨터에 저장되고, 외국인과 대화할 때 실시간 번역도 가능해진다. 컴퓨터 안에서만 가능했던 일이 현실에서도 가능해지는 것이 바로 AR이다. 이런 콘텐츠를 증강현실이라고 부르든, 아웃터넷이라고 하든간에 이제 AR 콘텐츠는 스마트폰의 대표적인 상징이 되었다. 광고나 마케팅처럼 당장 돈과 관련되는 분야에서 AR 사용이 가장 활발한 편이다.

타이거라는 싱가폴의 맥주회사는 국내에 제품을 출시하면서 홈페이지에 3차원 증강현실의 광고를 보여 주었는데, 그동안 경험하지 못한 시각적인 흥미를 주어 광고의 효과를 높일 수 있다는 점 때문에 사용되었다. 이런 광고 효과 외에도 게임에 증강현실을 적용하게 되면 현실 속의 어느 곳이든 가상의 사물과 결합시켜 게임장으로 만들어 낼 수 있다.

스마트 TV용 증강현실　　　음성, 동작, 이미지 인식 등 다양한 인식 기술이 발전하면서 실내에서 사용되는 TV나 PC용으로 활용이 가능한 증강현실 어플리케이션이 나타날 것으로 보인다. Gunman이라는 증강현실 게임은 스마트폰처럼 이동성이 있는 기기에서만 가능하지만, 아이펫은 TV에 더욱 적합한 형태의 증강현실 게임이다. 아직까지는 TV로 증강현실 게임을 즐기기에는 제약이 있다. 컴퓨터와 카메라가 TV와 연결되어 있어야 하는데 이를 별도로 구매에서 TV에 장착하는 것은 일반 사용자들에게는 귀찮고 불편한 일이다.

위치에 기반한 서비스에 대해 생각해 보면 우리의 스마트 TV는 인터넷에 연결되어 있기 때문에 TV를 보는 순간에는 그 위치가 항상 공개된다. 이렇게 위치가 공개되기 때문에, 우리 집이 여의도라면 여의도에 있는 상점이나 식당 등의 위치와 정보를 기본 값으로 나의 TV 화면에 나타나게 되며, 내가 허락한다면 상점과 식당에서 보낸 광고용 메시지나 할인 쿠폰이 TV 화면에 나타날 것이다. 스마트 TV를 통해 꽃가게를 검색하면 자신의 집에서 가장 가까운 가게부터 화면에 나타나게 될 것이고, 바로 통화를 하거나 구매할 수 있다.

이미지 인식과 관련된 서비스는 누군가 집을 방문했을 때 초인종 소리가 울리면 TV 화면에 방문한 사람의 얼굴이 나타나고 그 사람의 얼굴을 카메라가 인식하여 인터넷에 있는 사람 얼굴 데이터베이스와 비교해 그 사람의 정보를 찾아서 누구인지를 TV 화면에 나타나게 해 줄 것이다. 외출 준비를 할 때에는 옷장에 걸려 있는 옷들을 입어볼 필요 없이 버추얼 피팅 같은 어플리케이션을 실행시켜서 자신의 모습을 미리 볼 수 있고, 인터넷으로 연결된 패션 전문가의 조언도 들을 수 있게 될 것이다.

스마트 TV에서는 이런 이미지 인식 이 외에도 동작이나 음성 인식으로 사용자들이 보다 편리하게 이용할 수 있도록 새로운 형태의 UI가 개발될 것이다. 동작 인식은 이미 닌텐도의 Wii라는 게임기로 기초적인 수준이지만 일반인에게 선을 보여서 알려진 기술이다. 여기에 음성 인식까지 결합된다면 그야말로 영화 속에서나 가능했던 일들을 집에서 체험하게 될 것이다. 음성 인식 기능이 일반화되면 TV를 켜거나 끄는 것을 말로 할 수 있고, 동작 인식이 도입되면 단순한 손동작으로 TV 화면을 자유자재로 바꿀 수도 있게 될 것이다.

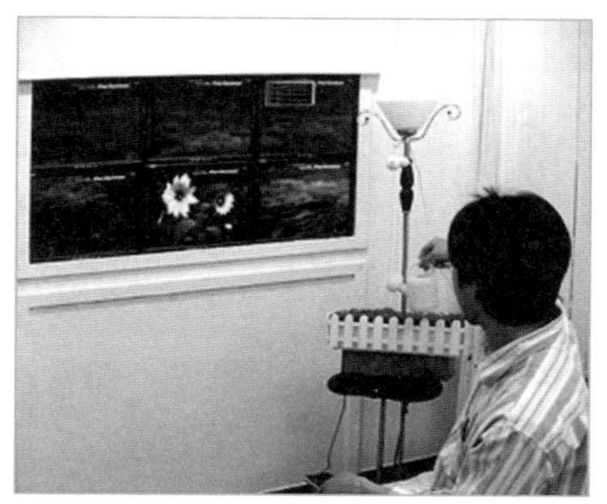
그림 12 | 광주과학기술원이 개발한 가든 얼라이브

교육용 콘텐츠도 스마트 TV에서 각광받게 될 주요 부분 중에 하나이다. 광주과학기술원에서 개발한 가든 얼라이브처럼 스마트 TV를 통해 꽃과 나무를 가꾸는 일을 하며 집 안을 화사한 느낌으로 만들 수 있을 것이다. 가든 얼라이브는 실제 화분을 손으로 만져주거나 물과 영양분을 조절하면, 사용자의 행동에 따라 가상공간의 식물이 다르게 자라는 교육용 시스템이다. 사용자의 동작을 인식하고 이를 반영하여 결과를 다르게 나타내는 게임형 교육 프로그램은 앞으로 그 발전이 무궁무진해 보인다.

오락 콘텐츠의 진화　　TV에서 가장 사랑받는 오락 콘텐츠는 스마트 TV에서도 중요한 콘텐츠가 될 전망이다. 앞으로는 모든 가수들이 음반을 만들어서 활동을 시작할 때 어플리케이션을 같이 제작하여 유통시키는 것이 일반적인 현상이 될 것이다. 이제는 음악 콘텐츠가 단순히 듣는 것에서 보고 듣는 것으로 변화하고 있으며, 이러한 음악 소비 시장의 변화에 따라 음원으로 수익을 얻으려는 것에서 탈피하여 다양한 부가 콘텐츠를 만들고 이런 콘텐츠를 어플리케이션을 이용하여 유통시키게 될 것이다.

　어플리케이션을 활용한 음악 콘텐츠 판매는 여러 가지가 있는데 어플리케이션을 무료로 유통시키고, 매번 새로운 음악이 나오거나 부가 콘텐츠가 올라올 때 돈을 부가하는 방식이다. 무료 어플리케이션을 이용하지만 새로운 콘텐츠를 사용할 때도 돈을 소비자에게 받지 않고 광고 영업으로 수익을 창출하는 방법도 있다. 어플리케이션을 처음부터 유료로 판매하는 방식도 가능하기는 하지만 매번 새로운 것을 만들어서 유통시켜야 하는 번거로움이 있다. 드라마, 영화에도 음악 콘텐츠의 어플리케이션 같은 수익 모델을 그대로 적용하는 것이 가능해 보이며, 앞으로는 모든 드라마와 영화가 어플리케이션 제작을 필수적인 것으로 받아들이는 세상이 올 것이다.

스마트 TV의 킬러 콘텐츠

킬러 콘텐츠　　　어떤 미디어가 폭발적으로 성장할 수 있도록 하는 핵심 콘텐츠를 킬러 콘텐츠라고 한다. 음악이라는 킬러 콘텐츠는 라디오, 워크맨, MP3 등의 미디어를 안착시키는 역할을 했고, 스포츠는 TV를 최고의 미디어 자리에 올려놓았다. 워드 프로세스는 PC를 보급하는 것에 결정적인 역할을 했으며, 인터넷은 PC를 보편적인 기기로 만들어 주었다. 새로운 미디어가 출범할 때는 킬러 콘텐츠를 만들어 내야 한다는 이야기를 듣게 된다. 하지만 킬러 콘텐츠를 만들어 새로운 미디어를 안착시키는 일은 어려운 작업이기 때문에 케이블 TV, 위성 방송, DMB 등 정부가 적극적으로 추진했던 뉴 미디어가 아직까지 제대로 자리잡지 못하고 있는 실정이다.

　　케이블 TV는 전문화된 콘텐츠로 승부를 보려고 했지만 킬러 콘텐츠라 생각했던 영화나, 음악, 스포츠 등의 전문 콘텐츠가 지상파 방송의 콘텐츠에 비해 새로운 트렌드를 만들어 내지 못하고 아류적인 프로그램을 양산하는 이미지만을 가지게 되어 시청자들을 사로잡는 것에 실패하고 말았다. 위성 방송 또한 지상파 방송이나 케이블 TV와 차별되는 콘텐츠를 생산하지 못하고 다채널 방송이라는 한 가지 장점만을 수용하는 것에 그쳐 케이블 TV에도 미치지 못하는 현실을 보여 주고 있다. 위성 방송인 스카이 라이프는 HD 전문 채널과 3D 전문 채널을 런칭하는 등 위성 방송에서만 가능한 콘텐츠를 킬러 콘텐츠로 육성하는 전략을 구사하여 가입자를 증가시키는 것에 성공을 했으나 아직까지 지상파 방송사의 위세에 밀려 큰 트렌드 변화를 만들어 내지는 못하고 있다.

DMB는 이동 중에 드라마나, 스포츠 생중계를 볼 수 있다는 점으로 스포츠나 드라마가 킬러 콘텐츠가 될 것으로 생각을 했으나 이 역시 시청자들의 시청 행태 변화를 만들어 내는 것에 실패했고, DMB만의 킬러 콘텐츠를 만들어 내는 것도 성공하지 못했다. 그래서 DMB는 DMB 2.0이라는 이름으로 양방향 콘텐츠를 강화하려는 노력을 기울이고 있으며, 이 양방향 콘텐츠를 DMB의 킬러 콘텐츠로 만들기 위한 전략을 펼치고 있다.

킬러 어플리케이션　　　미디어가 처음 세상에 출현하고 자리잡기 위해서는 콘텐츠가 중요한 역할을 하기 때문에 킬러 콘텐츠를 찾는 것은 미디어가 크게 성공하여 안착하는 가장 빠른 길이다. 킬러 콘텐츠 중에 응용 프로그램을 킬러 어플리케이션이라 부른다. 킬러 어플리케이션이 요즘 자주 언급되는 이유는 우리가 사용하는 PC가 일반적으로 많은 사람들이 이용하는 기기가 되었고, 스마트폰의 출현과 성공으로 이제는 어플리케이션을 다운 받아 이용하는 것이 낯선 풍경이 아니기 때문이다.

PC나 플레이스테이션 같은 게임기가 킬러 어플리케이션으로 인해 보편적인 가전제품의 하나로 자리잡게 된 것처럼 이제 스마트폰도 킬러 어플리케이션으로 인해 일반화하는 과정을 거치고 있다. 스마트폰의 킬러 어플리케이션이라 할 수 있는 것은 SNS라고 불리는 서비스들이다. 트위터와 페이스북, 미투데이 등의 소셜 네트워크 서비스는 스마트폰에서 더욱 그 위력을 발휘하며 SNS 가입자들을 늘리고 있고, 이들이 스마트폰을 활용하여 더 많은 활동을 하도록 유도하고 있다. 스마트폰은 언제나 사용자들이 휴대하고 있기 때문에 자투리 시간을 이용한 SNS 이용이 급증하고 있다. 또한 유튜브 같은 동영상 검색 서비스의 이용도 증가하고 있다. 인터넷의 유튜브와는 다른 모바일에 특화된 유튜브 페이지를 만들어 스마트폰에서 기본적인 어플리케이션으로 제공하고 있는데, 그동안 쌓아 둔 동영상 콘텐츠가 많아 이용자들이 쉽게 동영상을 보고 있다. 유튜브는 인터넷에서도 동영상 사이트 중 최강자였는데 스마트폰의 등장으로 영향력이 더욱 커지고 있다.

스마트폰에서의 검색을 편리하게 해주는 음성 검색도 킬러 어플리케이션 중 하나이다. 음성 인식 기술의 비약적인 발전으로 인해 이제

　　　　　　　　　　　　　　　　　　　　스마트 TV 혁명

는 음성 인식 실패율이 크게 낮아져서 완벽하지는 않지만 그런대로 쓸 만한 검색 도구 역할을 하고 있다. 여기에 기존의 내비게이션을 대체할 스마트폰 지도, 명함 인식, 증강현실 어플리케이션도 스마트폰을 일반화시킬 킬러 어플리케이션 후보라그 할 수 있다.

이처럼 다양한 스마트폰 어플리케이션은 휴대폰이 휴대용 컴퓨터가 될 수 있도록 하고 있는데, 이제 휴대폰은 스마트폰이라는 이름처럼 똑똑한 기기로 거듭나고 있다. 계속해서 쏟아져 나오는 어플리케이션들은 스마트폰으로 새로운 인터넷 문화를 창조하는 원천으로써의 역할을 해내고 있다. 스마트폰이 진정으로 스마트 기기가 될 수 있었던 것은 바로 수많은 어플리케이션 때문이라고 할 수 있을 것이다.

또한 어플리케이션은 앞으로 영화나 음악 콘텐츠처럼 어플리케이션 자체가 일반들에게 인기 있는 콘텐츠가 되면서 이것이 대중 문화의 한 부분으로 성장해 갈 것으로 보인다. 지금도 각 앱스토어별로 어플리케이션의 인기 순위가 발표되고 있는데 이런 어플리케이션 인기 순위가 앞으로는 더욱 활발해져서 큰 시장을 형성하며 권위 있는 어플리케이션 인기 순위가 매주 발표 되는 등의 새로운 문화 현상도 나타날 것으로 예상하고 있다. 일명 앱스 차트라는 신종 인기 차트를 앞으로는 쉽게 접할 수 있을 것이다.

그렇다면 스마트 TV는 어떤 킬러 콘텐츠, 어플리케이션을 필요로 할까? 스마트 TV가 일부 사람들의 부정적인 의견을 보란 듯이 뒤집고 성공하기 위해서는 스마트폰처럼 기존의 다른 미디어와는 전혀 다른 콘텐츠가 필요하고 이는 스마트 TV의 생존에 필수조건이 될 전망이다. 위치 정보를 결합한 증강현실 기술이 스마트폰을 지금까지의 미디어 기기들과 차별화시켰듯이 스마트 TV도 뭔가 특별한 킬러 콘텐츠를 필요로 한다. 필자의 생각에는 동작과 음성 인식 기술이 결합된 새로운 킬러 콘텐츠가 스마트 TV에는 등장할 것으로 보인다.

방송통신 융합이라는 이제는 다소 진부한 용어가 되어버린 말처럼 스마트 TV는 방송통신 융합이 이루어지는 곳에 위치한 뉴 미디어이다. 그 진영의 콘텐츠가 어떻게 융합된 모습을 보여 주게 될지, 그리고 그런 콘텐츠가 킬러 콘텐츠로 스마트 TV를 안착시킬 수 있을지 많은 연구과 기획이 필요한 시점이다.

070 인터넷 집 전화

원래 전화번호를 사용할 수 없다는 불편함으로 한동안 외면을 받아오던 070 인터넷 전화가 이제 주류 시장으로 떠올랐다. 인터넷에서는 크게 인기를 끌었던 스카이프라는 인터넷 전화 전문 회사의 어플리케이션이 스마트폰과 PC에서는 많이 사용되고 있지만, 아직까지는 집 전화에 이를 적용하기가 어려운 현실이다. 이미 인터넷 전화가 어느 정도 정착이 된 PC에서와는 달리 집 전화는 기존의 방식이 여전히 우세한 입장이다. 이 난공불락의 집 전화 시장에 통신비 절약이라는 무기를 갖춘 인터넷 전화가 서서히 자신의 자리를 만들어 가고 있다.

대부분 휴대폰을 소유하고 있지만 아직까지는 집 전화가 있어야 한다고 믿는 일반 사용자들의 생각 때문에 집 전화를 인터넷 전화로 전환하는 시장이 통신사들 사이에 쟁탈전을 만들어 냈다. 인터넷 전화는 번호 문제에 대한 불편함이 해결되지 못했는데도 불구하고 그 사용자가 점점 늘어나고 있는 추세로, 이런 문제가 완전하게 해결된 후에는 그 증가세가 가히 폭발적일 것으로 예상된다. 전화비가 기존에 비해서, 특히 지방이나 해외로 전화를 할 경우에는 더욱 저렴하다는 사실이 알려지면서 많은 사람들이 인터넷 전화에 관심을 가지게 되었다. 그동안 자신들의 수익을 감소시킨다고 생각한 통신사들이 이 시장을 외면하면서, LG에 의해서 주도되었던 인터넷 전화 시장에 KT까지 뛰어들었다. KT는 자신들의 사업 중에 비중이 큰 유선전화 사업을 인터넷 전화가 침범한다고 여기고 이를 애써 외면해 오던 중이라서, 인터넷 전화가 더 이상 거스를 수 없는 상승세를 타고 있음을 알 수 있다.

스마트 TV에서도 이런 인터넷 전화의 기능이 자연스럽게 도입될 것으로 보인다. TV에 인터넷 전화가 도입된다면 시청자는 TV를 보는 중에 걸려오는 전화에 대한 정보를 알 수 있게 되고, 이 TV 화면에 나타난 정보를 보고 시청자가 이 전화를 받을지, 아니면 잠깐 전화 받는 것을 피할지를 결정할 수 있게 될 것이다. 이렇게 전화를 건 사람의 정보를 보여주는 것을 CID_{Caller ID}라고 부르는데, 이미 이러한 기능은 일반 휴대전화에서는 당연한 것으로 인식되었다.

이번에 발표된 구글 TV에서는 이런 CID 기능 이외에 화상 전화가 가능하도록 TV에 연결할 수 있는 카메라도 함께 출시했다. 앞으로는 스마트 TV를 통해 콘텐츠를 즐기고 있다가 전화가 오면, 그 사람과 통화를 할 것인지 계속 콘텐츠를 즐길 것인지를 결정하고, 통화를 하겠다고 생각했을 경우도 음성 통화만을 할지, 아니면 화상 통화를 할지도 선택하는 세상이 될 것이다.

3D TV　　2010년은 3D TV에 대한 관심이 뜨거웠다. 3D는 주로 전용 안경을 쓰고 영화를 보았는데, 시청하는데 제약이 따르기 때문에 잠깐의 호기심 정도로만 여겨져 왔었다. 영화관에서도 3D로 상영된 영화들이 큰 성공을 거두지 못했고 이를 TV에서 보여준다는 것에 우호적인 분위기는 아니었다. 그렇지만 3D 화면이 가진 매력이 제대로 구현된다면 시청자들에게 사랑받을 것이라는 생각 또한 누구나 할 수 있는 것이어서 이에 대한 꾸준한 도전이 계속되었다. 그러던 와중에 개봉된 영화 「아바타」의 대성공은 3D를 일반 시청자에게 곧 다가올 미래로 인식하게 만들었으며, 이는 TV에서의 3D 구현을 추진하는 산업계에도 청량제 같은 소식이었다. 그런 분위기는 방송사에까지 이어졌다.

　3D는 우리 눈이 가진 신체적인 조건을 이용하여 입체감을 만들어낸다. 두 눈에 서로 다른 영상을 보여주어 인위적으로 입체감을 느끼게 하는 것이다. 사람은 두 개의 눈을 가지고 있으며 각각의 눈으로 들어온 영상을 뇌에서 처리하여 사물을 지각한다. 인위적인 방법인 3D 안경을 사용하여 서로의 눈에 각각 그림을 보이도록 하고 이런 과정을 통해 영상을 입체적으로 느끼도록 하는 것이 3D의 원리이다.

　　　　　　　　　　　　　　　　　　　　　　　스마트 TV 혁명

한편 3D의 제작은 3D 카메라를 사용하고 입체감의 정도를 조절하기 위해서 스테레오 스코프라는 장비를 이용한다. 촬영 방법도 두 개의 카메라를 수평으로 배치하여 진행하는 수평식과 카메라를 90도 각도로 두고 촬영하는 직교식이 있는데 가까이 있는 것까지도 세밀한 입체감을 주기 위해서는 복잡한 직교식으로 촬영해야 한다. 또한 조명, 세트 등의 최적화 문제 그리고 카메라를 이동하며 촬영할 때의 문제점 등 실제로 촬영을 진행해서 해결해야 하는 것이 너무나 많다. 편집 부분은 두 개의 영상을 동기화시키면 가능하지만 효과를 극대화하고 더욱 세밀한 입체감을 위해 후반 작업에 대한 프로세스들도 많은 시행착오를 거쳐 만들어 내야 한다. 국내에서는 아직까지 3D 방송 영상을 제작한 경험이 거의 없어서 제작에 들어가서 생기게 될 실질적인 문제들에 대한 해결책들에 대해서는 시간의 시행착오가 필

그림 13 | KBS기술연구소에서 개발한 수평식 3D 카메라

요할 것이다.

또한 3D TV의 가장 큰 문제점으로 지적되고 있는 안경 착용을 어떻게 하느냐도 중요한 해결 과제이다. 3D 안경을 착용하지 않고 볼 수 있도록 무안경식 3D 디스플레이 모니터의 개발이 한창이다. 정교한 3D 화면을 만들어서 눈의 피로를 최대한 줄이는 것은 인체의 구조에 대한 이해가 선행되어야 하는 것으로, 여기에는 단순한 기술적인 연구를 넘어서 생물학과 의학의 연구가 병행되어야 하는 공동 연구의 영역이 등장한다. 학문 간의 공동 연구는 이미 트렌드를 형성하고 있어 연구를 하는 것에는 큰 장애가 없지만, 그만큼 3D TV가 세심한 배려와 오랜 연구가 필요한 분야라는 것만은 명심해야 할 것이다.

3D 콘텐츠는 미래의 TV인 스마트 TV에서 중요한 스마트 콘텐츠

그림 14 | 무안경식 3D 입체 모니터

로 시청자들의 관심을 받게 될 전망이다. 하지만 시청자들이 원하는 수준의 콘텐츠를 3D로 즐기기 위해서는 상당한 시간이 필요해 보인다. 우선은 게임이 먼저 3D 화면을 제공하면서 소비자들에게 새로운 영상의 세계를 소개하게 될 것이다. 방송을 통한 3D 콘텐츠는 오랜 기간의 준비 과정을 거쳐야만 집에서 시청이 가능할 것이다. 그런데 오랜 시청에 따른 피로감이나 3D 영상 제작에 수반되는 많은 제작비라는 장애를 넘어서 새로운 영상 미학을 만들어 가고 있는 3D 콘텐츠에 대한 소비자들의 기대가 지금은 너무나 커 보인다.

제2의 검색, 인터넷 지도　　　인터넷의 가장 대표적인 기능은 검색이다. 무한한 정보의 바다에서 자신이 원하는 자료를 찾는 검색 기능이야말로 초기 인터넷을 발전시킨 가장 큰 원동력이라고 할 수 있다. 내가 원하는 정보를 얼마나 정확하게 나타내 주는가가 검색 시장에서의 승자와 패자를 갈라놓았는데, 네이버는 지식iN 서비스로 한국 네티즌들의 사랑을 받았다. 얕은 지식이지만 생활에 유용한 지식iN 서비스는 지금의 네이버를 만든 1등 공신이라고 할 수 있다. 구글도 한국 시장에서만큼은 네이버의 아성을 넘지 못하고 있다.

　앞으로 검색 시장에 새로운 바람을 일으키는 존재는 지도가 될 것이다. 특히 스마트폰의 대중화로 지도를 통한 정보 검색은 새로운 시장을 만들어 내고 있다. 지도를 통한 위치정보 서비스를 LBSLocation Based Service라고도 부르는데 이런 서비스가 가능한 것은 GPSGlobal

Positioning System 기술의 대중화 때문이었다. GPS는 1970년대 미국 국방부가 지구상에 있는 물체의 위치를 측정하기 위해 60억 불을 들여 만든 군사 목적의 시스템이었다가 일부의 기능을 민간에 개방하면서 시작되었다. 24개의 GPS 위성이 서로 다른 궤도로 지구 대기권을 계속 회전하고 있어 지구 어느 시간이나 어느 곳에 있어도 그 위치를 알아낼 수 있다.

GPS처럼 정부가 독점하고 있는 기술이나 정보의 민간 이양은 우리 생활에 새로운 변화를 만들어 내는 경우가 많다. 얼마 전 참석한 CCCreative Commons 관련 세미나에서 한 발표자가 개인적으로 인공위성을 제작하여 하늘로 쏘아 올릴 계획을 가지고 있다는 이야기를 들었다. 그는 그 자리에서 정부가 독점하고 있는 정보와 극한 기술의 공개로 민간이 이를 이용하도록 하는 것의 중요성을 역설하고, 민간은 이러한 정보나 기술을 문제없이 사용하는 대중의 지혜를 가지고 있다고 주장했다.

GPS의 공개에도 반대가 있었을 것이다. 하지만 지금의 세상을 보면 GPS 때문에 우리 생활이 편리해 진 것을 알 수 있다. GPS를 이용한 내비게이션으로 우리는 편안하게 운전하고 있으며, 조난당한 사람들이 빠른 시간 안에 구조의 손길과 만날 수 있다. 물론 우리의 정보가 어떤 사람들에게 악용될 여지는 있지만 말이다. 위성을 사용하는 GPS가 아니더라도, 휴대폰 사용은 데이터가 휴대폰 기지국과 오고 가는 과정을 거치기 때문에 휴대폰을 통한 위치정보 서비스가 가능하다. 전화 통화를 하거나 데이터를 이용하면 휴대폰의 위치가 파

악되고, 휴대폰 사용자의 위치를 파악하고 있는 통신사는 이 위치정
보에 기반한 서비스를 휴대폰 사용자에게 제공할 수 있게 된다.

웹2.0과 인터넷 지도　　구글의 지도 서비스에 이어, 대부분의
포털들이 지도를 서비스하고 있다. 이 서비스는 웹2.0 정신이 녹아든
것으로 지도를 이용하는 모든 사람들이 지도상의 정보를 함께 만들
어 가는 것이다. 지도를 웹에 만들어 두면 여기에 참여한 사용자들이
자신의 위치나 좋아하는 장소 또는 그 장소에서 찍은 사진들을 올려
두는데, 이런 데이터가 쌓이면서 지도는 막강한 정보의 보고가 되었
다. 이런 과정을 거쳐 만들어진 위치정보가 스마트폰을 통해 서비스
되어 편리한 생활에 도움을 주고 있으며, 자연스럽게 스마트폰을 사
용하는 모든 것이 데이터가 되어 저장되고 있다. 자신의 정보를 자발
적으로 공개하여 새로운 시대의 정보 보고를 우리가 만들어 가는 것
이다.

위치 기반의 SNS 서비스로 포스퀘어가 있다. 미국에서 시작된 위
치 기반 소셜 네트워크 서비스로 스마트폰은 사용자가 현재 있는 장
소에서 이 어플리케이션을 실행하여 체크-인check-in을 하는데, 이
때 사용자가 갖고 있는 스마트폰의 GPS 기능 등을 이용해서 위치정
보와 입력한 내용이 함께 저장되고 다른 사람들이 이 정보를 확인할
수 있다. 보통은 트위터나 페이스북 같은 친구 간의 네트워크 서비스
인 SNS와 결합된 형태로 사용된다. 이 서비스는 자신의 정보를 입력

하는 대가로 점수를 주고, 배지를 부여하며, 시장이 될 수 있도록 하는 등 금전적 보상이 아닌 정신적 보상을 하고 있다. 이렇게 해서 이 서비스에 자발적으로 입력된 정보는 인터넷상에서 누구에게나 유용하게 사용될 수 있는 것이다.

비슷한 방법으로 쌓인 정보와 자신의 위치정보를 공개한 것을 매시업Mashup(웹서비스 업체들이 제공하는 각종 콘텐츠와 서비스를 융합하여 새로운 웹서비스를 만들어 내는 것)하여 국내의 이동통신사들도 관련 서비스들을 쏟아내고 있다. 교통이나 친구 또는 미아 찾기 등 생활과 밀착된 이런 서비스들은 앞으로 인터넷이 어떻게 발전할 것이며, 어떤 서비스들이 만들어져야 하는지를 보여주고 있다.

스마트 TV와 위치정보　　위치정보가 스마트폰에서 스마트 콘텐츠로써의 역할을 충분히 했다면, 스마트 TV에서는 어떨까? TV가 집 안에 위치해 있기 때문에 위치정보가 중요한 역할을 하지 못하는 것은 아닐까? 이런 의구심은 앞으로 스마트폰과 스마트 TV가 어떻게 연동되면서 발전할 것인가를 생각해 본다면 기우에 지나지 않는다는 것을 알 수 있다. 스마트폰이 위치정보를 생산하고 소비하는 역할을 동시에 한다면 스마트 TV는 위치정보를 소비하는 쪽일 것이다.

웹과 모바일에서 축적된 위치정보는 스마트 TV를 만나 본격적인 위치정보 관련 서비스로 소비자들에게 공급될 것이다. TV를 시청하고 있는 사람에 대한 정보가 공개되면, 이 정보에 이미 인터넷에 쌓여 있는 정보들과 융합될 것이고, 우리의 생활을 더 편리하게 할 많은 위치정보 서비스들이 스마트 TV를 통해 가능하게 되는 세상이 되는 것이다. 집 주변의 식당, 병원, 약국 등 모든 편의 시설에 대한 정보와 광고가 항상 TV로 제공될 것이고, 이런 정보와 광고를 이용하여 예약을 하거나 주문하는 인터넷 상거래가 활성화될 것이다. 이런 변화는 기존에 PC라는 기기나 휴대폰 사용에 어려움을 겪고 있는 중장년층의 TV를 통한 온라인 거래 참여를 이끌어 내어 새로운 시장을 만들어 내는 시작이 될 수 있다.

인터넷 전화나 3D 콘텐츠 그리고 위치 기반 콘텐츠 이외에도 게임과 교육 콘텐츠 등이 스마트 TV에서 킬러 콘텐츠로 시청자들의 눈을 사로잡을 가능성이 높다. 그런데 이런 콘텐츠들이 원활하게 스마트 TV에서 소비되기 위해서는 그전에 망 사용료에 대한 부담이 해결되어야 한다. 유선 인터넷이 한국에서 빠르게 발전한 이유 중의 하나는 초고속 인터넷 요금의 정액제 때문이었다는 것은 이미 알려진 사실이다. 인터넷망의 빠르기에 따라 정액제로 돈을 내고 나면 데이터량을 얼마나 사용하는지에 대해서는 상관하지 않고 인터넷을 사용할 수 있었기 때문에 소비자들이 인터넷을 편안하게 이용할 수 있었고 이런 환경에서 인터넷 콘텐츠들이 발전할 수 있었던 것이다. 그러던 것이 무선 인터넷 환경에서는 데이터 사용량에 따른 과금을 했고, 이런 환경에 부담을 느낀 소비자들이 무선 인터넷 활용을 꺼리면서 우리의 모바일 환경은 외국에 비해 뒤떨어지게 된 것이다.

아이폰으로 시작된 모바일 혁명으로 국내의 무선 인터넷 시장에도 정액제가 자리잡게 되었으며, 일정 금액 이상의 요금을 내면 무제한으로 데이터를 사용할 수 있게 되면서 모바일 콘텐츠의 부흥기를 맞이하게 된 것이다. 유무선 인터넷망의 정액제 도입은 스마트폰과 스마트 TV에서의 데이터 사용을 폭증하도록 하게 될 것이기 때문에, 향후 콘텐츠 발전에는 긍정적으로 작용할 것으로 예상을 하고 있지만 통신사들에게는 망을 고도화하는 투자를 해야 하고, 새로운 수익원을 만들어 내야 하는 발등의 불이 될 것이다.

Chapter. 3

스마트 TV와 미디어의 변화

Smart TV

가전제품 회사와 스마트 TV

가전업체의 준비　　　디지털 기술의 발달로 미디어 분야는 커다란 변혁의 소용돌이 속에 있다. 기존의 세계관과 전혀 다른 세상이 디지털 기술에 의해 창조되었고, 이렇게 창조된 공간에서는 새로운 질서가 만들어지고 있다. 기존의 세상은 원자로 구성된 현실 세계였다면, 디지털 세상은 비트Bit라고 불리는 새로운 구성체로 구성된 전혀 새로운 세상이므로 기존의 질서와는 다른 체제가 만들어지게 되는 것이다.

미디어 분야의 변혁은 인터넷에 의해 촉발되었다. 초창기 보잘 것 없는 네트워크에 불과했던 인터넷은 이제 모든 미디어를 집어삼킬 만한 가공할 위력을 가지게 되었다. 그리고 이제 인터넷이 TV로 들어와 다시 한 번 미디어 변혁을 만들어 내려고 하고 있다. 올드 미디어의 대명사인 TV와 뉴 미디어의 모든 연결고리라 할 수 있는 인터넷의 만남은 그 기대만큼이나 엄청난 파장을 몰고 올 것으로 보인다.

이런 변혁의 한가운데에서 우리는 어떤 준비를 해야 할까. 먼저 스마트 TV라는 기기를 직접 제작하게 될 가전제품 회사들의 그동안 움직임과 대처에 대해 생각해 보자. 업계에서는 스마트폰의 출현으로 전화 기능이 통화에서 응용 프로그램의 이용으로 넘어간 것처럼, TV도 유사한 절차를 밟을 것으로 보고 있다. 스마트폰이 보여준 진화의 모습이 스마트 TV에서도 비슷하게 재현되리라 생각하고 있기 때문에 가전제품 회사들은 단순한 제품 생산뿐 아니라 플랫폼이나 콘텐츠의 구축에도 신경 쓰고 있다.

삼성은 2010년 2분기 세계 TV 시장에서 금액 기준으로 24%의 역대 최고 점유율을 기록했다. 그리고 뒤를 이어 LG가 14.7%를 기록하여 우리의 가전제품 회사들이 세계 시장을 석권하고 있음을 알 수 있다. 1위를 차지한 삼성은 2006년 1분기 이후 18분기 연속 세계 시장

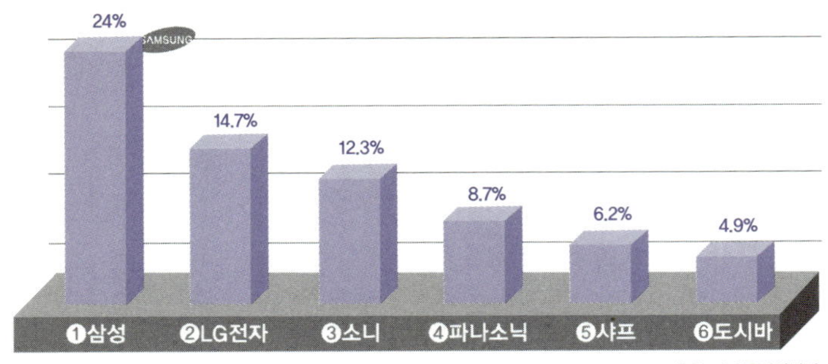

표 1 | 2010년 2분기 세계 TV 시장 점유율(금액기준)

점유율 부분을 석권하고 있다는 점에서 세계 최고의 TV 회사라고 할 수 있다. 하지만 스마트 TV 시대에 접어들게 되면 스마트폰에서처럼 시장 판도는 달라질 수 있다. TV 시장에서 2012년에는 스마트 TV의 점유율이 60%를 넘어설 것이라는 것이 전문가들의 분석인데, 삼성이나 LG의 스마트폰 시장 점유율을 생각해 보면 위기의식을 느끼지 않을 수 없다. 스마트폰 분야에서는 대만 업체인 HTC에게도 밀려 있는 모습을 보여주고 있어서 스마트 TV에서 기존 TV 시장의 아성을 지켜낼 수 있을지 지켜봐야 한다.

특히 북미 시장에서는 최고의 시장 점유율을 보였던 우리 기업의 휴대폰 판매가 스마트폰으로 오면서 경정력에 떨어지고 있다. 우리 기업은 스마트폰 시장에 대비하지 못했고 국내 시장은 아예 스마트폰을 사용할 수 있는 환경이 이루어지지드 않았기 때문에 어찌 보면 당연한 결과라고 할 수 있겠다. 이제 막 우리의 빨리빨리 정신이 발휘되어 경쟁력을 조금씩 갖추어 가고는 있지만, 이미 저만큼 달아나 버린 애플이나 구글은 어쩔 수 없다고 해도 다른 업체들에마저 밀리고 있는 경쟁력에 대해서는 반성이 필요해 보인다. 하지만 스마트 TV 시장은 아직 시작도 하지 못한 개척지이기 때문에 누가 준비를 잘하느냐에 따라 앞으로 5년 이후의 시장 판도가 다시 그려질 것이다. 또한 기기적인 부분의 문제도 크겠지만 스마트폰이 보여준 것처럼 플랫폼과 콘텐츠를 어떻게 유기적으로 연결하는가가 시장을 장악하는 가장 큰 요소가 될 것이다.

삼성은 2010년 미국에서 해외 스마트 TV 어플리케이션 개발자들을 대상으로 설명회를 열고 콘텐츠 확보전에 뛰어들었다. 이 행사에는 애플의 공동 창업자 스티브 워즈니악과 미국 음원업체인 판도라의 창업자 팀 웨스터그렌 최고전략책임자도 참석해서 삼성이 콘텐츠에 얼마나 신경을 쓰고 있는지를 보여주었다. 그리고 상금을 걸고 TV 어플리케이션 콘테스트도 진행하고 있다. 수상작에 대한 판권을 확보하기 위해서 이런 콘테스트를 지속적으로 할 계획인 삼성이 지금까지 확보한 콘텐츠 제공 파트너는 60여 개 사에 이른다고 한다. LG도 콘텐츠 확보전에 뛰어들었는데 유튜브, 맥스돔, 오렌지 등의 업체와 계약을 맺었고, 2011년까지 120개 이상의 영화, 방송 다시보기, 스포츠 중계 콘텐츠를 확보할 예정이라고 한다.

구글과 손잡고 안드로이드 운영 체제가 탑재된 구글 TV를 선보인 소니는 이미 보유하고 있는 음반사와 영화사의 콘텐츠만을 생각해 보더라도 콘텐츠에 대한 확실한 우위를 가지고 있다고 평가할 수 있을 것이다. 여기에 그동안 아이튠즈와 앱스토어를 통해 음악 콘텐츠와 동영상 콘텐츠를 꾸준하게 준비해 온 애플이 있고, 구글도 세계 최대의 동영상 사이트인 유튜브를 앞세워 엄청난 규모의 콘텐츠를 확보하고 있는 중이다.

국내 업체들은 스마트폰에서 애플이나 구글에게 뒤처지게 된 현상을 스마트 TV에서는 반복하지 않기 위해 자체적으로 개발한 플랫폼도 선을 보이고 있다. LG는 자체 스마트 TV 플랫폼인 넷캐스트NetCast를 선보여 유료 콘텐츠를 사용하거나 앱스토어를 이용할 수 있도록 했다. 삼성전자 또한 바다라는 이름의 플랫폼을 통해 삼성의 스

     스마트 TV 혁명

마트폰과 스마트 TV 등을 이용할 수 있는 앱스토어를 선보였다. 스마트폰에서의 전철을 밟지 않기 위해 정부 차원의 기구도 출범했다. 지식경제부와 방송통신위원회 등 정부부처와 삼성전자와 LG전자 등 가전업체, KT 등 통신사와 방송사가 공동으로 참여하는 스마트 TV 포럼이 2010년 9월 7일 발족했다. 그런데 이런 새로운 트렌드를 만들어 가는 일에 정부가 직접 나서는 것이 오히려 장애물이 될 수 있다는 점은 명심해야 할 것이다. 정부는 스마트 TV 사업의 수행 과정에서 생기는 문제점들에 대한 중재와 해결 노력을 하는 것에 그쳐야하고, 창의적인 부분에 대한 것은 업체들의 몫으로 남겨두어야 제대로 된 사업 효과를 만들어 낼 수 있을 것이다.

스마트 TV는 TV 본체뿐 아니라 주변 기기의 혁신도 중요한 요소가 될 전망이다. LG가 발표한 매직 모션 리모컨은 아주 단순한 버튼을 가지고 멋진 디자인으로 눈길을 끈다. 스마트 TV가 검색 등 복잡한 기능을 수행해야 하기 때문에 대부분의 리모컨들이 키보드를 달고 있거나 너무 많은 버튼을 가지고 있는 것에 반해 이 리모컨은 단순함으로 인해 감각적이다. 스마트 TV의 UI를 어떻게 하느냐에 따라 단순하고 멋진 리모컨도 가능할 것이다. 삼성전자가 발표한 스마트 TV C9000의 리모컨은 세컨드 TV라는 이름을 가지고 있다. 그 이유는 TV 화면과는 별도로 손에 쥔 리모컨에 3인치 화면을 가진 또 하나의 TV를 의미한다고 한다. 시청자들은 리모컨의 화면을 통해 보고 있는 동영상을 보거나 아니면 다른 것을 시청할 수 있다. TV를 보다가 잠시 자리를 옮기거나, 침대로 가서도 같은 프로그램을 계속 시청할 수 있게 만들었다. 또한 이 리모컨의 화면을 스마트폰처럼 구성하여 스마트 TV의 복잡한 메뉴를 쉽게 선택할 수 있도록 해준다.

스마트폰을 스마트 TV의 리모컨으로 사용하는 것이 일반적인 형태가 될 가능성이 높다. 소비자들이 이미 스마트폰의 사용에 익숙해 있다는 것을 전제로 다시 복잡한 리모컨 사용법을 알리는 것보다는 스마트폰의 어플리케이션을 활용하여 TV를 조작할 수 있도록 하는 것이 합리적인 방법이라는 생각이다. 그런 이유로 애플의 앱스토어에는 리모트앱이라는 스마트폰 어플리케이션이 존재하고 이를 사용하여 TV를 조작할 수 있다. 이처럼 스마트폰의 어플리케이션을 활용한 리모컨은 다른 기기에 비해 가격 경쟁력 또한 갖출 수 있다는 장점도 가지고 있다. 가격 경쟁력은 TV 시장에서 상당히 중요한 부분이다. 시장에서는 작은 금액을 두고 서로 경쟁하고 있어 말 그대로 TV 시장은 레드오션이다. 회사 간의 경쟁이 심하고, 기술 차이가 크지 않기 때문에 기업들은 계속 소비자들의 새로운 구매욕을 자극할 수 있는 신제품을 만들고자 하고 있으며, 이를 위해 계속적으로 인터넷을 TV 안으로 끌어들이려 하고 있다. 새로운 제품이면서도 가격의 부담을 크게 느끼지 않게 만들어야 하는 것이 TV를 생산하는 회사들의 고민이다. 소비자들에게 스마트 TV라는 완전히 새로운 개념의 기기를 팔기 위해서는 기존과 다른 사용자 환경이나 기능, 콘텐츠 활용의 편리성 등 풀어야 할 문제들이 많은데 이런 것을 해결하기 위해서는 돈이 들어간다는 것이 어쩔 수 없는 현실이다. 이율배반적인 상황을 어떻게 극복하고 새롭고도 합리적인 가격의 기기를 만들어 내는가가 차세대 스마트 TV 시장의 승부를 가르게 될 전망이다.

뉴 미디어라고 할 수 있는 PC나 휴대폰보다 많이 사람들이 선호하는 TV를 활용해 새로운 비즈니스를 하고 싶어하는 기업들은 미래 시장을 위해 많은 돈을 투자하면서 새로운 기능을 연구하고 있다. 세계 인구 가운데 대다수인 40억 명이 즐겨보는 TV가 스마트 TV로 변환이 된다면 그야말로 엄청난 규모의 비즈니스 기회가 만들어지게 될 것이다. 구글에 따르면 2009년을 기준으로 미국 청소년들은 하루 7시간 30분 동안 TV를 보는 반면 인터넷은 일주일에 11시간 30분을 이용한다고 한다. 인터넷이 필수가 되어 버린 요즘 TV가 PC 등 인터넷 접속 기기들을 압도하고 있는 것은 엄연한 사실이다. 스마트 TV 시장을 향한 IT 거물들과 가전 거물들의 혈투가 벌어지는 이유는 이런 숫자를 보면 당연한 일이라는 생각이 든다. 과연 누가 미래의 스마트 TV 시장의 승자가 될 것인가.

세계의 가전제품 시장은 새로운 디지털 기술의 발달에 따라 끊임 없이 변화하고 있다. 이러한 변화에 적극적으로 도전하고 새로운 트렌드를 만들어 내는 업체들만이 생존하여 소비자들에게 사랑받는 무한 경쟁의 시장이 된 것이다. 휴대폰 시장의 강자들이 스마트폰에서 서서히 자신들의 자리를 내어 주고 있는 모습을 보면서 스마트 TV의 등장에 따라 가전제품 시장에도 새로운 강자들이 나타나리라는 것을 쉽게 예상할 수 있다. 우리의 업체들이 혁신을 거듭하며 미래의 가전제품 시장에서 강자로 나설 수 있을까. 그러기 위해서는 지금까지 우리가 해왔던 공식을 버리고 앞에서 트렌드를 선도하는 업체가 되어야 할 것이다. 세계의 업체들이 함께 경쟁하는 시대에는 1등만이 살아남게 되는데 어떤 전략으로 어떤 분야에서 1등을 할 것인가에 대한 선택이 필요하다.

신문 시장의 변화와
스마트 TV

인터넷 신문　　한국 최초의 근대 신문 「한성순보」가 1883년에 세상에 나오고 100여 년이 넘도록 신문은 우리의 생활과 밀접한 관련을 가지며 번창해 왔다. TV와 함께 대중매체의 대표로 한국의 근현대사를 이끌어 온 신문은 우리 미디어의 역사라고 할 수 있을 정도로 영향력이 대단했다. 이런 신문에 변화의 기운이 일기 시작한 것은 무가지의 등장에서였다. 아침에 무료로 지하철역이나 길거리에서 나눠 주는 무가지는 스포츠, 문화, 연예, 오락 분야에서 막강한 영향력을 행사하던 스포츠 신문사에게 큰 타격을 주었다. 「스포츠투데이」, 「굿데이스포츠」 등 신문 시장에 맹위를 떨치던 신문사도 폐간될 수 있다는 것을 보여준 이 사건은 시대의 변화에 제대로 따라가지 못하면 생존 자체에 위협 받을 수 있다는 냉정한 사실을 일깨워 주었다.

무가지가 신문 시장에 냉정함을 경고한 이후에 또 다른 변혁이 시작되었는데 그 원인은 바로 인터넷이었다. 1998년부터 등장한 인터넷 신문은 기존의 오프라인 매체의 점유율에 비할 바가 되지 못했고, 1999년 인터넷 이용자도 1천 86만여 명에 머물렀기 때문에 신문사들은 인터넷을 과소평가했다. 인터넷을 통해 뉴스를 서비스하는 국내 포털들은 1995년 검색 위주로 등장했다가 1998년 말부터 뉴스와 날씨, 주식 정보 등 다양한 콘텐츠를 제공하기 시작했다. 이때 신문사들은 미래를 내다보지 못하고 작은 금액에 뉴스를 포털에 공급하는 과오를 범하고 말았다.

2000년 닷컴 위기에 따라 많은 업체들이 사라져 갔고, 상위 업체들로의 재편이 이루어졌다. 초창기 다음, 야후코리아, 네이버, 라이코스, 엠파스, 드림위즈, 한미르, 프리챌, 한게임, 네띠앙 등이 시장의 패권을 다투던 모습에서 이제는 네이버, 다음의 2강 체제로 굳어졌다. 포털과의 초기 뉴스 공급에 있어 판단을 잘 하지 못한 신문사들은 얼마 되지 않는 뉴스 공급권료를 받고 자신들의 영향력을 인터넷 포털에게 넘긴 꼴이 되고 말았다. 지금은 거의 대부분의 사람들이 인터넷 포털을 통해서 뉴스를 보고 있기 때문에 신문사들이 뒤늦게 이를 바꾸기 위해 여러 시도를 하고 있지만 시간을 되돌리기에는 너무나 많이 변해 버렸다.

인터넷이 지금처럼 거의 모든 미디어를 삼켜 버릴 공룡이 될 것이라고 예측하기에는 신문사의 경영진들이 세상의 변화를 너무나 몰랐던 것이다. 인터넷의 중요성을 깨달은 신문사에서는 그 뒤로 자신들의 인터넷판 신문을 만들어 신문 구독자들을 잡으려는 노력을 기울였지만 이 역시도 이미 포털에서 제공하는 뉴스에 길들여진 사람들을 되돌아오게 할 수는 없었다. 변해 버린 뉴스 시장의 현실을 인정하게 된 신문사들은 적극적으로 새로운 미디어들을 끌어안기 시작했다. 인터넷에서의 실수를 만회하기 위해 공동 전선을 취하기 시작한 신문사들은 뉴스 뱅크와 뉴스 코리아라는 이름으로 뉴스 콘텐츠를 통한 수익의 창출을 시도하고 있는데 그 성과에 대한 평가는 아직 부정적이다. 여기에 뉴스를 신문 이외의 다른 매체에도 적합하게 제작하려는 의도로 통합 뉴스룸도 시도되고 있다. 통합 뉴스룸이란 기존의 뉴스룸이라는 뉴스를 제작하는 제작 시스템에서 신문의 지면을 담당하던 곳과 인터넷 뉴스를 담당하는 조직을 통합하여 온라인과 오프라인의 뉴스 제작을 한 곳에서 또는 상호 간의 유기적인 협의를 바탕으로 제작하고자 하는 것이다. 이미 많은 신문사들이 이를 도입하여 조직의 통합과 함께 제작 비용을 줄이고 있으며 국내의 신문사들도 큰 관심을 보이고 도입을 서두르고 있다. 크로스 미디어라는 이름으로 한 번의 취재에 여러 형태의 콘텐츠를 제작하는 시스템을 만들려는 노력도 기울이고 있다.

조선일보는 하나의 기사를 신문, 지상파 TV, 케이블 TV, 휴대폰, 인터넷으로 동시에 내보내는 크로스 미디어 전략을 구사하고 있는데, KBC(광주방송), TBC(대구방송), TJB(대전방송), KNN(부산방송) 등 지역 민영 TV와 함께 'Our Asia'라는 기사를 기획하여 신문 기사와

HD급 TV 다큐멘터리를 함께 제작해 이를 방송한 바 있다. 크로스 미디어란 기존의 원소스 멀티유스One Source, Multi Use와 비슷한 개념이지만 큰 차이가 있다. 원소스 멀티유스는 이미 어떤 용도를 위해 제작된 콘텐츠를 다른 곳에도 판매하여 수익을 극대화하는 것이다. TV에 방송하기 위해 만든 드라마를 인터넷에도 올리고 외국에도 파는 마케팅 용어이다. 하지만 크로스 미디어는 제작 단계부터 여러 곳에 사용할 수 있도록 각각의 매체에 맞게 최적화된 콘텐츠를 만드는 것이다. 드라마를 만들면서 제작 전에 이미 인터넷에 판매할 것도 예상하고 이를 계산해서 대본 작업을 하는 것이다. 작은 것처럼 보이지만 결과물에는 엄청난 차이가 있다.

기존의 원소스 멀티유스 콘텐츠는 각각의 매체에 특화된 콘텐츠가 아니라 인기 있는 콘텐츠라는 이유로 다른 미디어에서 사용하기 때문에 각각의 미디어가 가진 특성을 무시한 채 콘텐츠를 유통하게 된다. 이는 각 미디어 소비자가 가진 성향을 모르고 영업하는 것으로, 성공할 가능성이 그만큼 적고 새로운 시장을 만들어 내기도 어렵다. 점점 뉴 미디어들이 올드 미디어인 TV와 신문, 라디오를 압도하려 하고 이를 소비하는 시청자나 독자들이 변화하고 있는 시점에 예전의 매체에 맞추어 제작한 콘텐츠를 새로운 매체에 억지로 끼워 맞춰 전달하는 방법은 미래를 장담하기 어렵다. 하지만 이런 통합이 기존에 뉴스 제작자들이 가진 인식을 갑작스럽게 바꾸기에는 시간이 걸리는 일로 많은 문제점이 발생하고 있는 것도 사실이다. 특히 지면 신문을 만드는 제작자들이 온라인 제작자들과의 통합에 강하게 반발하고 있다.

신문사들이 먼저 선보인 크로스 미디어 전략과 이를 효과적으로 수행하기 위한 통합 뉴스룸은 방송 콘텐츠를 제작하는 방송 종사자들에게도 많은 시사점을 주기에 충분하다. 종이신문의 종말이라는 극단적인 예측이 이제는 당연시 되고 있는 분위기에서 다른 미디어 기기를 통한 뉴스의 공급이라는 부분은 신문사의 생존과도 직결되는 일이다. 종이신문의 시대도 끝이 보인다는 것에 이제는 대부분의 전문가들이 동의하고 있는 듯하다. 결국 종이도 소리를 전달하는 라디오, 영상을 전달하는 TV와 마찬가지로 일종의 커뮤니케이션을 위한 장치라고 생각해 보면, 보다 나은 장치가 나오면 기존의 것은 사라지는 것이 역사의 순리이다. 종이가 다른 장치에 밀려 사라지게 되는 이유는 경제적인 이유이다. 종이에 정보를 전달하기 위해서는 인쇄를 해야 하는데, 인쇄를 위한 비용이 만만치 않다. 여기에 신문을 배달하는 것과 관련된 총 비용은 이보다 훨씬 크다. e북이나 전자책이 일반화되어 인쇄를 하지 않고도 신문 구독자들에게 바로 뉴스를 제공할 수 있게 된다면 엄청난 돈이 절약된다.

미래의 신문을 보는 형태에 대해서는 다양한 연구가 진행 중이며, 많은 아이디어들이 나오고 있는데 그것들의 공통점은 인터넷을 통한 뉴스 콘텐츠의 전송과 언제 어디서나 뉴스 콘텐츠를 소비하는 것이다. 일부에서는 종이신문의 종말을 믿지 않으며, 미래의 신문 구독자들은 여전히 종이로 된 신문을 읽고 싶어할 것이라고 주장하고 있다. 이런 주장의 연장선상에서 각 가정에 신문을 프린트 할 수 있는 기기가 설치되고 이것을 통해 매일 새로운 뉴스가 프린트되어 개인에게 맞춤된 뉴스로 만들어진 종이신문이 미래에도 여전히 존재하게 될 것이라고도 한다. 통합 뉴스룸이라는 제작 시스템의 변화와 함께 IT 기술의 발달로 뉴스의 개인화가 신문 업계에는 미래의 생존 카드가 될 수 있을 것이다.

지금까지 모든 신문의 독자들은 모두가 똑같은 내용을 받아 보았다. 하지만 모든 사람들은 자신들의 관심과 시간 등에 따라 원하는 정보가 다르다. 신문에 개인화 서비스 알고리즘을 적용하여 톱 뉴스, 비즈니스 뉴스, 테크 뉴스, 스포츠 뉴스 등 각각의 구독자들의 관심 분야를 최적화로 수집하여 개인에게 맞춤된 뉴스 콘텐츠를 볼 수 있도록 구성한 신문들이 등장하고 있다. 개인이 뉴스를 읽는데 보낸 시간, 뉴스에 대한 선호도, 트위터나 페이스북 등의 SNS에서 언급된 횟수 등을 고려한 알고리즘을 적용하여 관심 뉴스의 정확도를 높일 수 있다고 한다.

제작 과정의 혁신 이외에 신문사가 자신들의 돌파구로 생각하는 가장 큰 사업은 방송 진출이다. 방송법과 신문법의 개정으로 신문사의 방송 참여가 가능해지면서 신문사들의 방송 참여를 위한 준비가 빠르게 진행되고 있다. 올해 방송통신위원회에서 종합편성채널 사업자와 보도전문채널 사업자 선정을 하기로 하면서 신문사들의 행보가 바빠졌다. 이미 조선, 동아, 중앙일보 등은 회사 내에 방송 준비 팀을 만들어 준비하고 있으며 다른 회사와의 컨소시엄 구성으로 세를 불리며 자신의 방송 진출을 정당화하려고 노력하고 있다. 하지만 방송 사업은 초기 투자금이 엄청나고 자리를 잡는 기간이 필요하기 때문에 자칫 잘못하면 모 회사인 신문사들의 경영 자체가 위험에 빠질 수 있는 모험과 같은 일이다. 그리고 현재 경쟁이 치열한 방송 시장에서 새로운 신규 진입자들이 자신들의 영역을 만들어 내기는 더욱 더 힘들다는 평가이다. 하지만 신문사들은 자신들의 미래를 위해서는 꼭 방송 진출이 필요하다는 입장이며, 이런 기회를 놓치는 신문사들은 미래의 미디어 경쟁에서 도태될 것이라고 생각하고 있다.

스마트 TV는 신문 산업에 어떤 변화를 만들게 될 것이며, 이런 변화에 신문사들은 어떻게 대처해야 하는가가 신문사들에게 커다란 숙제로 남아 있다. 스마트 TV는 신문사 등 올드 미디어에게 새로운 기회를 줄 기기일지도 모른다. 스티브 잡스는 아이패드를 출시하는 자리에서 이 기기가 올드 미디어의 부활을 이끌어 내게 될 것이라 주장했다. 아이패드가 콘텐츠의 고급화가 필요한 제품이고, 이런 고급 콘텐츠를 만들어 낼 수 있는 곳은 신문, 잡지, 방송 등 기존의 올드 미디어 회사들이기 때문이다.

인터넷을 주로 서핑하던 PC와 언제나 들고 다니면서 사용하던 휴대폰은 고급 콘텐츠가 소비되기에 최적화된 기기가 아니다. PC와 휴대폰을 통한 콘텐츠 소비는 즉시성이나 경제성, 효율성이 뛰어난 것들을 위한 것이고, 고급 콘텐츠는 아직도 올드 미디어인 TV나 신문, 책, 영화관 등에서 소비된다. 고급 콘텐츠로 브랜드를 가진 올드 미디어들에겐 고급 콘텐츠가 소비될 수 있는 아이패드나 스마트 TV가 자신들의 능력을 제대로 발휘할 수 있는 기기인 셈이다. 이 기회의 땅을 놓치지 않기 위해 신문사들은 통합 뉴스룸을 바탕으로 한

크로스 미디어 제작 시스템을 사내에 안착시키는 것이 중요하다.

문자에서 사진으로 다시 영상으로 발전하는 온라인 콘텐츠의 형태를 고려하여 영상물 제작에 대한 노하우를 가질 수 있도록 사내 시스템의 변화도 필요해 보인다. 여기에 개인화된 신문을 어떻게 유통시킬 것인가에 대한 연구와 이를 추진할 추진체에 대한 지속적인 배려도 중요하다. 방송 진출은 영상 제작물의 제작 능력을 높이기 위한 수단 이상으로는 작용하기 힘들 것이며 이에 대한 대비도 필요하다.

미디어의 디지털화로 이제 모든 미디어의 융합이 이루어지고 있다. 0과 1이라는 신호로 이루어진 디지털 기호로 환원되지 않는 미디어는 이제 세상에 없다. 그러므로 모든 미디어는 기본적으로 같은 디지털 기호를 기반으로 이루어져 있고, 그동안 영역의 구분이 명확했던 모든 미디어들이 하나로 통합될 수 있다는 것을 의미하며 미디어 제작에서도 큰 변혁이 이루어질 것임을 이야기하는 것이다. 신문사도 이제 신문이라는 지면에 들어갈 기사를 만들어 내는 곳에서 디지털 콘텐츠를 생산하는 복합 콘텐츠 회사로의 변신을 준비해야 하는 때가 온 것이다. 텍스트로 이루어진 콘텐츠뿐 아니라 음성과 영상으로 구성되는 콘텐츠의 제작도 이제 신문사들의 영역이 되었고, 이런 변화의 추세를 따라가지 못하는 회사들은 소비자들에게 버림받을 수밖에 없다.

통합 뉴스룸의 안정적인 정착을 통해 복합 콘텐츠 회사로의 정체성을 만들어 내는 일이 현재 신문사가 해결해야 하는 첫 번째 과제가 될 것이다. 이 과제와 더불어 각각의 신문사들은 개별 기업이 만들어 내는 콘텐츠의 브랜드화를 이루어 내야 한다. 이미 신문은 플랫폼을 다른 유통 미디어에 내어 주고 말았다. 과거처럼 집으로 배달되는 신문이나 지하철역 그리고 버스 정류장에서 신문을 유통하던 일은 서서히 사라지고 있다. 플랫폼을 잃어버린 신문사에게 절실하게 필요한 것은 새로운 소비자들이 요구하는 콘텐츠를 제공하는 회사라는 멋진 브랜드가 필요하다. 브랜드를 만들어 내지 못하는 신문사는 앞으로 인터넷의 정보 바다에서 살아남을 수 없다. 수많은 기사 중에 소비자들이 선택할 수 있는 기회를 높이는 방법은 플랫폼을 장악하는 것과 브랜드를 만들어 내는 일이다. 개별 신문사들은 자신들을 돌아보고 자신의 장점을 파악해 이를 잘 가꾸어야 하며, 이런 과정을 통해 브랜드를 만들어 내야 한다.

미국의 유명 신문사인 「워싱턴 포스트」나 「USA 투데이」 등의 거대 언론사를 따돌리며 「뉴욕 타임스」와 맞먹는 영향력을 행사하는 인터넷 신문사가 있다. 개인 블로그로 시작해서 지금은 정치 전문 사이트가 된 「허핑턴 포스트」가 그 주인공이다. 2005년에 시작해서 불과 5년 만에 인터넷 미디어의 미래를 보여준 「허핑턴 포스트」는 부시 전 대통령의 실정을 비판하는 인터넷 사이트로 사람들의 관심을 끌며 자신들의 브랜드를 만들어 냈다. 또한 2009년 8월 페이스북과 연계시킨 서비스를 시작하면서 「허핑턴 포스트」는 날개를 달았다. 「허핑턴 포스트」의 뉴스를 바로 페이스북으로 옮겨 올 수 있는 기능을 제공함으로써 페이스북 사용자들이 폭발적으로 늘어나자 「허핑턴 포스트」의 이용자들도 덩달아 급증해 한 달 만에 「워싱턴 포스트」의 접속자를 능가하게 되었다. 인터넷에서 브랜드를 만들어 내고 이를 새로운 IT 트렌드와 결합시키는 결정이 얼마나 중요한지를 보여주는 예라고 할 수 있다.

브랜드를 만들어 내는 것보다 어려운 일이지만 플랫폼을 만들어 낼 수 있다면 이 방법을 추구하는 것도 멋진 전략이 될 것이다. 신문을 어떻게 독자에게 전달할 것인가에 대한 고민은 이제 IT 기술에 대한 이해가 필요하다. IT 기술의 발달은 새로운 사업 기회를 만들어 주고 있는데 특히 플랫폼 사업은 IT 기반 없이는 생각하는 것 자체가 불가능하다. 스마트폰을 이용해서 신문을 유통하는 것도 생각해 볼 수 있지만, 화면이 너무 작아서 기존의 신문사들이 가지고 있는 고급 콘텐츠의 장점을 살릴 수 없다. 아이패드와 같은 태블릿을 활용하면 기존 신문의 편집을 그대로 이용할 수 있는 등 신문사들이 가지고 있는 장점을 잘 활용할 수는 있지만 이제 유통 플랫폼은 더 이상 신문사들의 것이 아니다. 또한 자신들의 유통 채널을 확보하기 위해서 신문사 전용의 단말기를 공급할 수도 있겠지만 이는 너무 많은 예산이 들어가는 일이며, 공급이 잘 이루어진다는 보장도 없다.

결국 현재의 상황에서는 신문사들이 유통 플랫폼은 다른 곳에 맡기고 자신들만의 브랜드를 만들어 내는 것이 최선의 방법이라는 생각이다. 아이패드나 스마트 TV의 등장은 신문사들의 고급 콘텐츠가 제대로 된 값을 받고 소비될 수 있는 유통 채널이 나타난 것이고, 이런 미디어들에 어떻게 적극적으로 대응하여 자신들의 브랜드를 만들어 낼 것인가를 고민해야 할 시점인 것이다.

출판 시장의 변화와 스마트 TV

출판 유통의 변화　　니콜라스 네그로폰테 매사추세츠 공대 교수는 테크놀로지의 미래를 주제로 한 콘퍼런스에서 종이 시대가 곧 막을 내릴 것이라고 선언했다. 전자책을 머나먼 미래에 다가올 기기 정도로만 생각하던 많은 관련 업계 사람들은 이 같은 그의 발언에 충격을 받았다. 하지만 디지털 기술의 발달로 인한 주류 미디어들의 변혁을 눈앞에서 목격을 하고 있는 이들이 네그로폰테 교수의 발언을 무시할 수도 없는 상황이다. 그의 발언은 향후 펼쳐질 미래의 출판에 대한 고민을 안겨 주고 있기 때문이다. 미국의 유명 IT 전문 블로그인 테크크런치는 더욱 충격적인 예언을 하고 있다. 앞으로 5년 후에는 동네의 작은 서점이, Barnes& Noble이나 Borders와 같은 대형 서점은 8년 후에 모두 문을 닫을 것이라는 것이다. 또한 2020년이 되면 모든 물리적인 도서관들이 사라지고 종이책들은 박물관에서나 찾아 볼 수 있는 유물이 될 것이라고 예상하고 있다.

미래의 출판과 관련한 변혁은 종이를 대체할 기기에 대한 부분, 서적 유통에 관한 부분, 서적의 내용을 저장하는 방식에 대한 부분 등 크게 세 가지 부분에서 일어나고 있다. 그 중 디지털 기술로 인한 출판의 혁명은 유통 분야에서 먼저 시작되었다. 미국의 서적 유통 업계에서 인터넷상의 온라인 서적 판매점이라고 할 수 있는 아마존에서 처음 롱테일long-tail이라는 용어가 탄생했고, 이를 통해 새로운 책의 판매 방식을 적용하여 기존의 서점에서의 책 판매와는 다른 소비 행태를 만들어 내는 등 큰 변화를 일으켰다. 아마존은 사실상 무한대의 서적을 진열할 수 있다. 이는 인터넷이라는 공간에 서적의 정보를 저장해 두고 이를 통해 책을 판매하는 방식을 사용하기 때문이다.

현실의 서점에서는 책을 보유하는 것에 한계가 따른다. 아무리 큰 매장을 가진 서점이라고 해도 모든 책을 다 보유하고 이를 소비자에게 판매할 수 없다. 게다가 소비자들이 볼 수 있는 공간에 진열되는 서적은 더욱 한정될 수밖에 없다. 롱테일의 법칙, 즉 잘 팔리는 20%가 80%의 매출을 일으킨다는 것이다. 그동안 서점 경영의 핵심은 잘 팔리는 책을 어떻게 효율적으로 진열하는가였다. 하지만 인터넷 서점인 아마존은 진열 가능한 책의 수가 무한대에 가까우므로 80대 20의 법칙을 적용할 필요가 없다. 또한 일정 기간 판매된 책의 수량을 분석해 보니 1년에 단 몇 권밖에 팔리지 않는 책들의 판매량을 모두 합하면, 잘 팔리는 베스트셀러의 판매량을 능가한다는 것이다. 현실의 서점에

서는 진열할 수 없었고, 팔리지도 않았던 책들이 인터넷에서는 빛을
보게 된 것이다.

　국내에서도 이런 영향을 받아 최고의 규모를 가진 교보문고가 출
판사로부터 자료와 책을 받아 전자책을 만든 뒤 인터넷 교보문고를
통해 판매하고 있으며, 이곳에서 7만여 권의 전자책이 판매되고 있
다. 물론 7만여 권이라는 숫자는 교보문고가 보유한 700만 권 이상
의 종이책과 비교하면 1%도 안 되는 수준이다. 국내에서는 현재 교
보문고 외에도 많은 업체들이 온라인 서적 유통에 뛰어들어 전자책
사업을 추진하고 있다.

킨들과 아이패드의 등장　　유통 부분의 변혁에 이어 나타난 것
이 종이를 대체할 기기의 발전이다. 유통 부분의 혁명을 이끈 아마존
은 그 여세를 몰아 2007년에 킨들kindle이라는 전자책을 선보였고,
킨들은 크게 성공하며 책의 역사를 바꾸고 있다. 현재 킨들로 사서
볼 수 있는 책은 40만 종이 넘고, 잡지 및 신문까지도 포함된다. 킨들
의 성공으로 미국의 출판 업계는 큰 변화를 겪고 있다. 미국은 저자
의 작품이 출판사를 거치지 않고 바로 전자책 스토어로 직행하는 사
례가 늘고 있어, 출판사의 고사를 우려하는 목소리가 높아지고 있다.
　「뉴욕타임스」는 향후 10년 내에 전체 도서 중 종이책의 비율은 4분
의 1에 머무를 것이라고 전망하기도 했다. 그러나 사실 아마존의 킨
들이 전자책 단말기의 시초는 아니다. 킨들은 e-잉크 단말기의 대표

주자로 평가받고 있지만, 그 이전에 이미 몇 종의 e-잉크 단말기가 시장에 나와 소비자들에게 선을 보이는데 그 첫 번째 e-잉크 기반 단말기는 2004년 발표된 소니의 리브리에이다. 초기의 전자책 단말기들은 여러 가지 문제점을 노출하고는 소비자들의 관심에서 멀어져 갔다. 비싼 콘텐츠 가격이 문제였고, 컴퓨터와 USB 케이블로 연결해야 콘텐츠를 내려 받을 수 있다는 점도 사람들의 구매 의욕을 떨어뜨렸다. 게다가 구입한 콘텐츠가 60일 이후 자동 삭제가 되는 점은 사람들에게 큰 저항감을 느끼도록 했다.

하지만 킨들은 여러 부분에서 혁신적인 시도를 선보였고, 이런 소비자 지향적인 혁신으로 큰 성공을 거두었다. 통신망을 이용해 콘텐츠를 내려 받을 수 있게 해, 언제 어디서나 고객이 원하는 전자책을 구매할 수 있도록 하고, 책을 다운로드 받을 때 통신비가 들지 않도록 단말기 가격에 통신비를 포함시켰다. 전자책 콘텐츠 가격을 9.99달러로 책정하여 일반 종이책의 평균 가격의 약 3분의 1로 낮추어 단말기를 구입한 후, 일정한 정도의 전자책 콘텐츠를 사면 오히려 이익이 될 수 있도록 하는 가격 정책을 구사하여 소비자들의 합리적인 선택을 이끌어 냈다. 이런 이유로 킨들은 출시 후 2년 만에 300만 대가 넘게 팔렸고, 지금도 세계에서 가장 많은 소비자가 찾는 전자책 단말기의 대명사로 자리잡게 되었다.

킨들과 아이패드가 미국 시장에서는 출판의 판도를 바꾸는 막강한 영향력을 발휘하고 있지만 국내 전자책 시장은 아직 걸음마 단계이다. 여러 업체에서 다양한 전자책 단말기를 만들어 시장에 진출했지만 아직까지는 제대로 된 시장을 형성하고 있지 못하다. 여기에 삼성이 전자책 단말기 생산을 중단하면서 한국에서는 전자책 시장의 형성이 어려운 것이 아닌가 하는 우려도 나오고 있다. 출판사나 작가들의 전자책에 대한 이해 부족으로 다양한 전자책 콘텐츠가 시장에 나오고 있지 않아 단말기의 구매를 만들어 내지 못하고 있는 것이 가장 큰 요인이라 하겠다.

전자책은 출판사 입장에서는 복제의 우려 때문에 선뜻 나서지 못하고 있으며, 불법 복제 문제가 해결되지 않을 경우에는 출판사의 존립 기반이 붕괴될 수 있다는 점에서 아직도 종이책을 선호하고 있다. 물론 변화의 조짐도 보이고 있다. 이제껏 출판사를 경유해서 책을 출간했던 관행을 버리고 직접 전자책 유통 업체와 작가들이 접촉하는 흐름이 조금씩 생겨나고 있다. 소설가 박범신 씨는 2010년 4월 『은교』를 종이책과 전자책으로 동시 출간했다. 과거 출판사를 잡지 못해 기회를 얻지 못했던 아마추어 작가들은 오히려 전자책에 더 많은 관심을 보이고 있기도 하다. 출판사들도 이제는 서서히 전자책 유통 회사나 제작 회사와 함께 일을 하는 것을 타진하고 있다.

새로운 책을 전자책으로 출판하는 것 이외에 기존의 책을 디지털화하는 작업도 세계 각국에서 진행 중이다. 구글은 10년 전부터 세계 주요 도서관의 장서를 1000만 권 넘게 스캔해 디지털화하고 있다. 이 작업을 통해 저작권이 만료했거나 저작권자를 확인할 수 없는 책들이 송두리째 구글의 자산이 됨에 따라 경쟁자의 반발이 거세긴 하지만 대세를 거스를 수는 없어 보인다. 물론 일반 소비자 입장에서는 구글이 디지털화해 둔 도서관의 책들을 어느 곳에서나 이용할 수 있다는 점에서 환영할만한 일이다. 구글 이외에도 여러 단체에서 인류의 자산인 책을 디지털화하여 모든 사람이 편리하게 이용할 수 있도록 하려는 사업을 벌이고 있다. 국내 포털들도 전자책에 대한 관심을 보이며 자사의 홈페이지를 통한 책 서비스를 강화하고 있다. 구글은 이렇게 디지털화한 책들을 이용하여 즉석 출판 시스템을 개발한 온디맨드북스라는 회사와 새로운 사업도 구상하고 있다. 이 회사가 개발한 '에스프레소 북 머신'을 이용하여 고객이 원하는 책을 15분 안에 종이책으로 만들어 주는 사업이다. 이런 형태의 출판 형식을 PODPrint On Demand라고 부른다. POD는 소비자의 주문에 의해 이미 구축되어 있는 디지털 파일로부터 진행되는 빠른 인쇄를 통해 단 한 권의 책이라도 제작하고 판매한다는 것에 기본적인 바탕을 두고 있다. 이런 형태의 사업이 가능한 것은 소비자들이 아직도 전자책보다는 종이책에 익숙해 있다는 것을 의미하며, 디지털 시대에 아날로그적인 감성을 유지하면서 디지털 기술의 편리성을 이용할 수 있는 것이 소비자들의 지갑을 열 수 있도록 한다는 것을 보여 주고 있다.

스마트 TV는 올드 미디어인 TV의 습성을 가지고 여기에 디지털 기술의 총아라고 할 수 있는 기술들이 결합된 형태이다. 책을 소비하는 독자들이 전자책을 어떻게 소비할 것인가에 대한 것을 고민해 본다면 향후 스마트 TV 시대에는 지금까지 디지털 기술로 만들어 온 편리한 부분에 안락하게 책을 즐기려는 인간적인 욕구를 더해주는 사업 방향이 필요해 보인다. 가족이 함께 보면서 교육적인 내용도 들어 있는 유아용 전자책은 TV에 가장 적합한 형태가 될 것이다. 현재 부모가 자녀들과 함께 보면서 공부할 수 있는 TV 프로그램에 대한 수요가 있다. 이런 내용의 전자책은 스마트 TV에서 책이 소비될 수 있는 기회를 만들 것이다.

화려한 잡지들도 TV를 통한 소비가 일반화될 가능성이 높다. 출판 업계가 멀티미디어적인 요소를 제작할 수 있도록 준비할 필요가 있다. 유통 업체들은 스마트 TV 어플리케이션 시장인 TV용 앱스토어에 진출할 필요가 있으며, 출판사들은 작가를 발굴하고 매니지먼트 해주는 형태의 새로운 변신이 필요해 보인다.

음악 시장의 변화와 스마트 TV

음반 시장의 불황　　　음반 시장의 불황은 이제 당연한 현상이 되었다. CD 판매가 계속해서 줄어들고 있으며 그렇다고 이를 대체할 만한 새로운 수익원도 만족스럽지 못하다. 음반 업계는 이러한 불황의 원인을 불법 복제에서 찾았다. 불법으로 복제되고 다운로드 되는 것을 막으면 옛날의 수익이 다시 돌아오리라 생각했다. 그러나 어떤 방법으로도 완전하게 불법적인 음원의 유통을 막을 수 없다는 것을 알게 된 음반 업계는 이제 타깃을 다른 쪽으로 돌렸다.

온라인과 휴대전화에서의 음원 유통에서 돈을 벌고 있고, 플랫폼 사업자들과 과금 업체들에게 수익의 분배를 다시 하자고 제안하고 있다. 이런 서비스가 시작되었을 때 그 중요성을 모르고 자신들이 너무 불리하게 수익배분 비율을 정했다는 것이다. 하지만 이런 요구가 어느 정도 받아들어진다고 해도 옛날 같은 음반 호황의 시간은 다시 만들어 낼 수 없어 보인다. 새로운 디지털 음악 시장을 만든 업체들의 유통망을 이용하지 않고서는 음악을 판매할 수 없기 때문에 그들의 몫을 인정하지 않을 수 없는 것이다. 이제 세상이 변했다는 것을 인정해야 될 때인 것이다.

세계의 음악 시장 움직임을 들여다보면 세상이 완전히 변했고 이를 거슬러서 어떤 것을 만들어 내는 것은 의미가 없는 일이라는 생각이 든다. 이렇게 급격하게 변해 버린 음악 시장을 인정하면서, 대중문화가 발전한 미국의 음악 시장에서는 다양한 시도가 있어왔다. 온라인 다운로드를 어떻게 돈으로 연결시킬 것인가 하는 많은 실험을 거쳐 그들이 선택한 것 중 하나가 프리노믹스이다.

프리노믹스　　　프리노믹스는 Free와 Economics의 합성어로 공짜 경제라고 직역해도 그 의미를 알 수 있다. 공짜로 음악을 듣도록 하고 광고와 같은 방법으로 수익을 얻는다는 것이다. 그동안 온라인이나 휴대폰상에서의 콘텐츠를 불법 다운로드로부터 보호하는 마지막 보루로 여겨졌던 DRMDigital Rights Management도 이제 서서히 무대에서 사리지고 있는 추세이다. DRM은 불법 복제를 막고 유료 판매를 통한 수익 발생을 위해 콘텐츠의 생성부터 유통과 관리 등의 모든 것을 일괄적으로 지원해 주는 기술이다. 이 DRM 기술이 사용자들의 콘텐츠 활용을 어렵게 하여 오히려 콘텐츠의 이용을 방해하고 있다는 인식이 확산되면서 소비자들의 반대에 부딪쳤다. 많은 사업자들이 DRM-Free 음반을 내놓고 있으며, DRM이 더 이상 수익을 내는 기술이라고 믿지 않게 되었다. 차라리 DRM 같은 보호 장치를 없애고 소비자들이 편하게 음악을 사용하도록 해서 음악의 소비를 더 늘리고 다른 방법으로 돈을 버는 것이 더 큰 수익을 내는 방법이라는 인식이 늘어가고 있다.

이제 필요한 것은 새로운 수익 모델을 만들어 내는 것으로 가장 먼저 관련 업체들이 눈을 돌리는 쪽은 광고이다. 광고도 결국은 소비자들이 돈을 지불하는 것이지만 심리적인 저항이 적다는 점에서 이런 사업 모델을 더 선호하게 될 것이라고 생각한 것이다. 네이버처럼 사용자들은 공짜로 포털의 콘텐츠를 이용하지만 이 회사는 광고로 엄청난 돈을 버는 것이 바로 이런 수익 모델의 전형적인 형태이다. 이렇게 되면 콘텐츠를 소비할 때는 꼭 광고를 보거나 정보를 제공해야 하는 세상이 올 것이다.

미국의 아이밈Imeem이라는 인터넷 서비스는 앞으로 광고가 어떤 모습을 보여 줄지에 대한 힌트를 준다. 이 사이트에서는 광고를 보고 공짜로 음악을 들을 수 있도록 했는데 서비스 내용 자체는 별 차이가 없다. 그런데 일반적인 사업 모델 외에 눈에 띄는 부분이 바로 고객의 정보를 수익과 연관시키고 있다는 것이었다. 아이밈은 음반사들에게 인터넷에서 자신들의 음악을 즐기는 회원들의 메타 데이터 분석 자료를 수익과 함께 같이 넘기는 것이다. 회원이 어떤 곡을 듣는지, 어떤 지역에 사는 회원들이 어떤 장르의 음악을 선호하는지 등을 분석한 자료를 넘기면 이 정보는 바로 타깃 광고에 사용된다.

음악을 공짜로 즐기는 대신 여기에 자신의 정보를 사용하도록 동의하게 되는 것이다. 돈 대신에 소비자들의 정보를 지불하는 것이 바로 프리노믹스의 정체이다. 이렇게 제공된 정보는 회사들의 광고 비용을 줄여 주는 용도로 사용된다. 스마트폰의 무료 어플리케이션들도 따지고 보면 이것과 크게 다르지 않다. 무료라고는 하지만 어플리케이션 이용자들은 자신의 정보를 사업자들에게 제공하고 이에 대한 대가로 공짜처럼 사용하고 있는 것이다. 앞으로 소비자들은 선택을 강요받게 될 것이다. 돈을 내고 즐길 것인지 아니면 정보를 내고 즐길 것인지 말이다.

음악 소비의 변화　　　　音악 시장은 LP, 카세트 테이프, CD 시대를 거치며 전성기를 만들어 왔다. CD가 전성기를 구가하던 시절에 활동하던 인기 스타들은 CD로 새로운 노래를 발매하면 보통 100만 장 이상의 판매고를 올렸다. 100만 장이면 CD 1장의 가격 중 1천 원을 가수의 수입으로 생각한다고 해도 10억 원의 수익을 거두게 된다. 소속사는 가수의 수입에 비해 더 많은 돈을 벌 수 있으니 그 액수는 어머어마했다. 그러던 것이 MP3로 대변되는 디지털 음원이 등장하면서 음악 시장은 일대 혼란에 빠졌다. 국내 음악 시장은 2001년 4,644억 원의 매출액을 최고로 계속 하락하고 있고, 그러던 것이 2004년에는 온라인 음악 시장이 오프라인 음악 시장을 앞질렀다. 한국문화콘텐츠진흥원에 따르면 2005년 한국 음반 시장 규모는 1087억 원으로 전년 대비 70% 이상 감소했다. 또 2003년 이후 50만 장 이상 판매된 음반은 한 장도 나타나지 않았다. 이제는 10만 장을 파는 CD가 대박이라 불리는 히트 곡이 되었다.

이와 달리 온라인 음악 시장은 2006년 7월 벅스와 소리바다 등 음악 포털과 P2P 서비스 업체들의 유료화 이후 안정을 찾으면서 지속적으로 성장하고 있다. SKT, KT, CJ 등의 대기업이 음악 시장에 진출했고, 디지털 음원의 소비가 주로 휴대폰을 통해 이루어지는 구조가 정착되면서 이동통신사들이 음악 시장의 강자로 등장했다. 이렇게 CD에서 디지털 음원으로 음악 소비의 변화가 일어나고, CD의 판매량이 줄어들자 2006년 음악 시장에서는 음악 서비스 요율 문제가 제기되었다. 음원을 소유한 회사들이 CD 수입이 좋은 시절에 그저 약간의 푼돈이 더 생긴다는 생각 정도로 이동통신사와 맺은 음악 수입에 관한 수익 배분율이 자신들에게 너무나 불리하다는 생각을 늦게서야 하게 된 것이다.

디지털 음원 시장을 개척한 이동통신사 입장에서는 자신들의 노력으로 만들어진 부분에 대한 수익을 포기할 리 없고, 이미 음악 시장의 유통 채널을 휴대폰으로 장악해 버린 이동통신사들의 힘에 의해 아무런 소득을 올릴 수 없었다. 미국의 음악 시장은 애플의 아이튠즈에 의해 정리가 되었다. 현재 미국 음악 시장의 대부분을 장악한 애플은 음악 유통 시장의 표준이 되었고 모두가 애플의 스타일을 따라가는 양상을 보이고 있다.

음악이 CD라는 형태로 소유하는 것에서 디지털 음원으로 무한 복제가 가능해지면서 소유가 아니라 소비로 변화했고, 이런 음악의 소비는 음악을 가지고 있는 기기에 넣어두고 즐기는 것이 아니라 어딘가에 저장되어 있는 디지털 음원을 모든 사람이 접속하여 함께 즐기는 세상이 되었다. 디지털 음원이 초기의 기술적 한계로 다운로드를 하여 즐기는 형태에서 이제는 스트리밍으로 들을 수 있게 되면서 진정한 무형의 음악 시장이 열리게 되었다.

과거에는 음반사들이 음악 유통에 막강한 영향력을 발휘했지만 지금은 음원 유통의 모든 힘이 이동통신사에게로 넘어간 상황이다. 그런데 미국 시장에서는 앞으로 음악 시장의 유통 파워가 소셜 미디어로 넘어가게 될 것이라는 전망이 우세하다. 미국과 한국의 시장 구조 자체가 크게 다르기는 하지만 세계 시장의 흐름을 미리 보여주고 있는 미국 음악 시장의 움직임을 눈여겨 볼 필요가 있다. 소셜 미디어의 세계화와 검색 기술의 발달로 음악 시장은 양분화하고 있다. 세계적인 히트곡이 탄생하는가 하면 일부의 마니아가 열광하는 음악 시장도 함께 살아남을 수 있게 되었다. 또한 무한대의 음악이 인터넷에 저장되어 이를 검색을 통해 바로 찾을 수 있게 되면서 음악 시장에도 롱테일이 적용되어 마니아 시장도 활성화되고 있다.

음악 유통에 소셜 미디어가 강력한 영향력을 가지게 된 것은 음악을 직접 생산하는 아티스트 입장에서는 오히려 유리한 부분이 많다. 아티스트가 주도적으로 자신이 만든 음악의 가격과 이를 어떻게 유통할 것인가에 대한 결정도 가능해서 오히려 팬들과 직접 소통하면서 음악을 만들 수 있는 기회를 주기도 한다. 현재 음악 시장의 수익 모델은 세 가지로 분류할 수 있다. 첫째는 한 곡당 금액을 정해 서비스하는 것으로 애플의 아이튠즈가 대표적이다. 둘째는 일정 금액을 내면 음악을 무제한으로 들을 수 있도록 정액제 서비스를 제공하는 멜론이 이에 해당한다. 셋째는 광고를 붙여 공짜로 음악을 서비스하는 것으로 다운로드는 할 수 없고 스트리밍으로 들을 수 있도록 하고 있는데 미국의 판도라와 라스트 에프엠이 이에 해당한다.

스마트폰과 음악 시장 음악 시장은 이제 휴대폰을 통한 디지털 음원의 소비가 대세이지만, 스마트폰이 등장하면서 다시 변혁의 기운이 돌고 있다. 대표적인 스마트폰인 아이폰의 콘텐츠 수입에 대한 배분 정책을 살펴보면 콘텐츠 공급자가 70%, 애플에서 30%를 가지도록 되어 있는데 이런 배분 요율을 스마트폰 전체에 적용하여 그동안 이동통신사에게 유리했던 수익배분율을 바꿀 수 있는 기회를 가지게 된 것이다. 또한 디지털 음원의 소비에서 이제는 음악과 영상을 함께 소비하려는 욕구가 커지고 있어 음악의 소비 행태가 다시 한 번 변화를 맞게 될 가능성도 보인다. 이런 움직임에 가수들의 소속사들은 다양한 어플리케이션으로 새로운 가능성을 실험하고 있다. 이런 스마트폰 어플리케이션은 세계 어디서나 다운로드를 받아 사용이 가능하도록 시장이 개방되어 있어 한국 가수들의 해외 진출에도 긍정적인 영향을 미치고 있다. 국내 기획사들은 이미 유튜브를 통해서 소속 가수

  스마트 TV 혁명

들의 영상을 노출하여 상당한 효과를 보고 있기 때문에 스마트폰 어
플리케이션을 통한 도전도 지속적으로 시도할 것으로 보인다. 드라
마나 영화 시장이 한류로 발전하는 계기를 마련한 것처럼 한국의 대
중음악도 새로운 한류를 맞이하여 비상을 꿈꾸고 있는 것이다.

　스마트 TV의 등장은 스마트폰에서 볼 수 있는 음악과 영상을 함께
소비하려는 콘텐츠 소비자들의 취향을 만족시켜줄 더욱 고급스런 음
악 콘텐츠가 많이 나타나는 효과를 만들어 내게 될 것이다. 이미 박
시라는 프로그램에서 볼 수 있듯이 스마트 TV에서 내 친구가 즐기는
음악은 바로 나에게로 통보가 되고 이를 즐길 수 있는 음악 소비가
주를 이루게 될 전망이다. 또한 지금은 단순한 음악의 홍보용으로 전
락해 버린 뮤직비디오가 다시 부흥기를 맞이할 가능성도 있어 보인
다. MTV라는 미국의 대표적인 음악 방송의 등장으로 듣는 음악에서
보는 음악으로의 폭발적인 반응이 스마트 TV 시대에 다시 재현될 가
능성도 생각해 볼 수 있다. 이제 CD에서 MP3로 급격한 변화를 해
온 음악 시장이 어플리케이션이라는 형태로 움직이고 있으며 이에
대한 업계들의 대책 또한 빠르게 전개될 것이다.

영화 시장의 변화와 스마트 TV

디지털 영화관　　　디지털 기술의 발달로 그동안 3.5mm 필름으로 영화를 촬영하고, 필름으로 편집하며, 이를 복사해서 극장에 걸고 상영하던 기존의 모습이 서서히 사라지고 있다. 디지털 영화관이라 불리는 곳이 점점 늘어나고 이제는 영화팬들도 이런 현상에 대해 자연스럽게 느끼게 된 것 같다. 디지털 영화관이 늘어나는 가장 큰 이유는 경제적인 효율성 때문이다. 필름을 사용하지 않기 때문에 필름 값을 절약할 수 있으며, 편집 과정에서도 시간과 비용을 크게 줄일 수 있게 된 것이다. 세계로 영화를 수출하는 할리우드는 필름을 각국의 영화관에 보내주는 일이 줄어드는 것도 큰 소득이다.

비용과 시간적인 장점에도 불구하고 디지털 영화관이 지금처럼 자리를 잡는 데는 시간이 꽤 걸렸다. 그 이유는 극장들에 있는데 극장의 입장에서는 이미 설치되어 있던 필름 영사기를 디지털 영사기로 바꿀 이유가 없었던 것이다. 영화사는 필름을 사용하지 않으면 비용이 절약되는 효과가 있지만 영화관은 이런 변화에 대한 혜택을 볼 수 있는 부분이 없다. 영화관을 설득하고 경제적인 지원도 하면서 서서히 변화가 이루어졌고 이제는 디지털 영화관이 의미 있는 수준으로 발전하게 되었다.

디지털 영화관의 증가와 함께 영화 제작 부분에서도 변화들이 나타나기 시작했다. 제작 과정에서 필름 카메라를 대신하여 하드 디스크가 내장된 디지털 카메라가 사용되기 시작한 것이다. 가격 대비 성능이 뛰어나다는 평가를 받고 있는 RED ONE 제품으로 촬영된 영화들이 기존 필름 영화와 큰 차이가 없는 수준의 품질을 보여주면서 영화 제작에서의 디지털화가 본격적으로 시작되었다. 영화 편집 작업 등 후반 작업은 거의 디지털화가 완성된 상황이어서 제작 과정에서의 효율성이 점점 높아지고 있다. CG를 활용한 영화가 늘면서 감독이 원하는 영상을 어떠한 것이든 구현해 내고 있기 때문에 디지털 작업으로 인한 영화 산업의 변화는 이제 당연한 추세로 받아들여지고 있다.

온라인 영화　　　초창기 인터넷에 동영상이 유통되고 영화가 다운로드 되던 시점의 대부분의 영화 자료는 거의 불법적으로 유통되던 것이었다. 영화를 인터넷으로 다운 받아서 본다는 것은 영화를 돈을 내지 않고 감상하는 것이기 때문에 이로 인한 영화 업계의 피해는 점점 커져갔다. 이런 피해를 막기 위해 영화사들은 인터넷상의 영화 콘텐츠를 막기 위해 여러 방면으로 노력을 해왔는데 이런 움직임이 일부 네티즌들과의 마찰을 만들기도 했다.

새로운 기술이 등장한 이후에 이를 막는 것은 사실상 불가능한 일이었는데도 영화 콘텐츠 업체들은 새로운 사업 모델을 만들어 내는 것보다는 기존의 것을 지키는 것에 더 무게를 두고 대응해 왔다. 그러던 것이 미국의 음악 시장에서 아이튠즈의 성공으로 유료 음악 시장이 정착되는 것을 본 후에야 인터넷 영화 시장을 유료 모델로 활성화하려는 노력들이 나타나기 시작했다. 국내에서도 초기에는 인터넷상에서의 영화 콘텐츠 유통을 막는 것에만 집중하다가 얼마 전부터 새로운 인터넷 시장 만들기에 나서고 있다. 많은 업체들이 이런 시도에 동참하며 새로운 시장을 만들어 내려는 노력을 기울였지만, 새로운 것을 탄생시키는 일은 기나긴 고통의 시간을 인내하는 과정이 필요한 법이다. 이것을 견디지 못하고 손쉬운 방법으로 기존의 수익 모델을 지키려는 움직임들이 계속 나타났지만 일부 사업자들을 중심으로 꾸준한 시도가 계속되었다.

씨네21i에서 '즐감'이라는 이름으로 서비스되고 있는 영화 유료 다운로드 서비스가 언론으로부터 그 가능성에 대한 논의를 이끌어 내며 주목을 받았고, 이와 함께 KT에서도 FMFine Movie이라는 이름의 비슷한 서비스를 진행한 적이 있다. 이 같은 노력은 그동안 불법 콘텐츠 유통의 온상으로 문제시되었던 온라인 영화 다운로드 시장의 형성에 관련 업체들이 꾸준한 노력을 보이고 있다는 것을 알 수 있게 해준다. 또 몇몇 흥행에 성공한 영화들이 온라인 유료 영화 다운로드 서비스로 의미 있는 수준의 매출을 올린 결과를 보여주면서 그 가능성에 관련 업계가 관심을 보이고 있다. 그러나 이런 결과만으로는 앞으로 우리의 온라인 영화 시장을 낙관적으로 바라보기에는 성급한 면이 있는 것도 사실이다.

가장 큰 문제는 이런 서비스가 아직도 소비자 중심으로 만들어진 것이라기보다는 불법 유통을 막으려는 목적이 앞서기 때문에 이용자들에게 불편한 부분이 많다는 것이다. 씨네21i의 서비스는 합법적으로 다운로드 받은 영화 파일에 대해 결제 후 30일간 관람할 수 있도록 했으며, 관람 횟수도 5회로 제한했다. 영화 한 편의 다운로드 가격도 불법 다운로드에 비해 높게 책정되어 합법적으로 다운로드 받았을 때 소비자가 얻을 수 있는 혜택이라고는 착한 소비자라는 정신적인 만족감뿐이다. 오히려 합법적으로 다운 받은 영화 파일은 여러 가지 제약을 가지고 있으며, DRM이란 암호가 걸려 있어 자신의 다른 기기에서 활용하는 것에 많은 불편을 느끼고 있다. 불법 다운로드를 이용하는 소비자들이 300원 정도로 영화 한편을 저장해 두고 볼 수 있는 것에 비하면 합법적인 다운로드는 많은 제약이 따라 다닌다. 불법으로 영화를 이용하는 사람들을 자연스럽게 유료 시장으로 옮겨 오기 위해서는 금액적인 측면보다 이런 이용상의 제약에 세심한 배려가 필요하다.

굿 다운로더   굿 다운로더 캠페인처럼 소비자들의 양심에 모든 것을 의지하고 있는 부분도 의미 있는 일이지만 그 효과를 장담하기는 어려워 보인다. 소비자들에게는 도덕적인 만족감뿐 아니라 경제적으로도 합리적 선택이라는 점이 필요하고, 그 돈을 내고 다운로드 받는 것에 걸맞는 혜택 또한 필요하다. 더 쉽고 편하게 영화를 다운로드 받을 수 있는 환경에 적극적인 투자가 필요한 시점이다.

또 홀드백으로 인해 유료 다운로드 시장에서 이용할 수 있는 영화의 양이 풍부하지 못하다. 홀드백 제도는 영화의 수익을 극대화하기 위해서 영화가 각 유통 창구마다 최대한의 수익을 얻을 수 있도록 상영 기간을 보장하는 것이다. 이런 이유로 영화관에서 상영이 끝나고 또 DVD 출시 후에 일정 기간이 지나야 온라인 시장으로 나올 수 있다. 그동안은 온라인 시장이 수익을 거의 올릴 수 없어서 극장 다음엔 DVD 그리고 케이블과 위성 또는 지상파 TV 등을 순서대로 거쳐야 했고 온라인상의 영화 콘텐츠는 대부분 DVD를 카피한 것으로 불법으로 유통되어 왔다.

물론 온라인 시장의 여명기가 다가오고 있고 이에 대한 과감한 실험들이 시도되고 있다. 2008년 최고의 흥행 영화인 「추격자」의 다운로드 서비스가 DVD 출시 이전에 시행되었다는 점은 의미 있는 일이다. 기존 영화 부가 판권 시장에서의 홀드백 관행에 따르면 온라인 VOD는 DVD 출시 2개월 후 서비스되는 것이 보통이었는데, 이를 깨고 다운로드 서비스를 먼저 시작했고 상당한 성과를 거두었다. 주로 외국의 사례이기는 하지만 유명 영화를 스크린에서 상영하기 전에 먼저 인터넷에 배포하는 실험도 자주 행해지고 있다. 영화를 영화관에서 보고자 하는 사람들과 온라인을 통해 PC 또는 TV 그리고 휴대 기기에서 보려는 사람들 등 성향이 다른 소비자들로 이를 한꺼번에 유통했을 경우에도 수익이 크게 감소하지 않을 거라고 보고 있는 것이다.

유행이 지난 영화는 온라인에서도 인기가 없다. 하지만 영화를 온라인으로 이용하는 소비자들의 의식도 어느 정도는 합법적인 영화를 이용하고자 하는 변화가 감지되고 있다. 영화 「국가대표」는 3,500원이라는 금액에도 불구하고 10만 건 이상의 합법적 다운로드를 기록하며 영화관에 이어 온라인에서도 성공을 기록했다. 무려 10배 이상의 비용을 지불하면서 합법적으로 영화를 소비하려는 모습을 보여주고 있는 것이다. 아직도 많은 이용자들이 불법적인 유통 경로를 통해서 영화를 다운로드 받고 있지만, 이런 사람들에게 합리적인 가격과 편리한 이용 방법을 제시한다면 합법적인 시장을 이용할 것이고, 온라인 영화 시장이 점점 더 커갈 여지가 있다. 기존 홀드백 관행을 파기하고 새로운 온라인 정책을 만들어 내는 것이 현재의 영화 다운로드 시장에서 무엇보다도 중요해 보인다. 기존의 유통 시장에서의 수익에 비해 아직까지 온라인 시장에서의 수익이 적다고 하더라도 온라인 영화 유통 시장의 가능성과 마케팅 채널로써의 효과를 믿고 이를 추진하는 새로운 미래 지향적인 전략이 필요한 시점이다.

소비자들이 원하는 시간과 장소에서 편리하게 영화를 즐길 수 있는 다운로드 서비스는 불법적인 채널을 통해 많은 사랑을 받았다. 이런 소비자들의 이용 행태를 거스르지 않으면서 합법적인 시장으로 끌어들이는 것이 이제 더 큰 시장을 만들어 내고 질 높은 영화를 제작하기 위해서는 필수적인 해결 과제이다. 이를 위해서는 소비자들의 의식의 변화도 중요하지만 그동안의 불법 영화 다운로드 서비스 이용자들이 자연스럽게 받아들일 수 있는 가격 제시와 이용 방법을 만들어야 하는 서비스 제공자들의 역할이 더 중요하다.

영화 온라인 다운로드나 스트리밍 서비스는 앞으로 스마트 TV의 중요한 콘텐츠가 될 것이다. PC를 통해서 동영상을 즐기는 편리성에 TV가 가지는 최적화된 동영상 재생 기능이 더해진 스마트 TV는 영화나 드라마 등 고화질의 콘텐츠를 즐기기에는 최고의 미디어 기기인 것이다. 다운로드 된 영화가 스마트 TV와 스마트폰 그리고 PC를 자유롭게 이동하면서 소비될 수 있는 환경의 조성이 앞으로 제작자들이나 동영상 유통 사업자들에게 주어진 숙제가 될 것이며, 이런 투자에 적극적인 사업자들이 미래의 콘텐츠 시장을 장악할 수 있는 열쇠를 얻게 될 것이다.

방송 시장의 변화와 스마트 TV

방송 환경의 변화　　　TV는 각 국가나 지역에 한정되어 서비스되던 로컬 비즈니스였다. 전파를 이용하여 동시에 그 지역에 같은 메시지를 전달할 수 있다는 측면과 영상이 가지는 효과로 인해 TV는 많은 사람들의 관심을 빠른 시간 안에 얻을 수 있었고, 막강한 영향력을 확보하게 되었다. 게다가 전파가 가지는 공공성 때문에 국가의 보호와 관리를 어느 정도 받게 되었고, 이런 이유로 TV는 안정적인 독과점의 경쟁 환경을 가지고도 발전할 수 있었다.

디지털 기술이 발전하면서 이제 TV와 경쟁할만한 미디어가 등장하였으니 바로 인터넷이다. 인터넷은 모든 미디어를 포용할 수 있을 정도로 개방적이어서 심지어 TV까지도 그 안에 집어삼킬 기세로 성장하고 있으며 지역적인 한계도 초월한 미디어이다. 그동안 동영상의 전송에는 어려움이 있던 인터넷이 기술의 발달로 이런 한계를 서서히 극복하고 있으며 유튜브로 동영상을 실시간으로 생중계하는 것을 세계인이 함께 즐길 수 있는 시대가 되었다. 유튜브는 현재 HD 영상과 3D 영상도 볼 수 있도록 하고 있으며, 구글 TV가 세상에 나오게 되면 그 곳의 콘텐츠를 담당할 수 있도록 준비 중이다.

앞으로 나오게 될 모든 스마트 TV는 인터넷의 가능성을 그대로 보유하고 있기 때문에 이것이 몰고 올 방송 환경의 변화는 상상 이상이 될 전망이다. 기존의 TV 진영에게는 기회이자 최대의 위기가 될 것이다. 그렇다면 올드 미디어인 TV 방송은 어떤 준비를 해야 하는 것일까?

원소스 멀티유스와 크로스 미디어　　콘텐츠 산업이 경영 개념을 적극적으로 도입하면서 콘텐츠 산업에서 투자대비 수익분석은 당연한 일이 되었다. 얼마의 돈으로 얼마만큼의 수익을 낼 수 있는가에 대한 관심이 높아진 것이다. 콘텐츠 비즈니스는 성공했을 경우, 그 투자비에 비해 몇십 배의 수익을 얻을 수 있기 때문에 투자대비 수익분석이 중요하게 여겨지지 않았던 적도 있었다. 하지만 이제 콘텐츠 시장이 포화 상태가 되면서 큰 성공을 거두는 작품이 줄어들고 있고, 대박보다는 안정적인 수익원을 확보하는 것에 관심을 두게 되었다.

이런 분위기에서 나온 개념이 앞에서 말한 원소스 멀티유스이다. 하나의 콘텐츠를 여러 곳에서 이용할 수 있도록 해서 수익을 극대화하자는 내용이다. 특히 어린이들과 어른이 함께 볼 수 있는 영화를 제작하는 디즈니의 작품들은 영화 상영에서 벌어들이는 수익 못지않은 금액을 머천다이징이나 출판 등에서 거두어들이고 있다. 머천다이징은 영화에 나온 캐릭터를 다른 상품이나 물건에 사용하여 수익을 창출하는 라이센스 비즈니스를 말하는데, 이 권리를 잘 활용한 상품 기획으로 큰 돈을 벌고 있는 것이다. 한국에서는 심형래 감독의 「용가리」나 「디워」 같은 작품에서 이런 시도가 있었다. 근래 만화 원작을 영화화하는 것도 원소스 멀티유스의 모습을 보여주는 예라고 할 것이다.

얼마 전부터 방송에서도 원소스 멀티유스의 개념에 대한 논의가 활발하게 이루어지고 있으며, 방송 프로그램의 수익원을 광고나 프로그램 판매 이외의 다른 곳에서도 개척하려는 시도가 지속적으로 이루어지고 있다. 원소스 멀티유스는 새로운 수익원을 창출해 내고, 치열한 시장에서 생존하는 방법을 마련해 줄 대안으로 여겨지고 있다.

원소스 멀티유스 개념에서 발전하여 제작물의 활용이라는 측면보다도, 기획과 제작 단계에서부터 조금 더 효율적으로 접근하자는 새로운 용어가 나타나게 되었는데 그것이 일부가 시도하고 있는 크로스 미디어Cross Media이다. 원소스 멀티유스가 이미 제작이 된 콘텐츠를 얼마나 많은 곳에서 이용할 수 있도록 하는지에 대해 고민을 해서 수익을 극대화하는 것이라면, 크로스 미디어는 제작을 하기 전에 미리 제작을 할 콘텐츠가 어떤 곳에서 수익을 만들어 낼 수 있는지를 분석해서 기획 단계에서 투자비에 대한 효율화를 꾀하고 이를 통해 투자 대비 수익에 대해 사전에 분석을 해두는 개념이다. 원소스 멀티유스라는 개념을 가지고 만든 콘텐츠는 처음 만들어진 목적 이외의 매체로의 변화를 염두에 둔 것이 아니기 때문에, 다른 매체로의 전환을 위해서는 다시 손질을 해야 하는 번거로운 과정이 많이 발생하게 되며, 다른 매체의 소비자들을 정확하게 파악하고 만든 콘텐츠에 비해 성공의 가능성에 한계를 가지고 있다. 이런 이유로 인해 크로스 미디어는 원소스 멀티유스에 비해 제작비가 더 투여되는 문제가 있으나, 제작비 대비 증가되는 수익이 크다는 장점으로 각광받게 되었다.

방송에서는 크로스 미디어 전략을 사용한 콘텐츠 제작이 본격적으로는 이루어지지 않고 있다. 그 이유는 원소스 멀티유스가 가지고 있는 보수적인 안정성이 더 가치가 있어 보이기 때문일 것이다. 크로스 미디어 제작은 미래가 불투명한 곳에, 기획 때의 분석과 판단을 믿고 제작비를 투자해야 하는 리스크를 감당해야 하기 때문에 쉽게 참여를 결정하기가 어렵다. 또한 기존 제작 시스템에 변경을 주어 제작 스텝들의 동요가 생길 우려도 있으므로 더욱 신중해질 수밖에 없다. 크로스 미디어가 원소스 멀티유스처럼 콘텐츠 수익을 증가시킬 수 있을지는 더 지켜봐야 할 과제인 것 같다.

방송 제작 시스템의 변화　　현재 방송사들은 대부분 디지털 전환이라는 역사적인 변혁을 앞두고 제작 시스템을 디지털화하려는 움직임을 보이고 있다. 그동안 제작 장비의 발전 이외에는 큰 변화 없

　　　　　　　　　　　　　　　　　　　　스마트 TV 혁명

이 지속된 방송 제작 시스템의 변화는 앞으로 방송의 모습을 크게 바꾸게 될 것으로 전망하고 있다.

이제까지 방송의 제작 과정은 테이프라고 하는 저장 장치를 기준으로 이루어져 왔다. 필자가 입사한 초창기에는 유메틱U-matic이나 헬리컬Helical 테이프라고 부르는 저장 장치를 사용해서 촬영하고 편집을 진행했는데, 그러던 것이 베타Beta 테이프가 나오면서 테이프의 크기가 조금 작아졌다. 이후 방송이 디지털화되면서 디지털 방식으로 저장하는 디지 베타Digibeta라 불리는 테이프가 나왔는데 그 모양은 기존의 테이프와 비슷하다.

테이프라는 저장 장치를 가지고 방송 프로그램을 제작하던 기존의 제작 시스템에 큰 변화가 오게 된 것은 바로 컴퓨터 기술의 발전 때문이다. 고화질의 영상도 컴퓨터 파일로 저장하고 이를 촬영과 편집 때에 사용할 수 있게 되면서 방송사의 제작 시스템에 일대 혁명이 일어났다. 현재는 테이프가 필요 없는 카메라 제품이 나와서 사용되고 있으며, 이런 카메라로 얻어진 영상을 컴퓨터 기반의 편집 시스템으로 가공하여 완성물을 만드는 시스템이 서서히 자리를 잡아가고 있다.

방송사들이 기존 방식에서 파일 제작 시스템 형태로 바꾸는 가장 큰 이유는 우선 경제적이기 때문이다. 테이프를 사용하지 않는 디지털 카메라나 NLE 편집 장비는 기존의 방송 장비에 비해 저렴하고, 제작 과정에 필요한 인력을 효율적으로 활용할 수 있으며 앞으로 다가올 다매체, 다채널 시대에 융통성 있게 대응할 수 있다는 장점을 가지고 있다. 여기에 기존 촬영과 편집에서 사용하던 테이프를 모두 없애는 것이 탄소 배출을 줄여 친환경적이라고 하여 방송 제작 시스템의 디지털화는 방송사들의 진행 방향으로 인정받고 있다. 적은 비용과 효율적인 인력으로 기존의 방송 프로그램보다도 질 높은 방송을 제작할 수 있는 파일 제작 시스템은 앞으로 다가올 미래 방송에서의 치열한 경쟁 속에서 살아남기 위한 필수적인 작업이기 때문에 이러한 변화는 빠르게 다가올 전망이다.

방송사들은 제작 시스템을 디지털화하려는 전략과 함께 이런 효율적인 제작 과정의 변화로부터 새로운 콘텐츠를 개발하거나 새로운 미디어에 콘텐츠를 적용하려는 시도도 끊임없이 하고 있다. 지금까지의 방송 제작 과정에서는 방송 프로그램이라는 결과물을 만들어 내기 위해 필요한 부가적인 생산물들에 대해서는 크게 관심을 두지 않았다. 기획 단계에서의 기획안, 큐시트, 제작 과정에서 얻는 많은 정보들, PD가 제작하면서 발생하는 부수적인 생산물들이 모두 방치되고 버려졌다. 하지만 디지털 작업이 이루어지면서 이 모든 것이 버려지지 않고 저장될 수 있는 시스템이 만들어지고 있으며, 이런 것들을 잘 가공해서 소비자들이 원하는 새로운 부가 콘텐츠를 생산해 내고 이를 통해 새로운 수익을 창출해 낼 수 있다. 앞으로의 방송은 양방향 서비스로 방송 중에 제작 과정에서 발생한 정보들도 시청자에게 서비스될 수 있으므로 제작 과정에서의 부가 콘텐츠가 더더욱 중요해질 전망이다.

방송 편성   방송에서 편성이라 함은 제한된 시간적 한계 내에서 어떤 프로그램을 어떤 시간에 방송할 것인가를 결정하고, 제작에 필요한 리소스를 배분하는 방송사의 헤드쿼터와 같은 역할이었다. TV를 시청하는 사람들의 생활 패턴은 일정한 규칙을 가지고 있고, 이런 사람들의 규칙에 따라 어떤 프로그램을 어느 시간에 방송할 것인가 하는 점은 방송사의 스테이션 이미지를 결정하는 중요한 기능이며, 실제로 방송사의 모든 권한이 여기에서 나온다고 해도 과언이 아니다. 이런 시간적 개념의 편성 기능이 VOD Video On Demand가 가능해 지면서 변화의 시기를 맞고 있다. 시간 개념이 아닌 공간 개념의 편성에 대한 고민도 필요한 시점이 된 것이다. 기존의 편성을 시간에 따른 시간 편성이라 하고 VOD의 등장과 무한대 채널 개념의 등장으로 나타난 것이 공간 편성이다.

공간 편성이란 인터넷 사이트의 페이지에서 볼 수 있는 레이아웃 Layout을 이야기하는 것이다. 인터넷 포털들은 오랜 기간 이런 사이트 내의 레이아웃을 해오면서 어느 곳에 배치한 것이 많은 사람들의 선택을 받는지, 어느 곳이 사람들의 눈에 띄지 않는 위치인지에 대한 노하우가 축적되어 있다. 이제 방송도 인터넷 포털과 같은 화면에서의 레이아웃에 대한 고민이 필요하며 이것이 공간 편성의 실체라고 할 수 있다. IPTV가 등장하면서 방송에서의 편성에서 공간 편성이라는 새로운 영역이 등장했다.

그전까지 방송 편성은 언제 프로그램이 송출되는가를 결정하는 시간적인 개념이 전부였다. 그러던 것이 인터넷 페이지의 화면처럼 내용을 보여주고, 이것 중에 시청자가 선택하는 것을 보여주는 공간 편성의 개념도 생겨난 것이다. 방송사들은 아직까지는 이런 공간 편성의 경험이 인터넷 업체에 비해 부족하기 때문에 이에 대한 연구나 경험이 절실한 상황이다. 물론 인터넷 포털 화면처럼 많은 정보를 한 화면에서 보여주는 것과는 많은 차이점을 가지고 있다. 새롭게 나타날 공간 편성은 방송이라는 것의 개념을 이해하고 거기에 사람의 인지에 대한 지식도 가지고 있어야 하며 또한 화면 구성에 대한 공부도 필요하다. 이처럼 TV도 사용자들에 대한 연구와 어떻게 하는 것이 가장 사용할 때 편리할 것인가에 대한 고민이 함께 이루어져야 하겠다. UI나 UX에 대한 고민이 이제 TV에서도 필요한 시대이다. 더욱이 스마트 TV의 시대가 되면서 사용자에 대한 새로운 연구는 필수적이라 하겠다.

UI와 UX

스마트라는 단어가 붙은 제품들의 공통점을 보면 기능의 첨단화와 지능형이라는 점과 함께 꼭 이야기되는 것이 바로 UIUser Interface와 UXUser EXperience이다. 이제는 어떤 제품이 앞선 기능을 보유하고 있는 것보다 그런 기능을 어떻게 사용자들이 편리하게 잘 이용할 수 있는가 하는 것이 더 중요하다. 애플은 뛰어난 기능의 제품뿐 아니라 제품들이 가진 멋진 디자인과 사용이 편리한 화면 구성, 그리고 사람들을 매료시킬만한 실행 방법 등 다양한 사용자 경험을 제공하여 자신들의 브랜드를 더 강력한 것으로 만들었다. 아

　　　　　　　　　　　　　　　　　　　　　　스마트 TV 혁명

이폰으로 대표되는 스마트폰은 강력한 기능에 멋진 UI와 UX로 모두가 가지고 싶어하는 제품이 되었다.

스마트 TV도 스마트폰에서 사람들을 매혹시켰던 새로운 개념의 UI와 UX가 필요하다. 스마트 TV는 과거와는 다른 시청 패턴을 필요로 하고 사람들이 TV를 보는 기존의 시각을 바꿔줄 필요가 있는 제품이다. 그렇기 때문에 새로운 UI는 스마트 TV에 필수적인 요소라 하겠다. 조작이 간편하고 미세한 동작까지 인식하는 제어 기능을 갖추는 것은 사용자 경험과 UI를 제고시키는 중요한 포인트가 될 것이며, 스마트 TV에서는 리모콘에 의한 조작과 함께 동작제어 방식의 인터페이스 기술이 주목받을 것으로 보인다. TV는 화면과 최소한 몇 미터를 떨어져서 시청해야 하기 때문에 스마트폰처럼 손으로 터치를 하는 것이 불가능하기 때문이다.

물론 스마트폰을 리모콘으로 활용하는 방식이 가장 보편적이겠지만 동작 인식은 스마트 TV에서의 콘텐츠 이용 면에서 각광받게 될 것이다. 동작 제어 방식의 UI 기술로는 한국전자통신연구원이 개발하고 있는 코그노 TV(핑거/핸드 제스처 인식 기술), 카네스타의 3D 센서를 이용한 암-웨이빙 인터페이스 기술, 제스처텍의 제스처 인식 기반 핸드 트래킹형 UI 기술이 있다. 동작 인식과 함께 음성 인식도 스마트 TV에서 많이 사용될 것으로 예상되는데, 몇몇 회사들이 음성 인식에 대한 연구를 오래 전부터 진행해 왔으며 최근 스마트폰에서는 구글이 음성 인식을 선보이면서 미래의 UI를 미리 생각하고 있다.

방송의 편성이 시간적인 개념만 존재하다가 공간적인 개념이 등장하면서 TV의 UI와 UX도 큰 변화를 맞이하게 되었다. 스마트폰과 같은 형태의 UI로 발전할 것인지 아니면 스마트 TV만의 UI를 추구하면서 동작 인식이라는 새로운 사용자 경험이 TV에서의 주요 형태가될 것인지 귀추가 주목되고 있다. 또 음성 인식은 어떻게 발전할 것인지 등 많은 변수와 가능성을 가지고 개발자들의 상상력을 기다리고 있다. 스마트폰이 그랬던 것처럼 결국 이러한 미래형 UI 기술이향후 스마트 TV의 성공 가능성을 높여 줄 수 있는 중요한 요소가 될것이다.

광고 시장의 변화와 스마트 TV

디지털 시대의 광고 광고가 위기에 봉착해 있다고 한다. 광고의 위기는 2000년 이후 최근 7~8년의 환경 변화에서 나타났다. 디지털 기술의 발달로 그동안 올드 미디어만으로 이루어졌던 광고 시장이 새로운 미디어인 인터넷·모바일 등의 도전에 직면하게 되었다. 인터넷의 급부상, 휴대폰의 일반화와 스마트폰의 등장 등 모바일 매체의 성장, 디지털 위성방송과 디지털 케이블을 통한 엄청난 다채널 시대의 실현, 그리고 방송의 시간적 제약을 사라지게 해준 PVRPersonal Video Recorder의 대표 주자 티보TiVo의 출현 등 이 모든 변화의 결과로 미디어 통제권이 소수의 미디어 소유주들과 대기업들로부터 소비자의 손으로 넘어가고 있다. 이런 권력을 쥐고 있는 소비자들의 변화에 따라 광고가 큰 변혁을 맞이하고 있고, 이런 변혁의 한가운데에서 광고는 위기를 이야기하고 있다.

　디지털 기술에 의한 광고의 변화는 검색 광고로부터 시작되었다. 디지털 기술은 미디어들의 생산성을 높여주는 수단으로 시작되었는데, 이런 기술적인 진보가 광고에 영향을 줄 것이라는 것을 초창기에는 잘 인식하지 못했다. 초기 인터넷은 여러 차례 언급한 것처럼 정보를 교환하려는 의도에서 시작한 것이었기 때문에 지금과 같은 거대한 미디어로 성장할 것에 대해서는 그 누구도 상상하지 못했다. 그 후 모든 사람의 상상을 넘어서는 수준으로 인터넷이 미디어의 제왕으로 세상을 지배하게 되었고, 많은 사람들이 인터넷을 이용하게 되자 자연스럽게 인터넷 광고에 대한 관심이 폭발하기 시작했다. 처음 사람들을 열광시킨 인터넷 광고는 주로 광고를 보면 돈을 준다는 방식이다. 광고를 보기만 하면 돈을 벌 수 있다는 말에 사람들이 반응을 보였고, 이런 방식을 사용한 회사들이 주목을 받으며 성장해 나갔다.

　광고는 물건의 구매라는 형태로 결과가 나타나야 광고주가 돈을 집행하는 것이다. 그런데 이런 방식의 광고는 많은 사람들이 보았는지 적은 수의 사람들이 여러 번을 보았는지 알 수 없고 광고 효과도 거의 없다는 것이 판명되면서 그 기반이 무너져 버렸다. 이것 이외에 인터넷에서는 여러 가지 방식의 광고가 실험적으로 시도가 되었지만 대부분의 인터넷 사용자들은 자신이 원하는 정보만을 볼 뿐 광고를 보고 싶어하지 않았기 때문에 큰 효과를 거둔 광고 기법은 나타나지 않았다. 그러다가 검색을 광고와 연결시킨 검색 광고의 효과가 나타나면서 인터넷 광고 시장이 크게 성장하기 시작했다. 또한 검색과 각종 콘텐츠를 한 사이트에서 모두 찾을 수 있는 포털들이 등장하면서 사람들이 이곳을 자주 찾게 되면서 인터넷 광고가 크게 발전했다.

검색 광고는 길거리에서 나눠 주던 광고가 인터넷으로 들어온 것이라 할 수 있다. 그동안은 이 시장이 인쇄소와 나눠 주는 인력 정도로 이루어진 아주 작은 규모였지만, 인터넷으로 들어와 전국적으로 광고를 할 수 있게 되면서 존재하지도 않았던 광고 시장이 나타나게 되었다. 이 광고는 인터넷 사용자들이 원하는 정보를 광고라는 느낌이 들지 않도록 하면서 전달해 주기 때문에 효과적이다. 또한 아주 세련되지는 않았지만 타깃 광고라 할 수 있다. 그동안의 매스 미디어는 이를 받아들이는 사람들이 어떤 생각을 가지고 있는지에 상관없이 광고를 했지만 이 검색 광고는 검색한 단어에 대해 관심을 가지고 있는 사람들에게만 광고를 하는 방식이기 때문에 소비자의 자발적인 타깃 광고인 셈이다.

세계의 검색 시장을 장악하고 있는 구글은 회사 수익의 90% 이상을 애드센스, 애드워즈라는 키워드 텍스트 광고에서 얻고 있는데 이 방식을 우리 식으로 변형하여 국내의 포털들이 엄청난 수익을 거두고 있는 것이다. 구글은 인터넷 검색을 통한 정보 탐색과 그 정보 탐색의 결과와 광고를 매칭하는 방식으로 엄청난 수익을 창출하고 있다. 구글은 케이블 TV, 신문 광고 시장에 이어 최근에는 스마트폰, TV 광고 시장까지 자신들의 IT 기술을 바탕으로 진출하려 하고 있다.

검색 광고에 이어 새로운 광고 시장으로 각광받고 있는 것이 바로 소셜 미디어이다. 페이스북과 트위터로 대변되는 이 소셜 미디어들은 앞으로 광고가 어떻게 변화할 것인가를 보여주는 모델로 사람들의 주목을 받고 있다. 입소문이라고 불리는 방식을 IT 기술로 정교하고 편리하게 진행할 수 있도록 한 검색 광고가 그랬던 것처럼 획기적인 광고 환경을 만들어 줄 것으로 기대를 모으고 있다.

모바일 광고　　　휴대폰을 이용한 모바일 광고는 휴대폰이 일반화되자 사람들의 관심을 끌었다. 많은 사람들이 가지고 다니는 휴대폰에 광고를 한다면 큰 효과가 있을 것으로 예상했다. 하지만 휴대폰 광고 역시 초기의 인터넷 광고처럼 광고 효과를 만들어 내는 것에는 성공하지 못했다. 작은 화면이 광고를 하기에는 부적합했고, 원하지 않은 광고성 메시지는 휴대폰 소유자들이 보지 않고 삭제해 버리는 경우가 대부분이었기 때문이다. 쿠폰 형식의 금전적인 이익을 주는 광고만이 그나마 소비자들에게 받아들이는 수준으로 휴대폰의 광고는 진전이 없어 보였다. 그러다가 스마트폰이 등장하면서 모바일 광고를 다시 보는 계기를 만들어 냈다.

　세계 상위 50개 인터넷 관련 기업의 매출을 분석한 자료를 보면 광고(40%)와 전자상거래(35%)가 차지하는 비중이 절대적이다. 그러나 이제 막 개화된 무선 인터넷 시장의 매출 대부분은 데이터 접속 비용(88%)에서 발생하고 있으며, 모바일 광고(1%)와 모바일 전자상거래(9%)가 차지하는 비율은 한자릿수에 불과하다.(모건스탠리 인터넷 트렌드 리포트, 2010년 4월) 앞으로 모바일에서도 광고와 전자상거래 시장이 급

팽창할 것으로 보인다. 애플은 iOS 4.0에 모바일 광고 시스템 아이애드iAd를 발표하고, 구글은 애드몹Admob을 인수해 모바일 디스플레이 광고와 모바일 검색 광고에 대한 적극적인 투자를 하고 있다. 구글은 모바일 광고 회사 애드몹을 7억 5000만 달러에, 애플은 쿼트로 와이어리스를 2억 7500만 달러에 인수했다. 현재 애플의 아이폰이나 구글의 안드로이드 기반인 갤럭시S를 사용해서 어플리케이션을 동작시키면 광고가 나타나는 것을 볼 수 있다. 이 어플리케이션 광고는 콘텐츠 제작자가 직접 삽입도 가능한데, 어플리케이션 제작자는 이것을 앱 스토어에 올릴 때 무료로 할지 유료로 할지를 결정할 수 있고, 무료일 경우에 광고를 첨가해서 수익을 낼 수 있도록 할 수 있다. 블랙베리의 리서치인모션RIM과 윈도우폰 7의 마이크로소프트도 모바일 광고 플랫폼을 선보였으며, 삼성전자를 비롯한 단말기 업체들도 자사의 스마트폰을 일종의 광고 채널로 활용하기 위해 모바일 광고 사업을 준비하고 있다. 국내에서도 네이버, 다음 등 포털과 SKT, LG U+ 등 통신사가 모바일 광고 시장 진출에 박차를 가하고 있다.

다음은 자체적으로 운영하는 키워드 광고 상품인 모바일 웹(m.daum.net)을 통해 동시 노출해 광고 효과를 극대화하는 모바일 키워드 광고를 하고 있다. 이는 유선 인터넷 환경의 검색 광고를 모바일 환경에 똑같이 적용한 경우로, 휴대폰에서는 검색이 유선 인터넷처럼 킬러 콘텐츠가 아닐 수 있다는 모바일의 특성을 간과한 점이 엿보인다. 어플리케이션의 등장으로 대부분의 스마트폰 사용자들이 웹 대신에 어플을 이용하고 있다는 점 때문에 이런 모바일 광고 기법이 한계를 가질 것으로 생각된다.

소프트웨어 개발 업체인 이스트소프트는 스마트폰 어플리케이션에 광고를 삽입할 수 있는 애드로컬 모바일 소프트웨어 개발 키트SDK를 개발자들에게 배포하고 이를 통해 애플과 구글이 실시하고 있는 광고 기법을 적용하여 수익을 올리려고 하고 있다.

올드 미디어 광고의 몰락　　올드 미디어의 대명사인 TV와 신문의 광고 효과가 줄어들고 있는 것이 사실 가장 큰 광고의 위기라는 인식을 불러일으킨 요인일 것이다. 최고의 미디어로 엄청난 영향력과 지위를 누리고 있는 이들의 하락 움직임은 그동안 이것에 맞추어져 있던 광고의 변화도 함께 요구하고 있기 때문에 광고 업계는 이런 변화의 시기에 어떠한 선택을 할 것인가를 결정해야 한다. 요즘 TV의 프라임 타임의 인기 프로그램 시청률도 몇 개를 제외하고는 10%대에 불과하다. 게다가 TV의 광고를 시작하면 바로 리모콘으로 돌려버리는 상황이다. 신문은 광고의 효과를 논하기가 어려울 정도로 매체의 힘이 줄어들었다.

예전의 광고는 ATLAbove the Line이라고 해서 4대 매체(TV, 신문, 라디오, 잡지)를 중심으로 광고가 전파됐다. 요즘은 이런 4대 매체보다 인터넷의 이용도가 높아짐에 따라 4대 매체를 중심으로 했던 광고의 비중이 작아지고 있다. 여기에 매체 수수료 수입이 광고대행사의 수입의 대부분을 차지하고 있는 상황에서 미디어 환경의 변화는 그동안

　　　　　　　　　　　　　　　　　　　　스마트 TV 혁명

은 상상하기 어려운 것이었다. 여기에 PVRPersonal Video Recorder의
등장으로 TV 광고를 보지 않고 방송 프로그램만을 볼 수 있게 되면서
그 위기감은 더욱 커지고 있다.

이런 위기 속에서 광고의 미래를 바라보는 새로운 시각들이 등장
하고 있다. 똑똑한 소비자들은 광고가 아니라 제품의 정보를 원하고
있으며 이런 변화를 잘 반영하고 있는 것이 바로 트위터나 페이스북
을 활용한 기업 광고라 하겠다. 이제는 아무리 뛰어난 광고를 만들어
소비자에게 그 제품의 브랜드를 알려도, 제품이 좋지 않고 기업의 이
미지가 나쁘다면 아무 소용이 없다. 이제 광고 회사들은 광고를 만들
어 대행하는 회사가 아니라 소비자와 어떻게 진솔한 커뮤니케이션을
할 수 있는지에 대한 방법을 고민하는 회사로 변화해야 한다.

스마트 TV 시대의 광고　　　　스마트폰과 스마트 TV 시대의 광고
는 이런 추세의 연장선에서 체험과 참여가 중심 키워드가 될 전망이
다. 스마트 기기들은 언제 어디서나 인터넷에 연결되어 있기 때문에
그 사람에게 맞추어진 광고가 가능하게 될 것이다. 항상 광고가 숨어
서 기다리고 있다가 소비자가 원하는 제품이 생겼을 때 검색이나 어
떤 다른 경로를 통해서든 이를 표현하면 바로 제품의 정보가 제공되
고, 이를 구매할 수 있는 방법이 함께 따라가는 형태의 광고가 가능
해 질 것이다. 광고가 다양한 모바일용 프로그램이나 콘텐츠 등과 함
께 상호작용을 하면서 등장하게 될 것이고, 언제나 인터넷에 쉽게 연

결될 수 있기 때문에 업데이트도 용이할 것이다.

가장 인기 있는 광고 시간은 스마트폰과 스마트 TV에서 어플리케이션을 작동시키면서 기다리는 시간이 될 것이다. 마치 게임에서 단계를 넘어가거나 맵을 로딩할 때 광고가 가능한 것처럼 인기가 많은 어플리케이션이나 프로그램의 중간에 쌍방향성 요소를 가진 첨단 광고가 크게 유행할 것이다.

미래 광고에 있어 또 한 가지 중요한 이슈가 되는 것이 바로 GPS를 이용한 위치 기반 광고이다. 주변에 있는 극장이나 소매점, 프랜차이즈 음식점 등에 대해 즉석 모바일 쿠폰을 제공하고, 이들에 대한 광고를 보여줄 수 있을 것이다. 또한 저장된 휴대폰 사용자의 취향이나 인터넷 사용 방식, 트위터 메시지 등에 대한 분석을 통해 맞춤형 광고와 주변의 추천 상품 등에 대한 정보를 보여줄 수 있을 것이다.

개인정보와 광고　　　정부에서 정보보호 종합대책이라는 이름으로 인터넷에서의 개인정보에 대한 규제를 강화할 움직임을 보인 적이 있었다. 이 조치의 내용이 인터넷에서의 표현의 자유를 침해할 소지가 있고 촛불집회에서 보여준 포털의 영향력을 견제하기 위한 것이라는 비판 등 문제점을 지적하는 목소리가 대부분의 언론을 장식했다. 하지만 필자는 이런 논란보다는, 작은 부분이지만 방송 종사자로서 유선·위성·IPTV사업자 등 방송 사업자에게 개인정보 보호 의무 부과에 눈길이 갔다. 유료 방송인 케이블, 위성, IPTV 등의 방송은 가입자를 기반으로 하거나 시청자들의 정보를 획득할 수 있는 구조로 되어 있는데 이런 가입자 정보에 대해 이를 보호할 의무가 부과된다는 것이다. 어찌보면 당연한 이 문구가 앞으로 방송사업자들이 구상하는 광고 모델에 큰 걸림돌이 될 수도 있다는 점은 시사하는 바가 크다.

많은 방송 종사자들이 IPTV 같은 양방향이 가능한 매체의 등장으로 수익모델을 타깃 광고에서 찾고 있다. 그동안 방송을 통한 광고가 불특정하고 다수인 일반 시청자를 향해 무작위로 하는 형태였다면, 타깃 광고는 그 물품에 대한 관심이 높고 구매 가능성이 큰 시청자만을 대상으로 한정해서 하는 새로운 형식이다. 광고주 입장에서는 구매 가능성이 높은 소비자들에게만 광고를 하여 판매를 높을 수 있다는 점에서 환상적인 것임에 틀림이 없다. 방송사 입장에서 보면 새로운 광고 시장을 만들어 낼 수 있는 기회로 더 이상 늘지 않는 광고 시장을 돌파할 수 있는 좋은 기술이라 여기고 적극적인 모습을 보이고 있다. 이런 새로운 광고에 대한 시도는 역시 양방향이 가능한 인터넷과 휴대폰 광고에서 이미 어느 정도 시도를 하고 있는 중이기도 하다.

그런데 타깃 광고의 전제가 되는 것은 바로 개인정보를 활용하게 된다는 것이다. 소비자들이 보다 정확한 개인정보를 사용하도록 허락해 주어야만 효율이 높은 타깃 광고를 할 수 있다. 이 말은 뒤집어 생각하면 개인정보를 광고를 하는 사업자가 통제하고 있다는 것이 된다. '빅 브라더(정보를 독점으로 사회를 통제하는 관리 권력 혹은 사회체제)'라는 미래의 통제사회를 인용하지 않더라도 이런 개인정보의 심각한 노출은 큰 문제가 될 여지가 있다. 미국의 「뉴욕타임즈」에 따르면 미국에서도 인터넷에서의 개인정보 이용에 대한 규제 법안이 국회에서 논의가 되고 있다고 한다.

개인정보의 보호와 타깃 광고는 타협할 부분이 없는 것인가? 이 문제를 해결할 새로운 시각과 기술이 필요하다. 그리고 그 해결책으로 옵트 인Opt-in 방식의 광고를 생각해야 할 필요가 있다. 옵트 인 방식이란 광고의 소비자가 허락을 하는 경우에만 광고를 할 수 있는 방식이다. 그동안은 미리 소비자에게 광고를 받을 것인지를 다 알아본 후에 광고를 하는 것이 아무래도 비효율적이기 때문에 이런 방식의 광고가 그리 활성화되지 못했다. 오히려 스팸광고를 양산하는 옵트 아웃 방식의 광고들이 주류를 이룬 것이 사실이다.

새로운 기술의 발달로 소비자가 광고를 선택하는 경우에만 광고를 노출할 수 있는 방법이 나오고 있다. KT에서 IPTV에 적용하기 위해 발표한 클리어 스킨 방식이나 인터넷에서 사업을 하고 있는 메모지라는 업체 등의 광고 방식은 새로운 형태의 소비자 선택 광고의 개념을 보여주고 있다. 투명 막을 스크린이나 브라우저 위에 씌우고 여기에 광고를 올리는 방식으로 시청자가 원하는 광고만을 선택해서 보도록 할 수 있다. 클리어 스킨은 IPTV 콘텐츠 위에 투명한 가상의 막을 씌운 것으로, 시청자가 자신의 관심 사항, 예약 기능, 콘텐츠에 등장하는 제품 정보 등을 얻을 수 있는 기술이다.

IPTV의 광고 기법은 이미 인터넷의 동영상에서 많은 부분이 시도되었으며 여러 가지 광고 기법이 소개가 되어 있고 지금도 계속해서

　　　　　　　　　　　　　　　　　　　　스마트 TV 혁명

기술이 개발되고 있다. 인터넷 동영상이나 IPTV의 광고는 모두 기술적인 개발과 연관되어 있어 특허를 낼 수 있고 이를 통해서 세계 시장에서의 광고 기법을 선점하는 효과도 얻을 수 있다. 그런데 IPTV에서의 광고에서 특히 중요한 것은 어떻게 시청을 방해하지 않고 광고를 할 것인가 하는 것이다. 보통 그동안의 동영상 광고는 콘텐츠의 앞과 뒤 그리고 중간에 광고를 하는 형태였다. 하지만 광고주들은 시청자들이 콘텐츠를 즐기는 동안에 광고가 되는 것을 원하고 있으며 특히 디지털 기술의 발달로 광고 부분을 보지 않을 수도 있게 되면서 콘텐츠 중의 광고가 새로운 시장으로 떠오르게 되었다. 유튜브의 반투명 자막형 광고 기법도 이런 광고주들의 바람에서 나타난 것이다. 반투명 광고는 다른 자막 광고나 배너 광고가 콘텐츠의 시청을 방해하는 것과는 달리, 반투명으로 시청을 거의 방해하지 않고 광고를 하려는 의도로 나타난 것이다. 이 기법도 역시 시청자의 감정 몰입을 적게나마 방해하는 것으로 생각이 되면서, 크게 어필하지 못했다. 그런데 투명의 막을 화면에 씌우는 클리어 스킨 기법은 콘텐츠 시청을 방해하지 않고 광고주들이 원하는 광고를 할 수 있기 때문에 새로운 광고 시장을 만들어 낼 수 있다는 기대를 받고 있다.

IPTV나 인터넷 그리고 스마트폰에서는 이처럼 클리어

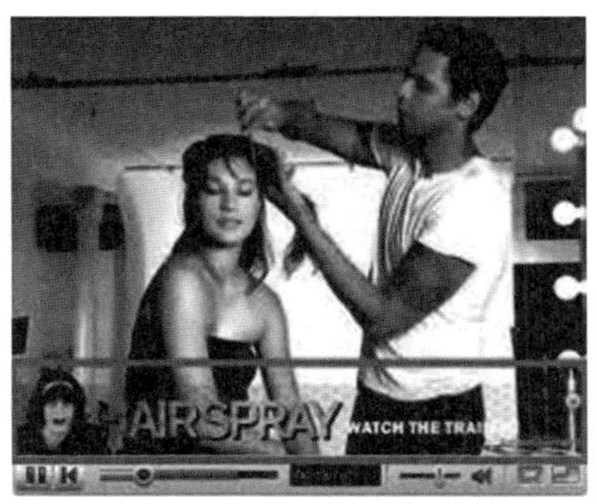

그림 15 | 유튜브의 반투명 자막 광고

스킨 같은 새로운 광고 기법들이 아마 계속해서 개발이 되고 새로운 광고 시장을 만들어 가려는 시도도 계속해서 이어질 것이다. 이런 새로운 기술이 없이는 스마트폰이나 스마트 TV 같은 새로운 미디어가 장기적으로 발전할 동력인 수익창출을 만들어 내기가 어려울 것이기 때문에 광고 기법의 개발은 장기적인 미디어의 발전과 불가분의 관계인 것이다.

위치정보 기반의 광고　　　앞으로 가능성이 있는 광고 기법으로는 시청자가 시청하는 콘텐츠의 내용을 분석해서 시청자 각각에게 맞는 광고를 맞춤형으로 제공하는 콘텐츠 맞춤형 광고와 시청자가 시청하고 있는 지역을 인식해서 지역에 기반한 광고를 하는 지역 기반의 광고를 들 수 있겠다.

스마트폰에서 가장 주목받고 있는 증강현실도 광고를 하는 방법으로 활용될 수 있는 가능성이 무궁무진해 보인다. 기존의 인터넷 검색 광고가 스마트폰에서는 증강현실을 사용한 위치정보 서비스로 옮겨 갈 가능성이 높아서 앞으로는 증강현실 어플리케이션을 통한 광고가 각광을 받을 것이다. 이런 위치정보 서비스는 광고주의 일방적인 홍보 내용이 아니라 스마트폰 사용자가 원하는 정보를 원하는 시간에, 원하는 곳에서 제공받기 때문에 말 그대로 타깃 광고라 할 수 있다. 우리는 어플리케이션을 스마트폰에서 사용할 때 자신의 위치정보를 공개하고 있고 이런 정보는 광고를 하려는 사람들에게는 중요한 고객 정보가 된다.

앞으로 양방향이 대부분의 매체에서 가능해지면 타깃 광고를 원하는 목소리는 더욱 높아질 것이며 이에 비례해서 개인정보를 보호하려는 움직임도 커질 것이다. 이런 상황에서 서로 양립할 수 없는 개인정보 보호와 타깃 광고를 함께 할 수 있도록 하는 새로운 시도들도 꾸준히 나타날 것이고, 그 근간에는 소비자의 광고 선택이라는 것이 자리하게 될 것이다. 스마트폰처럼 사용자들이 자발적으로 자신의 정보를 인터넷에 공개하고자 하는 환경을 조성하는 것이 타깃 광고가 성공할 수 있는 가장 중요한 요인이 될 것이다. 이러한 변화는 스마트 TV 시대에도 계속될 것으로 보인다.

여전히 개인정보를 이용한 양방향 광고나 타깃 광고를 어떻게 소비자들의 거부감 없이 실행할 수 있을까 하는 방법론에 대한 연구가 계속될 것이다. 또한 콘텐츠와 분리된 형태로 나타나던 광고가 이제는 콘텐츠 안으로 들어가 광고 효과를 극대화하는 방안이 각광을 받게 될 것이다. 게임 속 광고나 방송의 PPL 광고에 광고주들의 관심이 집중될 전망이다. 여기에 광고 같지 않은 광고를 집행하는 소셜 미디어를 통한 대화형 혹은 소통형 광고도 크게 성장해 나갈 것이다.

08

인터넷의 변화와 스마트 TV

초창기 인터넷 방송　　　초창기의 인터넷은 텍스트 자료를 교환하는 것을 목적으로 만들어졌다. 그러던 것이 자연스럽게 음악과 사진 데이터가 증가하기 시작했고, 여기에 동영상 데이터를 교환하려는 시도도 이어졌다. 인터넷의 초창기 모습에서 어떤 이들은 너무나 빠르게 동영상 교환을 이용하여 방송을 할 수 있다는 생각을 하게 되었고, 이런 아이디어는 동영상을 전송하는 기술의 발전을 낳게 되었다. 인터넷을 통하면 무한대의 방송 채널이 가능한, 그야말로 개인 방송의 시대가 오게 된다는 생각까지도 했고 이런 점에 착안하여 인터넷 방송이라는 개념이 생겨났다. 이 매력적인 단어는 많은 사람들을 매혹시키며 인터넷 방송으로 투자금을 끌어 모았다. 개인이 대단한 영향력과 수익을 얻을 수 있는 방송사를 운영할 수 있다는 점에 매료된 많은 사람들, 그리고 연예인들이 이런 움직임에 가세했고 수많은 인터넷 방송사들이 쏟아졌으나 기술적인 한계와 수익 모델을 찾아내지 못해서 실패의 쓴 잔을 마셔야 했다.

당시는 인터넷 망의 한계로 동영상을 끊김 없이 볼 수 있는 가정이 거의 없었다. 게다가 화질도 TV와 비교하건 조악하기 짝이 없는 수준이었다. 여기에 동영상 콘텐츠의 질적인 수준도 아마추어적인 한계를 드러내며 발전을 이루지 못했다. 방송 내용도 대부분 자신들과 친한 사람들이 TV에서 본 것들을 흉내내서 이야기하는 수준이었다. 그런데 갑자기 그런 말도 안 되는 회사들에게 돈벼락이 내리기 시작했다. 인터넷 붐의 영향으로 인터넷 그리고 IT와 관련이 있다고 생각이 되는 모는 것에는 돈바람이 불었다. 이런 와중에 수준 미달의 인터넷 방송사들이 초라했던 사무실을 벗어나 스튜디오를 만들고 돈잔치를 해댔다. 그러나 그것도 잠깐, 인터넷 거품이 꺼지면서 모든 것이 제자리로 돌아왔다.

거대 동영상 사이트와 개인 방송국의 대결　　유튜브와 훌루닷컴으로 대변되는 거대 자본의 동영상 사이트들, 특히 유튜브는 이제 경쟁자가 없는 인터넷 정글에서 새로운 동영상 인터넷 세상을 기다리고 있다. 그렇다면 이제 동영상 인터넷이 될 새로운 세상에는 누가 이런 초거대 사이트들과 경쟁을 할 수 있을까.

아이러니하게도 10년 전 사라진 개인 인터넷 방송사들이 될 것이다. 스마트폰과 스마트 TV의 등장으로 사람들은 인터넷 초창기에 꿈꾸었던 무한대의 채널이 가능한 세상을 가지게 되었다. 능력 과 재능을 가진 개인들이 다시 한 번 인터넷 초창기와 같은 꿈을 가질 수 있는 기회가 생겼고, 이번 기회는 어플리케이션이라는 형태로 나타나고 있다. 누구나 개인 방송 어플리케이션을 만들 수 있으며, 인터넷에서 많은 사람에게 공개할 수 있는 시장도 열려 있다.

스마트폰의 동영상 시장은 인터넷 붐이 생기던 그때 같은 기회의 시간이 다시 생길 것이라는 느낌이 든다. 너무나 빨리 인터넷 방송이라는 꿈을 실현시키기 위해 서두르다가 큰 상처를 받았기 때문에 이번의 기회에는 보수적으로 접근할 가능성이 높지만, 개인 인터넷 방송을 해보기에는 아주 좋은 환경이 열려 있는 듯 보인다. 우선은 광고 등 수익 모델을 개발하는 문제가 선행되어야 하지만 지금의 트위터 열기를 감안한다면 트위터 같은 SNS를 연동한 개인 인터넷 방송은 다양한 광고 기법이 개발되어 있어서 도전해 볼만한 아이템이 되었다. 이제 유튜브에 동영상을 올리던 개인들 중에 일부가 자신들만의 방송국을 개설하여 유튜브와 경쟁하는 현상이 벌어질 것이며, 개인 인터넷 방송국도 프로그램의 품질로 거대 동영상 사이트들과 경쟁하는 시대가 다가올 것이다.

IPTV가 출범하면서 이야기했던 무한대의 채널이라는 개념이 스마트폰과 스마트 TV에서 어플리케이션의 형태로 만들어질 것으로 보인다. 방송 장비의 가격이 많이 떨어진 상태가 의미 있는 수준의 개인 방송을 제작할 수 있게 되었고, 망의 품질도 좋아져서 이런 방송을 가정이나 스마트폰에서도 즐길 수 있는 환경이 조성되어서 다시 인터 넷 개인 방송의 전성기가 열릴 것이다.

오픈 웹과 오픈 비디오　　　그동안의 웹은 초창기 탄생되었을 때 의 모습에서 큰 변화는 없었다. 1999년 이후로 웹을 만드는 언어인 HTML이 변화가 없이 이어오다가 HTML5의 등장으로 새로운 발전 을 도모하고 있다. 초기의 웹은 텍스트와 사진 정보를 위해 설계가 되어진 것이고 그 이후로 음악과 동영상 정보가 웹에서 유통이 되기 시작하자 이를 위해 플러그인으로 작동하는 어플리케이션을 만들어 냈으며 이를 통해 동영상과 음악을 즐길 수 있게 되었다는 것이다. 동영상을 위해 플래시라는 프로그램을 컴퓨터에 깔아야 하는 것처럼 말이다. 플래시를 대체하려고 마이크로소프트에서는 실버라이트를 만들어 홍보하고 있다.

　오픈 비디오란 오픈 웹의 한 부분으로 동영상을 위에서 언급한 플 래시나 실버라이트 같은 프로그램 없이도 우리가 웹에서 텍스트나 사 진을 아무런 프로그램 없이도 볼 수 있듯이 인터넷을 새롭게 만들자 는 운동이다. 어떤 코덱을 사용하든지 또는 어느 회사 제품으로 촬영 하고, 어떤 회사 제품으로 편집을 했던지 간에 웹에서는 다른 프로그 램의 도움 없이 호환이 돼서 누구나 동영상을 편하게 올리고 볼 수 있 도록 하자는 것이다. 텍스트나 사진은 현재 그렇게 하고 있으니 동영 상도 당연히 그래야 하는 게 맞다는 것이다. HTML5라는 새로운 웹의 언어를 다시 만들어서 동영상도 담을 수 있는 더 큰 그릇을 만들어 내는 것이 바로 오픈 비디오이다. 여기서 더 나아가 다른 부분, 보안이나 인증 같은 것도 담을 수 있도록 웹을 만들어 보자는 것이 오픈 웹이라 할 수 있겠다. 그렇다면 오픈 웹은 왜 중요할까?

인터넷의 발전은 웹이라는 공간을 HTML이라는 표준 언어로 마치 그릇을 만들듯이 그 안에 콘텐츠를 담아낼 수 있도록 제작했고 이 안에 네티즌들이 자유롭게 자신들의 생각을 쏟아내면서 이루어진 것이다. 그런데 이제 생각을 표현하는 방식이 텍스트나 사진을 넘어 음악과 동영상으로 발전하게 되었고 이런 형태의 콘텐츠를 웹 안에서 받아들이기 위해 여러 회사들이 각각의 방식으로 해결책을 제시했고 이것들이 서로 경쟁하면서 지금의 웹을 만들어 냈다. 이제는 이런 다양한 해결책들이 어느 일정한 회사에 콘텐츠 생산을 종속되도록 하는 구조가 고착화될 가능성으로 나타나고 있으며 이런 현상으로 콘텐츠 생산과 유통이 제약을 받을 개연성이 생기고 있다. 이런 이유로 콘텐츠를 담아낼 웹이라는 그릇이 더 커져야 한다는 공감대가 생겨났으며 이를 구체화하고 있는 것이 HTML5과 오픈 웹이라는 것이다.

물론 오픈 웹에서 추구하는 인터넷의 개방성에서 어떤 방식으로 구현되는 것이 보다 더 효율적인가 하는 점은 사람에 따라 다른 생각을 가질 수 있으나 인터넷이 초창기에 발전했던 토대를 지금의 동영상 시대에 다시 만들어야 한다는 큰 취지에는 대부분의 사람들이 공감하리라고 본다. 그렇다고 중간 과정에서 해결책을 만들어 낸 회사들이 웹의 개방에 방해가 됐다거나 하는 주장을 펼치려고 하는 것은 아니다. 지금의 오픈 웹이나 오픈 비디오는 그런 해결책을 만들어 낸 사람들의 성과를 바탕으로 이루어진 것이 많기 때문이다. 이 회사들이 찾아낸 해결책들을 어떻게 잘 이용하는가와 그들의 협력을 어떻게 이끌어 내는가가 오픈 웹의 발전에 상당히 중요한 포인트라 생각된다. 그동안 반대 입장에 서 있는 것으로 알려져 있던 마이크로소프트가 이번에 발표한 익스플로러8에서는 HTML5를 상당 부분 수용한 것도 이런 맥락으로 이해가 된다.

인터넷은 초창기 폭발적인 성장 이후에 버블이 꺼지는 것을 경험했고 그 뒤에 나타난 웹2.0이라는 개방을 강조한 개념의 등장으로 재차 큰 폭의 성장을 이루어 냈다. 이제 오픈 웹이라는 개념이 인터넷의 새로운 발전을 만들어 줄 기폭제라 믿는다. 인터넷은 동영상 콘텐츠가 중심이 되는 시대로 들어서고 있는 중이다. 텍스트 콘텐츠나 사진 콘텐츠로 이루어져 왔던 인터넷이 이제는 모든 주변 기술의 뒷받침을 받아 동영상 콘텐츠가 기본이 되는 새로운 인터넷으로 탈바꿈하게 되는 시점이다.

소셜 시대　　2010년 한국의 IT는 아이폰과 트위터로 대변되는 SNS가 가장 각광을 받은 키워드였다. 수없이 강조한 대로 아이폰이 무선 인터넷의 새로운 가능성을 열어주었다면 SNS는 인터넷의 새로운 트렌드를 창조하여, 혁신적인 그 무엇이 절실했던 인터넷 세상에 또 하나의 중요한 화두를 던져 주었다. 소셜은 웹2.0 이후의 인터넷을 이끌어 가는 철학적, 정신적 모토가 되고 있다. 지금 SNS라고 하는 페이스북이나 트위터 등도 본질을 보면 아는 친구들과 서로의 관심사를 가지고 실시간으로 대화를 하는 것과 유사하다. 조금 다른 점이라면 실시간으로 대화에 참여하지 않아도 나중에 자신의 친구들이 남긴 글을 볼 수 있게 되었다는 것과 친구를 어느 선까지 할 것인가라는 개방 정도의 문제일 것이다.

SNS가 왜 근래에 들어서 갑자기 주목을 받게 된 것일까. 그건 인터넷이 가지고 있는 기본적인 속성인 연결성에 있다고 본다. 인터넷은 기본적으로 네트워크로, 이 망에 접속한 사람들 모두가 서로 연결되어 있는 것이 본질적 특성이다. 이 연결 망에 접속한 사람들은 인간이 가진 사회성에 따라 자신과 같은 생각과 감정을 공유하는 저 건너편의 누군가를 찾게 되어 있고 이런 이유로 인터넷은 소셜을 본성으로 함유하고 있는 것이다. 인터넷에 있는 콘텐츠들은 저작자가 자신의 생각을 누군가에게 알리고, 그들로부터 공감을 받으려는 것들이라는 속성을 공통적으로 가진다. 그러므로 인터넷의 서비스들은 자신과 소통을 하고자 하는 누군가와의 연결을 필요로 하고 있다. 이런 기본적인 인터넷의 속성과 함께 자본주의 사회에서의 가장 큰 동력인 수익 창출이라는 점이 만나게 되면서 SNS는 그 폭발적인 생명력을 가지게 된 것이다.

인터넷 서비스 중에 검색이 큰 수익을 얻는 원천이라는 것은 이제 모두가 아는 사실이 되었다. 구글도 검색 광고를 통해 엄청난 수익을 만들어 내고 있으며, 국내의 포털 중 1위의 검색 점유율을 가지고 있는 네이버도 검색을 통해서 지금의 거대 기업으로 성장했다. 그런데 이제 검색이 변화하고 있다는 것이 SNS가 성장한 배경이 되었다. 페이스북은 미국 대학생들이 자신들의 친구들과 서로 온라인을 통해 소통을 하고 정보를 교환하는 것에서 시작되었는데, 큰 인기를 끌면서 지금의 세계적인 서비스로 성장했다. 이 서비스를 이용하는 대학생들의 행태를 살펴보니 대부분의 콘텐츠를 자신의 친구가 페이스북을 통해 소개한 내용을 참조하여 소비한다는 것을 알게 되었다고 한다. 인터넷 검색 서비스를 이용하여 콘텐츠를 찾는 것이 아니라, 자신의 친구가 SNS에서 소개한 콘텐츠를 소비하고 있다는 것에서 착안하여 사람들은 자신이 잘 모르는 누군가가 찾아준 검색보다는 자신이 믿고 있는 친구가 찾아준 것을 더 신뢰하고 이를 소비하게 된다는 결론을 도출해 냈다. 이 결론대로라면 이제는 검색 서비스보다 SNS를 통한 정보 유통이 더 많은 수익을 올려 줄 수 있을 것이라 생각하게 되었고, 이런 판단하에 많은 투자금들이 SNS 업체로 쏟아져 들어갔다. 이 투자금들은 SNS가 새로운 서비스를 개발하고 발전하는 기반이 되었으며, 개방과 공유라는 철학을 바탕으로 사업을 추진하는 지금의 인터넷 분위기에 따라 SNS 업체뿐 아니라 이와 관련된 서비스를 연결하여 제공하는 제3의 업체들까지 SNS 사업에 함께 동참하는 상황을 만들어 내면서 선순환적인 성장을 하고 있는 것이다.

SNS는 스마트폰의 보급으로 사용이 더 편리해지면서 사용자들에게 큰 호응을 얻었고, 스마트폰의 특성을 바탕으로 한 위치정보와 결합하여 새로운 개념의 콘텐츠들을 축적해 가고 있다. SNS는 스마트폰에 이어, 스마트 TV에서도 킬러 콘텐츠로써의 기능을 할 것으로 예상되고 있는데, TV를 폐쇄적인 상자에서 공감하는 사람들과 함께 보는 소셜 TV 같은 새로운 정보 상자로 변화시키게 될 것으로 보인다. TV는 그 탄생부터 혼자서 즐기는 개인 미디어이기보다는 누군가와 함께 즐기며 소통하는 공동 미디어적인 성격을 지니고 있었고, 이런 점에서 SNS와 TV는 미래 미디어 환경에서 서로에게 꼭 필요한 존재가 아닌가 한다.

풀 브라우징　　　　풀 브라우징이라는 용어가 처음 나왔을 때 이제 핸드폰에서도 인터넷을 그대로 이용할 수 있다는 것에 많은 사람들이 주목했다. 풀 브라우징은 무선 인터넷에서도 일반 인터넷 사이트와 동일한 형태로 문서와 동영상을 볼 수 있는 서비스를 말하는데, 어찌 보면 당연한 이 용어가 주목받게 된 것은 일반적으로 무선 인터넷을 이용하는 기기인 휴대폰의 화면 크기가 작기 때문이었다. PC 화면에 비해 너무나 작은 휴대폰 화면은 PC 화면에 맞추어 제작된 인터넷 사이트의 페이지들을 제대로 보여주기가 어려웠고, 휴대폰과 PC에서 사용한 기술이 서로 달랐기 때문에 둘 중 어느 곳에 표준을 정해서 정리해야 할 필요가 있었다. 인터넷은 HTML이라는 어려운 이름의 통신 규약인 프로토콜을 사용하여 콘텐츠가 제작되고, 정보의 교환이 일어나지만 초창기의 휴대폰에 이런 인터넷의 프로토콜을 사용하는 것이 쉬운 일은 아니었다.

　이런 이유 때문에 휴대폰에서 인터넷 이용을 가능하게 한 제품들은 풀 브라우징이라고 부르는 PC에서 보는 화면 그대로의 인터넷이 아니었다. 인터넷의 폭발적인 증가와 그 가능성으로 인해 자연스럽게 핸드폰에서 인터넷을 사용하는 것에 대한 요구가 나타났고 그에 대한 답으로 세상에 처음 선을 보인 모바일 웹은 WAPWireless Application Protocol이라는 이름이었다. WAP은 기존의 인터넷이 사용하던 HTML이라는 프로토콜이 아니라 핸드폰의 작은 화면이나 저장장치의 성능을 감안하여 만든 모바일 전용 프로토콜이었다.

　이처럼 웹은 HTML로, 모바일 웹은 WAP으로 서로 다른 프로토콜을 사용하다 보니 인터넷에 다양하게 만들어진 콘텐츠들이 모바일에서는 이용하는데 제약이 많았고 이런 이유로 모바일 콘텐츠의 발달까지 이어가지 못했다. WAP이라는 휴대폰 전용의 프로토콜은 휴대폰에 최적화된 방식으로 콘텐츠를 제작한다는 의미도 있었지만 휴대폰을 장악하고 있는 이동통신사들이 자신들의 시장에 벽을 만들고 자신들이 가지고 있는 망 독점권을 이용하여 콘텐츠 업체들을 줄 세우는 용도로도 사용한 것이 사실이었다. 게다가 이동통신사마다 서로 다른 미들웨어의 사용 등으로 인한 표준의 불일치로 콘텐츠 업체들이 이동통신사마다 같은 콘텐츠를 서로 다른 표준에 맞춰 제작해야 하는 상황까지 생기면서 WAP으로 만들어진 콘텐츠는 더욱 자리를 잡지 못하게 되었다. 이런 닫힌 환경을 극복한다는 이유로 유선의 인터넷 환경을 그대로 모바일 기기에서 보여주는 풀 브라우징이라는 개념이 등장했고, 이에 대한 기대 섞인 반응들이 쏟아져 나왔다.

하지만 풀 브라우징에 대한 낙관론과 더불어 비관론 또한 적지 않았다. 유선 웹에서의 다양한 표준과 많은 처리 용량을 필요로 하는 어플리케이션의 사용 등으로 완전한 풀 브라우징이 불가능할 거라는 설득력 있는 주장들이 나타났다. 풀 브라우징이 모바일 웹의 발전을 획기적으로 앞당길 개념이기는 하지만 그전에 해결할 것이 많았기 때문에 이런 비관론은 차츰 많은 동조자를 얻었으며, 진정한 풀 브라우징을 위해서는 단순히 유선 웹을 그대로 모바일 기기에서 표현하는 것이 아니라 유선 웹 자체에 대한 표준 제정과 변화가 필요하다는 것에 의견이 모아지게 되었다.

이런 공감대 속에 탄생한 것이 바로 모바일 OK이었다. 이동통신사, 포털, 단말기 업체, 솔루션 업체, IT 관련 국가 단체 등이 모두 망라되어 새로운 표준을 만들어 내는 것에 머리를 모았다. 모바일에서의 웹이 유선에서의 환경과 같아지려면 우선 모바일 환경이 지금의 폐쇄적인 것에서 개방적인 모습으로 탈바꿈해야 하는데 이를 위해서는 이동통신사들의 사고의 전환이 필요했다. 모바일 OK 같은 업계의 노력과 기술이 발전하면서 표준 문제 등은 하나둘 해결이 되었지만, 풀 브라우징이 가능한 휴대폰들도 인터넷 콘텐츠의 소비를 만들어 내지는 못했다.

스마트 미디어의 혁명, 앱　　풀 브라우징에 대한 환상으로 모두가 열심히 휴대폰에서의 표현 방법을 찾고 있는 와중에 갑자기 스티브 잡스는 어플리케이션을 사용하는 아이폰을 들고 나왔고, 이제 풀 브라우징으로 대표되는 웹web은 앱app으로 대체되면서 인터넷 기기에 일대 변혁을 가져오게 된다. 유선 인터넷의 화면을 그대로 모바일 기기에 옮겨 오지 않아도 어플리케이션의 형태로 인터넷의 정보들을 사용할 수 있게 되었다. 이제 휴대폰은 스마트폰이라는 새로운 모바일 기기에 자신의 자리를 내주어야 하는 상황이 되었고, 모두가 고민을 하며 해결책을 찾아보려고 했던 풀 브라우징의 문제는 사라졌다. 앱이 만든 새로운 가능성은 이제 TV에도 그대로 적용이 되고, 사람들은 스마트 TV를 꿈꾸게 된 것이다. 아마 스마트폰의 어플리케이션 개념이 등장하지 않았더라면, 스마트 TV는 꿈을 꾸기가 어려웠을 것이다. 앱스토어를 통한 어플리케이션 개념은 인터넷 기기의 일대 혁명이며, 스마트 미디어의 탄생을 만들어 낸 중요한 발명품이라 할 수 있다.

그동안 TV로 인터넷을 볼 수 있도록 하기 위한 여러 가지 시도가 있었지만 큰 호응을 얻을 수 없었던 것은 TV에 인터넷 화면을 그대로 보여주는 것이 큰 의미가 없었기 때문이다. 이럴 경우 TV는 그저 PC의 모니터 역할에 지나지 않는 기기이기 때문이다. 앱의 발명으로 TV는 비로소 인터넷을 품을 수 있는 제대로 된 자격을 얻게 되었다. 앞으로 스마트 TV라는 이름을 달고 수많은 TV들이 시장에 쏟아져 나오게 될 것이다. 그런데 어플리케이션을 자유롭게 이용할 수 없는 제품은 사실 스마트 TV가 아니다. 인터넷을 TV 모니터를 통해서 편하게 보게 해주는 정체불명의 TV일 뿐이다.

인터넷은 TV라는 올드 미디어의 대안 미디어로써 발전했고, 인터넷의 발전으로 TV가 가질 수 없었던 양방향이라는 장점을 특화시켜 나가면서 지금의 모습을 만들어 냈다. 이제 TV는 인터넷의 양방향을 닮아가려 하고 있고, 인터넷은 TV의 직관적인 장점을 흡수하려고 한다. 두 거대 미디어의 수렴으로 인터넷을 품은 스마트 TV가 세상에 모습을 드러내고 있는 것이다. 그동안 인터넷이 만든 미디어의 발달과 TV가 지닌 풍부하고 직관적인 고급 콘텐츠의 만남은 새로운 미디어 세상을 열어 줄 것으로 생각된다. 웹에서 앱으로의 패러다임 전환이 이루어진 후에 인터넷은 TV와의 만남을 훨씬 수월하게 할 수 있는 방법을 만들어 냈다. 인터넷은 이제 스마트폰과 스마트 TV라는 지원군을 만나서 그 영향력을 더 크게 확장하게 될 것이다. 모든 미디어가 인터넷으로 수렴되리라는 예언은 인터넷이 웹을 고수하지 않고 앱이라는 새로운 개념을 포용하면서 가능해졌다.

Chapter. 4

스마트 TV와 사회 변화

Smart TV

교육의 변화와 스마트 TV

교실의 변화 디지털 기술의 발달은 교육 분야에 여러 가지 변화를 가져왔다. 그동안 교실이 선생님이 가지고 있는 지식을 학생에게 전달하는 방식으로 교육하는 곳이었다면 이제는 시간적, 공간적 제약에서 벗어나는 방향으로 변화를 준비하고 있다. 현재는 학교에서의 교자재를 디지털 기술을 활용하는 것으로 바꾸는 단계로 교육 부문의 변화가 진행 중이다. 전자 교과서, 전자 칠판 등 학교 교실에서의 교육 효과를 높이는 방안으로 디지털 기술을 활용하는 움직임이 서서히 일어나고 있다.

국내에서는 2002년 처음으로 교과부에서 전자 교과서를 보급할 계획을 가지고 시범 사업을 진행했고, 2013년까지 전자 교과서를 10만 원대로 낮추어 개발하여 보급한다는 청사진을 가지고 있다. 미국은

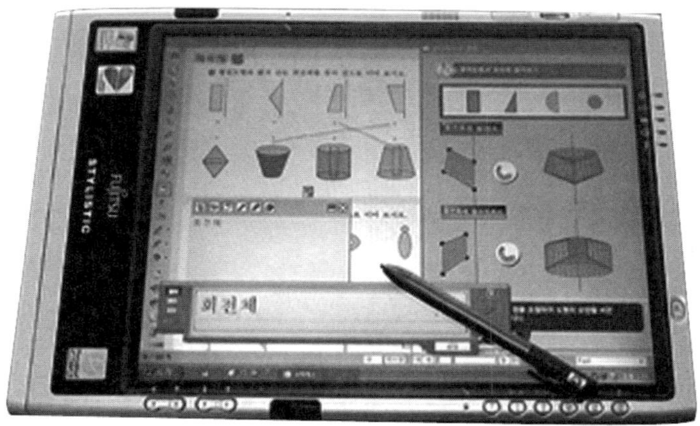

그림 16 | 전자 교과서

우리처럼 정부 주도가 아닌 민간의 집단 지성을 활용한 프로젝트들이 진행 중이다. 교과서를 집단 지성의 힘으로 공짜로 제공하겠다는 위키북스Wikibooks 프로젝트는 2003년에 시작되었다. CCCreative Commons 라이센스로 교과서가 많은 자원봉사자들에 의해 작성되었는데 아직도 많은 부분이 채워지지 않고 있으며, 교과서라는 특성상 비전문가 자원봉사자들에 의한 작성 방식이 과연 옳은 것인지에 대한 논란까지 겹쳐져 생각보다는 활성화되지 못하고 있다.

이런 단점을 극복하기 위해 'Flat World Knowledge'라는 이름으로 전자 교과서를 만들고 있다. 위키북스와 마찬가지로 CC 라이센스 교과서와 교재를 공짜로 제공하지만, 혹시라도 인쇄를 해서 책으로 보내줄 경우에는 돈을 받는다. 저자들도 해당 분야의 회사에서 일을 하는 사람이거나, 대학교수 등의 전문가들로 이루어져 신뢰성 문제도 위키북스와는 달리 많이 제기되지 않고 있다. 또한 무엇보다도 미국의 여러 대학에서 실제 교과서로 채택되기 시작하면서 탄력을 받고 있다는 점이 고무적이다. SUNYState University of New York의 여러 대학들과 UWUniversity of Wisconssin 등과 같은 유명 대학들을 포함한 미국 내의 여러 주립대학 및 사립대학들이 적극적으로 참여하고 있다.

전자 칠판은 전자 교과서의 보급과 함께 교실에서의 멀티미디어 활용 교육이라는 차원에서 서서히 보급이 확대되고 있다. 단순히 칠판을 디지털 모니터로 교체하는 것이 아니라 전자 칠판을 통한 교육 콘텐츠의 무한한 활용이 가능하다는 점에서 전자 칠판으로의 전환은 앞으로 큰 시장을 형성하게 될 것으로 보인다. 전자 교과서와 전자 칠판 같은 디지털 교육 기자재가 그 기능을 제대로 발휘하기 위해서는 앞으로 교육 콘텐츠의 발전이 필요하다.

이러한 교육의 변화는 대학의 캠퍼스에서도 활발하게 진행 중이다. 인터넷의 고도화와 스마트폰의 발달로 미국 대학을 중심으로 스마트 캠퍼스가 유행처럼 번지고 있다. 스마트 캠퍼스에서는 교수 면담, 도서 대출, 학생 모집 등이 스마트폰으로 이뤄진다. 강의실에서 스마트폰을 이용한 발표나 토론도 활발하다. 기존에는 휴대폰이 수업이나 강의에 방해를 준다는 이유로 이에 대한 대책을 마련해야 할 정도였는데 이제는 스마트폰이 교육을 위한 필수적인 기기가 된 것이다. 이러한 스마트 캠퍼스는 국내의 대학들도 서서히 적용하고 있다.

인터넷을 언제 어디서나 어느 기기에서도 가능한 유비쿼터스 사회에서는 인터넷을 통한 교육 콘텐츠 유통이 자연스러운 추세로 자리 잡을 것으로 보인다. 이런 발전이 이루어지면 현재 전자 교과서나 전자 칠판 등 주로 교재의 변화 부분에 치중되어서 만들어지고 있는 교육의 디지털화가 공간과 시간의 한계를 벗어나는 형태로도 발전할 것이다.

인터넷은 한 장소라는 공간적인 한계를 뛰어넘어 교육을 가능하게 하는 새로운 소통의 가능성이 존재하며, 또한 양방향 소통이 가능해서 교육자와 피교육자가 대화를 하면서 같은 공간이 아니라고 해도 교육이 가능하다.

인터넷 교육　　　MIT에서 운영하는 오픈 코스 웨어 (http://ocw.mit.edu) 사이트에는 동영상 강의가 많이 제공되고 있다. 이곳에서 볼 수 있는 물리학이나 경제학 강의는 딱딱한 학문이라 할 수 있는 물리학과 경제학을 쉽게 풀어서 설명하고 간단한 실험과 자료들을 함께 보여주어 강의 내용에 흥미를 갖게 한다. 또한 유튜브라는 동영상 사이트에서 교육 섹션을 만들고 유수한 대학의 강의를 모아놓아 여기저기 다니면서 찾지 않아도 편리하게 강의를 들을 수 있게 되었다. 하지만 대부분의 강의가 영어로 진행되기 때문에 강의를 이해하기 위해서는 언어의 장벽을 넘어야 한다는 것이다. 다행히 국내에서 이런 유명 강의에 한글 자막을 달아서 서비스를 하는 사람들의 노력으로 영어가 자신 없는 사람들도 인터넷 강의를 이용할 수 있다. 또한 숙명여대에서 SNOWhttp://sno-w.or.kr라는 사이트를 만들어 해외의 유수한 동영상 강의를 선별해 올려놓고 학생들이 강의 내용을 번역해 공개하고 있다. 현재는 주로 그등 교육 기관의 콘텐츠들이 인터넷에 공개되고 있지만 앞으로는 다양한 수준의 교육 콘텐츠가 소개될 것이고, 이렇게 인터넷을 통한 시간과 공간을 초월한 교육의 실현이 자연스럽게 이루어지게 될 것이다.

OLPCThe One Laptop per Child는 매사추세츠 공과 대학 미디어 연구소의 교수진이 세운 비영리 단체로, 세계 저개발국 아이들에게도 컴퓨터를 보급하려는 프로젝트를 진행하고 있다. XO라는 이름의 100달러 미만의 저가이지만 모든 기능이 포함된 노트북 컴퓨터를 개발하고 있다. OLPC는 5개의 핵심 원칙을 가지고 있는데 아래와 같다.

1. 어린이 소유여야 한다.
2. 어린이가 쓰기 쉬워야 한다.
3. 충분히 보급되어야 한다.
4. 서로 연결되어야 한다.
5. 자유롭고 공개된 소스여야 한다.

XO가 세계의 어린이들에게 전달되고, 인터넷으로 교육 콘텐츠를 언제든지 다운 받아 사용할 수 있다면 교육의 불평등 문제를 어느 정도는 디지털 기술로 해결할 수 있을 것이다.

TV의 교육 콘텐츠

IPTV가 처음 등장하게 되자 모두들 교육 콘텐츠를 최고의 킬러 콘텐츠라고 생각했다. 유난히 교육열이 높은 우리는 사교육 시장의 크기가 커서 그 시장을 겨냥한 교육 콘텐츠 사업이 큰 돈을 벌게 해줄 것으로 기대한 것이다. 외국과 비교해도 한국의 교육 콘텐츠에 대한 수요를 짐작할 수 있다. 미국의 무료 VOD 중 1위 장르는 뮤직비디오이다. 반면 한국의 무료 VOD 중 1위는 지상파 VOD이고, 2위가 「뽀로로」 같은 어린이 교육용 콘텐츠이다. TV를 통해 교육 콘텐츠를 소비하는 것에 대해 우리의 부모들은 많은 관심을 가지고 있다. 다른 콘텐츠에 비해 EBS의 교육 콘텐츠를 자신의 아이가 보고 있는 것에 안심하고, 큰 의미를 부여한다.

또한 지상파 방송사의 일부 프로그램 중에 교육적 가치가 뛰어나고 오락적인 재미도 있다고 여겨지는 「도전 골든벨」이나 「위기탈출 넘버원」 같은 프로그램의 시청은 부모가 자녀를 데리고 함께 시청하는 행태를 보여주고 있다. 이런 시청자 행태로 판단해 보면 스마트

서비스사	서비스명	주요내용
KT	메가TV	키즈톡톡, 베이비퍼스트TV, 베이비TV(유아용), 잉글리시파크(유치원용), 엠베스트(중등교육), 종로학원 E-클레스(수능), 김혜링의 기초중국어 칸, TV(성인용)
SK브로드밴드	브로드앤TV	대교(초 · 중 · 고등학생용), 특수목적 전문학원 페르마에듀, 만만교과서 강의(초등학생용), 영어교재 '리딩스튜', EBS 방송, 방송대학 TV 브로드앤TV 365(성인영어)
LG텔레콤	myLGtv	영국 베이비 TV 토마스와 친구들 등 애니메이션(유아용), 미국 PBS 방송(유치원용), EBS 펀펀 영어(초등학생용)

표2 | 서울경제 IPTV 3사 교육 콘텐츠(2008.10.7)

TV에서도 교육용 콘텐츠의 강세를 어렵지 않게 예상할 수 있다. 기존의 TV용 교육 콘텐츠가 단순한 전달 형식이었다면 스마트 TV용 교육 콘텐츠는 양방향 소통의 교육이 가능하기 때문에 학부모들이 더욱 선호할 것으로 보인다.

단순한 지식의 전달이나 암기를 떠나 교육받는 사람이 자신이 원하는 시간을 정해서 편하게 대화 형식으로 할 수 있다는 점은 스마트 TV의 교육 콘텐츠가 가진 가장 큰 장점이다. 물론 이러한 장점을 살리기 위해서는 풍부한 교육 콘텐츠의 개발이 필요하고, 이를 위해서는 교육 콘텐츠 시장의 활성화가 중요하다.

의료 분야의 변화와 스마트 TV

유헬스　　　　의료의 문제는 모두의 문제로 인간의 최대 관심사 중 하나이다. 디지털 기술의 발달로 의료 분야도 많은 변화가 있었는데 의료계가 지향하고 있는 변화의 방향을 한 마디로 표현한다면 바로 유헬스U-Health라고 할 수 있을 것이다. 유헬스는 IT 기술과 보건의료를 연결해 언제 어디서나 예방·진단·치료·사후관리의 보건의료 서비스를 제공하는 것을 의미한다.

유헬스 산업은 크게 두 가지 방향으로 나누어 생각해 볼 수 있다. 우선 병원에서 일어나는 디지털 변혁인데 무선통신이나 전자태그(RFID) 기술을 이용해 의료 행위, 진료 예약, 수납, 처방, 기록, 약제 관리 등을 언제 어디서나 가능하게 하는 것이다. 과거에는 종이에 처방을 적고, 검사 결과를 보기 위해 차트를 열어봐야 하고 급할 경우

임상 병리실에 가야 했지만, 이제는 컴퓨터에 앉아서 처방을 하고 검사 결과를 확인한다. 그동안 촬영된 필름으로만 확인이 가능했던 방사선 검사 역시 의료영상저장 전송시스템PACS을 통해 컴퓨터나 개인용 PDA폰을 통해 검사 결과를 확인할 수도 있다. 심지어 의사나 병원 관계자는 병원 밖에서 가상사설망VPN을 통해 병원 시스템에 접속할 수 있다. 이런 변화를 만들어 내기 위해서는 첨단 IT 기술을 의학 분야에 접목하려는 회사들의 노력이 필요한데, 다행히 이 의료장비 시장은 점점 커져가고 있어 많은 업체들이 미래의 수익을 위해 뛰어들고 있다. 고려대 병원, 건국대 병원, 가톨릭대 서울성모병원, 가천의대 길병원 등이 유헬스 센터 또는 사업단을 운영하고 있다.

다른 하나의 변화는 인터넷을 통한 원격 의료의 발달이다. 인터넷이 가장 처음 의료에 접목된 것은 질병 정보를 인터넷을 통해 접할 수 있게 된 것이라고 할 수 있다. 그 이후에는 화상 통화를 통해 의학적 자문을 받은 데부터 시작되었다. 소규모의 시설에서 환자진료 시에 의학적 자문을 화상을 통해 받은 일은 지금 생각해 보면 간단한 기술이지만, 당시에는 대도시에 있는 종합병원의 의사가 화면 속에 나와 조언을 해주는 것을 보는 것만으로도 신기한 것이었다. 지금은 단순히 화상만 연결하는 것이 아니라 검사 결과 역시 공유하여 의학적인 자문을 할 수 있게 되었다.

첨단 기술을 갖추지 않은 병원이더라도, 대부분의 경우는 병원 홈페이지에서 질병에 대한 정보를 제공하고 주치의의 이메일을 공개해서 환자와 상담이 가능도록 하고 있으며 많은 의료 포털에서 의사와의 무료 상담도 할 수 있다. 의사와 환자와의 소통이 진료실에서만 국한되던 과거의 패러다임이 변화하고 있는 것이라 할 수 있겠다. 물론 이러한 온라인 상담의 한계에 대해 주의가 필요하지만, 편리함 때문에 앞으로는 더욱 활성화될 것으로 보인다.

머지않은 미래에는 고혈압이나 당뇨와 같은 만성 질환은 홈케어가 가능할 것이다. 집에 있는 혈압기와 혈당기를 통해 자동으로 전자건강기록부에 저장되고, 이는 병원 전자의무기록과 연동되어 주치의가 그 결과를 언제든 볼 수 있게 될 것이다. 온라인을 통해 주치의와 상담할 수 있고 더 나아가서는 일부의 질환은 원격 진료로 처방이 가능해질 수도 있다. 외국에서는 인터넷을 통한 건강관리 시스템의 현실화를 마이크로소프트사와 구글이 앞장서서 만들고 있다. 이미 마이크로소프트는 '헬스 볼트'는 개인건강 정보를 저장할 수 있으면서 건강 정보를 검색하거나 스크랩할 수 있는 건강 의료 포털 사이트를 개설했고, 구글 역시 미국의 클리블랜드 클리닉과 전자의무기록 연동 실험을 하고 있다. 이들 서비스는 미국에만 국한되지 않고 세계에 서비스할 계획이니 조만간에는 국내에서도 서비스 혜택을 받게 될 것이다.

국내 여러 기업들도 이러한 기술 개발을 하고 있으며, 정부도 수천억의 자본을 투입하여 국내 보건소와 대학 병원에서 전자건강기록을 통한 환자 관리가 가능하도록 노력하고 있다. 또한 보건복지부와 행정안전부가 공동으로 추진 중인 유헬스 사업처럼 사회 취약 계층과 독거노인을 위한 무료 원격 진료도 추진 중이다. 독거노인 유케어 시스템 구축 사업이 그것이다. 65세 이상 독거노인 5000여 명을 대상으로 동작 감지 및 출입 감지, 환경 감지 등 집안에 감지 센서를 부착해 독거노인의 안전과 건강 상태를 확인하고 원격 건강모니터링 시스템 구축 사업을 통해 의료 취약 계층과 만성 질환자 등을 대상으로 원격 진료와 방문 간호, 재택 건강 관리 등의 보건의료 서비스를 제공하는 사업을 추진 중이다. 이러한 유헬스 사업에는 첨단 IT 기술의 손길이 눈에 보이지 않게 들어가 있다. 환자나 노인의 몸에 센서가 부착되고, 이 센서를 통해 수집된 정보를 무선 통신기기를 사용하여 행정 기관이나 의료 기관으로 보내져, 그 정보를 가공하여 원격으로 의료 행위가 이루어질 수 있도록 하고 있다. 이렇듯 유헬스에 국가가 나서는 것은 질병을 예방하고 관리하기 쉽기 때문에 장기적으로는 의료비 지출을 줄일 수 있다. 또한 의료의 사각지대가 줄어들고 의료 소비자들은 의료 소비에 있어 정확한 지식을 바탕으로 더욱 능동적인 소비를 할 수 있게 된다.

우리나라의 인터넷 보급률과 컴퓨터 보급률은 세계 최고 수준이다. 이런 환경이 우리의 온라인 원격 진료를 앞으로 더욱 발전시킬 수 있는 든든한 인프라로 작용하게 될 전당이다. 물론 아직까지는 인터넷에 올라와 있는 의료 관련 콘텐츠가 만족스럽지 못한 것이 사실이다. 그리고 의료 정보에 대한 보안 문제와 프라이버시도 인터넷 원격 진료가 발전하게 되면서 더욱 중요한 문제로 떠오르고 있다.

스마트 TV와 의료 어플리케이션

인터넷으로 의료 정보를 관리하고 이를 통해 원격 진료를 추진하던 것에 스마트폰의 등장은 큰 활력소가 되고 있다. 스마트폰의 어플리케이션으로 여러 가지 종류의 것들이 나타나게 되면서 의료 정보의 접근성이 용이해지고 있으며 그 편리성으로 인해 보급이 점차 늘고 있다.

스마트 TV 시대가 되면 기본의 인터넷 환경을 이용하고 보다 사용자 편의성이 뛰어난 TV 화면으로 의료 분야의 원격 진료가 본격적인 궤도에 오를 것으로 보인다. 스마트폰의 의료 어플리케이션의 보급으로 소비자들이 의료 정보를 쉽게 접근하여 사용하는 것에 익숙해지는 것이 앞으로 스마트 TV에서의 의료 서비스를 안착시키는 것에 밑거름이 될 것이므로 지금의 의료 어플리케이션의 추이에 대한 꾸준한 관심이 필요한 시점이라 하겠다.

잠재적인 건강·의료 분야의 온라인 미래 수요는 매우 높을 것이고, 진료실에서 직접 진찰하는 것과 다를 바 없는 환경을 기술적으로 해결해 나가려는 노력이 결실을 맺게 되어 언젠가는 집에 앉아서 입체 영상으로 의사를 만나고, 집에 있는 스마트 TV와 스마트폰을 통해 정보를 공급받게 되고 원격 진료를 받게 될 것이다. 의사와 환자와의 관계도 의사의 평가 기준으로 새로운 매체를 이용한 의사소통에 얼마나 적극적인가가 중요하게 여겨지는 사회가 다가오고 있는 것이다.

정부의 변화와 스마트 TV

스마트 정부　　　'E-정부'라고 불리는 전자정부에 관한 논의는 꽤 오래 전부터 있었다. 전자정부사업백서(2008, 행정안전부)에 의하면, 국내에서는 1987년부터 국가기간전산망 사업을 시작으로 전자정부에 대한 밑그림을 그리기 시작했다고 하는데 전자정부법 제2조 1항에서 "전자정부라 함은 정보기술을 활용하여 행정 기관의 사무를 전자화함으로써 행정 기관 상호간 또는 국민에 대한 행정 업무를 효율적으로 수행하는 정부를 말한다."라고 정의하고 있다. 이런 법률적인 규정을 조금 쉽게 풀어서 생각해 보면 국가의 다양한 행정 서비스를 온라인화함으로써 언제 어디서나 국민의 행정 서비스에의 접근이 가능하도록 하는 서비스 지향형 정부라고 할 수 있겠다.

이런 취지에 따라 정부에서는 많은 행정 서비스들을 인터넷을 통해 이용할 수 있도록 개발을 추진해 왔으며, PC를 통해 가정에서도 일부 행정 서비스를 이용할 수 있는 단계까지 발전되어 왔다. 여기에 IPTV가 출범하면서 PC뿐 아니라 TV를 통한 전자정부 서비스 이용 이라는 개념이 대두되었고 이를 'T-정부'라고 부르게 되었다. 이어 서 스마트폰이 일반화되자, 이를 이용한 행정 서비스도 실현되어야 한다는 개념으로 'M-정부'라고 용어도 등장했다. T-정부는 TV라 는 친숙한 매체를 이용함으로써 인터넷에 익숙하지 않은 노인이나 주부 등에 효과가 커 디지털 격차Digital Divide를 해소할 수 있는 해 결책으로 간주되고 있다.

디지털 격차는 1990년대 중반 미국에서 처음 사용한 용어로, 디지 털 경제 시대에 발생할 수 있는 지역 간이나 세대 간 불균형을 강조 한 개념이다. 디지털 경제로의 이행 과정에서 디지털 정보를 공유하 지 못한 다수의 노동자 계층이 중산층에서 탈락함으로써 빈부격차가 심화되어 사회가 극단적으로 양분되는 사태가 일어날 수도 있다는 이론이다. 여기에 최근에는 오히려 빈부의 문제보다는 세대 간의 문 제가 더욱 대두되어 중장년층이나 노년층 인구의 디지털 소외가 중 요한 이슈로 떠오르고 있다.

IPTV나 케이블 방송 등의 TV를 이용한 T-정부는 기존 PC 중심의 E-정부가 컴퓨터에 익숙하지 않은 사람들에게는 접근하기가 어려운 점이 있다고 염두에 둔 것이다. 이처럼 T-정부가 가시화되고 있는 것은 IPTV와 디지털 케이블 같은 양방향 방송이 가능해지면서 정부 는 이를 통해서 디지털 방송 산업을 육성하겠다는 목표도 가지고 있다. 이를 위해서 공공 행정과 민원 서비스를 TV를 통해 처리하고, 주민등록증, 초본과 같은 서류 발급과 세금 납부, 조회 서비스를 무료로 제공 중이다. 현재는 강남구청과 케이블 TV 사업자가 제휴해서 강남구에서 서비스 중이지만 점차 확대될 예정이다.

M-정부는 스마트폰의 일반화와 무선 인터넷 환경의 성숙화로 모바일 기기를 통한 행정 서비스가 가능해지면서 그 중요성이 주목받고 있다. 특히 언제 어디서나 온라인을 통한 행정 서비스가 가능하게 한다는 전자정부의 목표에 가장 적합한 것이 스마트폰 등 휴대폰을 통해 이루어지는 것이라 할 수 있기에 향후 그 중요성이 더욱 커질 것으로 보인다. 온라인을 통해 인터넷이라는 네트워크가 연결되어 있는 곳이라면 어디서나 편리하게 행정 서비스가 이루어지도록 하는 전자정부가 E-정부, T-정부, M-정부라는 세 가지의 용어로 분화되어 나타났지만 3-스크린 전략처럼 모두가 연동이 되어 함께 이루어질 때 진정한 의미의 전자 정부가 실현될 수 있다고 할 것이다.

스마트 정부와 스마트 TV　　　　스마트 정부는 스마트 TV와 스마트폰이 중심이 되는 행정 서비스가 이루어지게 될 것이다. 스마트 TV를 중심으로 스마트폰과 PC가 연동되는 스마트 미디어 시대의 행정 서비스는 정부를 국민과 더 가깝게 할 것이고, 국민의 참여에 의한 정책 결정이라는 선진적인 모습을 시스템으로 구현해 낼 수 있게 될 것이다.

특히 스마트폰의 인기 때문에 정부 각 부처에서 경쟁적으로 행정 서비스를 어플리케이션으로 만들어 국민들에게 더 친근하게 다가갈 수 있는 계기를 조성하고 있다. 우리의 정부 행정은 일제 강점기를 거치며 억압적이라는 이미지를 국민들에게 심어주었고, 그 뒤에 많은 노력과 법규의 정비에도 불구하고 고압적이고 자의적이라는 이미지를 완전하게 씻어낼 수는 없었다. 전자정부는 이런 기존의 이미지를 완전하게 불식시키기 위해서 단순한 행정 행위의 전산화에 그치지 않고 정부 자료의 투명한 공개를 통해서 예측 가능하고 쉽게 이해할 수 있는 열려있는 행정이 되어야 할 것이다. 정부의 자료를 TV와 휴대폰 등 국민들이 편하게 사용할 수 있는 창을 통해서 접할 수 있게 된다면 보다 개방적인 행정 행위가 가능해 질 것이다. 전자정부에 관해서도 정부가 모든 것을 획일적으로 해나가려는 정책보다는 민간의 창의성을 적극적으로 활용할 필요가 있다. 서울버스 어플리케이션처럼 정부가 보유한 데이터의 공개는 앞으로 다양한 종류의 창의적인 서비스가 민간에서 나타나는 것을 장려한다는 차원에서 고민해 볼 여지를 남겼다.

정부의 정보 공개라는 측면을 보면, 미국에서는 2010년 연말부터 어플리케이션 개발자들이 정부의 새로운 웹 사이트인 data.gov를 통해 정부 데이터를 마음대로 이용하도록 할 방침이다. 또한 NGO 단체인 책임정치센터가 수집한 선거운동과 로비 데이터도 다운로드할 수 있게 되면서 데이터 공개성의 웹2.0 시대도 본격화될 것으로 예상된다. 이미 EU, 미국, 호주 등 주요 선진국들은 공공 정보의 높은 사회·경제적 가치를 인식하고 다양한 개방과 활용 정책을 경쟁적으로 추진하고 있다.

이에 반해 국내에서는 민간이 원하는 공공 정보를 찾기 어려울 뿐만 아니라, 공공 기관의 공공 정보 개방 기반의 부족, 제도 미비 등으로 공공 정보를 확보해서 활용하기까지 어려웠던 게 현실이다. 공공 정보는 민간에서 창의적으로 활용된다면 무궁무진한 사회·경제적 가치를 창출할 수 있는 잠재성을 내재하고 있는데 말이다.

스마트폰의 등장과 정부의 행정 서비스를 손쉽게 이용할 수 있는 어플리케이션들이 쏟아지면서 높은 담으로 느껴졌던 우리의 행정 조직이 국민들에게 가까이 다가오고 있는 것처럼 보인다. 물론 아직까지도 이런 외형적인 변화에도 불구하고 많은 부분에서 여러 가지 이유로 정보를 민간에게 제대로 공개하고 있지 않으며, 이런 구시대적인 행정으로 창의적인 아이디어들이 빛을 발하지 못하고 사장되는 경우가 많다. 이제 스마트폰으로 물고가 트인 스마트 정부 시대를 맞아 발전하는 어플리케이션만큼 이것에서 행정을 개방하려는 공무원들의 열린 자세가 필요한 시기이다. 스마트폰이 휴대폰으로의 행정 서비스라는 M-정부의 목표를 구현하고 있다면, 앞으로 스마트 TV는 TV를 통한 행정 서비스인 T-정부를 만들어 갈 것이다. 이미 스마트폰의 어플리케이션을 사용해본 국민들은 스마트 TV에서의 어플리케이션도 편안하게 이용할 수 있다는 점에서 정부의 스마트폰 어플리케이션 개발 붐은 의미 있는 진전이라고 여겨진다.

인터넷 쇼핑의
변화와 스마트 TV

인터넷 쇼핑　　　　방송통신위원회와 한국인터넷진흥원이 실시한 2010년 인터넷 이용실태 조사 결과에 따르면 인터넷 이용자의 64.3%가 인터넷 쇼핑을 하고, 이 중 13.3%가 모바일을 통한 인터넷 쇼핑을 이용하고 있다고 한다. 특히 20대의 인터넷 쇼핑 이용률이 90.1%로, 이는 젊은 세대에게 인터넷 쇼핑은 자연스러운 현상으로 자리잡았음을 보여주고 있는 것이다. 1996년 6월 1일에 인터파크가 문을 열면서 본격적으로 시작된 한국의 인터넷쇼핑몰은 이제 커다란 시장을 형성하며 오프라인의 시장을 위협하고 있다.

데이콤의 사내 벤처로 출발한 인터파크는 인터넷으로 피자를 배달할 수 있다는 광고로 화제가 되었는데 10년이 지난 지금 인터넷 쇼핑은 일상생활이 되었다. 인터파크와 함께 전자상거래의 또 다른 주역인 옥션은 1999년에 C2C(일반 소비자 간에 전자상거래)경매라는 새로운 개념으로 오픈마켓 시장에 진출했다. 그 후 옥션이 독주하던 오픈마켓 시장에 G마켓이 성공적으로 진입하면서 치열한 경쟁이 일어났으며 이미 오픈마켓의 절대강자였던 옥션이 G마켓에게 거래량에서 추월을 당한 상태이다. 인터파크 이후의 롯데닷컴, CJ몰, GS이숍 등의 신규 시장 진입이 있었고 다음, 네이버 등의 포털 쇼핑몰도 새롭게 경쟁에 참여했다.

현재는 네이버, 다음, 야후 등의 포털에 입점하는 몰인몰Mall in Mall 쇼핑몰, 다나와, 디씨인사이드처럼 가격비교 정보를 제공하면서 제품을 판매하는 게이트웨이몰, 블로그를 이용한 블로그몰 등으로 쇼핑몰의 양식이 점차 다양화되고 있다.

소셜 쇼핑　　　트위터나 페이스북 같은 SNS를 활용하는 소셜 쇼핑이 세계 유통시장을 뒤흔들 태풍으로 크게 주목받고 있다. 지난 2008년 탄생한 미국의 그루폰Groupon이 소셜 쇼핑의 원조라고 하는데 국내에서도 2009년 3월 위폰이라는 서비스가 선보인 이래 20여 개의 경쟁자가 생겼으며 새로운 시장을 만들며 경쟁 중이다. 소셜 쇼핑은 기존의 인터넷 쇼핑몰의 정보들이나 사용 후기의 신뢰성에 대한 불신에서 탄생 배경을 찾을 수 있다. 인터넷 쇼핑이 큰 시장을 형성하면서 이제는 사용 후기 같은 가장 중요한 구매 정보가 조작되고 있다는 의심을 받게 되는 상황이 되었다. 사용자들의 정보가 어떤 것이 사실인지, 조작인지를 알 수 없고 상품의 평가에 대해 다른 의견들이 공존하게 되자 구매자들이 상품을 사기 전에 혼란을 겪게 된 것이다.

소셜 쇼핑은 내가 잘 아는 사람이 사려고 하는 물건이나 이미 구매한 물건에 대한 정보를 가지고 구매 여부를 결정할 수 있다는 점에서 인터넷 쇼핑몰이 가지고 있는 정보에 대한 불신 문제를 해결할 수 있게 된 것이다. 물론 소셜 쇼핑이 기존에 인터넷을 통해 이루어지고 있었던 공동 구매와 일정한 부분에서는 거의 유사한 형태를 보여주고는 있지만, 서로 간의 신뢰를 바탕으로 연결된 소셜 네트워크상에서의 입소문에 대한 높은 신뢰성이 더 쉽게 공동 구매에 사람들을 모을 수 있다는 점에서 요즘 큰 각광을 받고 있다. SNS를 활용한 공동 구매 방식의 소셜 쇼핑은 음식점이나 미용실 등 품목을 정해 특정 숫자의 구매자를 채우면 최대 50%까지 싼 값에 상품이나 서비스를 이용할 수 있도록 하는 방식도 있는데 티켓몬스터 사이트는 이미 하루 매출이 1억 원을 넘어서는 성과를 내기도 했다.

세계적으로 페이스북 사용자가 5억 명을 넘자 소셜 쇼핑 중에 페이스북을 기반으로 하는 것을 따로 F-커머스라고 부르기도 한다. 베스트바이, 까르푸, 델, P&G 등과 같은 세계적인 브랜드들이 페이스북 쇼핑몰을 운영하고 있고 그 가능성에 대해 많은 기업들이 주목하고 있다.

모바일 쇼핑　　　스마트폰의 인기에 따라 모바일 쇼핑에 대한 관심도 높아지고 있다. 스마트폰 사용자는 지난 2009년에 전체 휴대폰 사용자의 1.5%가 사용하는 것에서 2010년 상반기에는 휴대폰 사용자의 9%까지 5배 이상 증가했다. PC를 사용한 인터넷 쇼핑이 컴퓨터를 친근하게 여기는 사람들 이외의 고객은 마케팅 대상에서 아예 제외되었다면 휴대폰을 기반으로 한 모바일 쇼핑은 누구나 가지고 있는 기기를 이용하는 쇼핑 채널이기 때문에 그 시장의 크기가 더욱 커지게 될 것이고, 많은 사람들이 예상하고 있다. 물론 이제 막 제대로 시작된 모바일 쇼핑에 대한 소비자들의 반응이 긍정적이지만은 않으며 많은 기대에도 불구하고 아직까지는 큰 성장의 조짐이 보이지 않고 있다.

이렇게 변화의 기운이 약하기는 하지만 앞으로 큰 시장을 형성할 것이 분명한 모바일 쇼핑에 대한 관련 기업들의 관심은 높은 편이다. 스마트폰의 모바일 쇼핑 어플리케이션이 지속적으로 개발되어 선을 보이고 있으며 이런 어플리케이션의 다운로드가 꾸준히 늘어나고 있다. G마켓의 스마트폰 어플리케이션은 이미 30만 건이 넘는 다운로드가 일어났다고 한다. 현재는 다운로드 된 앱을 사용하여 구매보다는 제품의 정보를 살펴보는 것에 그치고 있는 것으로 파악되고 있지만 조만간 스마트폰을 이용한 모바일 쇼핑이 활성화될 것으로 보인다.

스마트폰 앱을 단순히 소비자들의 모바일 쇼핑을 할 수 있는 창구로 열어두는 것 이외의 다양한 마케팅 시도도 이루어지고 있다. 인터파크는 바코드 인식 가격비교 서비스를 앱을 사용해 시작했는데 스마트폰 카메라로 구매하고자 하는 상품의 바코드를 인식하면 그 상품과 관련된 인터파크 사이트 내에 최저 가격과 함께 상품의 정보 등을 보여주고 있다. 또한 2차원 바코드인 QR코드를 활용하여 스마트폰의 앱을 사용하여 QR코드를 인식하면 상품을 구매할 때 할인받을 수 있는 할인 쿠폰을 발급해 주는 서비스도 선을 보였다. 모바일 쇼핑이 수익을 창출할 수 있는 시장으로 자리잡기 위해서는 기업들의 시도가 지속적으로 이루어지는 노력이 필요하며 이런 과정을 거쳐 소비자들에게 자연스럽게 모바일 쇼핑이 스며들게 될 것이다.

스마트 TV 쇼핑　　　　인터넷 쇼핑이나 모바일 쇼핑이 일반 사람들에게 친숙한 TV와 만나면 스마트 TV의 쇼핑이 될 것이다. 이미 소비자들은 홈쇼핑이라는 이름으로 TV 방송을 이용한 쇼핑을 자연스럽게 이용하고 있다. 홈쇼핑은 1977년 미국의 한 라디오 방송국에서 광고 감소 때문에 고민하다가 광고 대신 받은 물건을 뉴스 진행 후에 판매한다는 아이디어를 냈고 이를 통해 사람들이 구매하면서 처음 시작되었다고 한다. 그 후 TV를 통한 쇼핑이 큰 시장을 형성하게 되었고 우리가 알고 있는 지금의 케이블 TV 홈쇼핑이 미국에서 정착된 것이다.

한국은 1995년 지금은 CJ홈쇼핑이 된 39홈쇼핑이 처음 케이블 TV를 활용한 홈쇼핑을 시작했고, 지금은 5개 업체가 경쟁하고 있다. TV 홈쇼핑은 TV가 가진 주파수의 한계나 채널 문제로 그 수를 제한할 수밖에 없는데, 이런 과정 때문에 일정 부분 과점의 형태를 가질 수밖에 없다. 하지만 스마트 TV 시대가 되면 스마트폰처럼 어플리케이션을 이용한 홈쇼핑이 가능해지기 때문에 채널 번호나 주파수의 한계에서 자유로워질 수 있으며 이는 이론적으로 무한대의 홈쇼핑 회사가 경쟁하고 있는 인터넷 쇼핑과 같은 형태의 경쟁이 TV에서도 이루어지게 될 것이다. TV를 이용하지만 과거의 TV 홈쇼핑 업체들보다는 인터넷 쇼핑이나 모바일 쇼핑의 경험이 있는 업체에 유리한 시장이 될 전망이다. 단순히 TV 방송으로 말을 잘하는 사람을 내세워 시청자들에게 물건을 구매하도록 하는 방식의 홈쇼핑은 이제 스마트 TV 시대에는 경쟁력을 잃게 될 것이다. 새로운 방식의 구매나 소비자들이 원하는 정보를 맞춤형으로 제공하는 것이 새로운 시대의 쇼핑에서는 필수적인 사항이 될 것이며, 고객과의 양방향적인 소통이 제품의 판머에 가장 중요한 요소로 등장하게 될 것이다. 기존 방식을 어떻게 스마트 TV에 맞게 정비하고 새롭게 정착할 것인가 하는 과제가 주어지게 되었다.

은행의 변화와 스마트 TV

은행의 디지털 혁명　　　IMF로 상징되는 1997년의 경제 위기를 거치면서 우리의 은행 모습은 큰 변화를 겪었다. 그동안 안정된 직장의 상징처럼 여겨졌던 은행의 감원 소식과 통폐합은 새로운 시대에 진입했음을 많은 사람들에게 알리는 계기가 되었다. IT에 기반한 금융 서비스의 진화는 1990년대 IMF 시기 이후 비약적으로 발전했고, 1999년 인터넷 뱅킹 서비스가 접목된 이후에는 금융 서비스의 성격에도 큰 변화를 가져왔다. 그리고 2003년부터는 모바일 뱅킹 시대도 열렸다.

PC를 이용하는 인터넷 뱅킹은 다양한 장점을 갖고 있다. 컴퓨터만 켜면 24시간 내내 연중무휴로 계좌를 조회할 수 있고 송금과 대출도 가능하다. 현금을 찾는 것 이외에 모든 은행 업무를 PC를 통한 인터넷 뱅킹으로 처리할 수 있게 된 것이다. 이밖에 인터넷 뱅킹을 통해 국세나 지방세, 보험료를 낼 수 있으며 주택청약 업무, 아파트 관리비, 대학등록금 납부 서비스도 이용할 수 있다. 이런 편리성 때문에 인터넷 뱅킹 가입자들이 큰 폭으로 늘고 있으며, 은행 입장에서도 비용 절감에 크게 도움이 되기 때문에 수수료를 낮게 책정하여 더 많은 사람들이 인터넷 뱅킹을 이용할 수 있도록 인센티브를 주고 있다.

인터넷 뱅킹을 이용하는 고객 수가 크게 증가하면서 PC를 사용하는 인터넷 뱅킹에서 집안의 전화기를 사용한 인터넷 뱅킹도 등장했는데 KT의 인터넷 전화가 대표적인 예라고 할 것이다. KT에서는 LG에 의해 이미 선점되어 버린 시장에 인터넷 전화를 출범시키며 다소 생소한 개념인 SoIP라는 용어를 부각시켰다. 기존의 음성 위주로 서비스되던 VoIPVoice Over IP에서 음성을 서비스로 대체한 것으로 음성 서비스 외에 영상 등 다양한 콘텐츠를 인터넷 전화를 통해 소비자에게 전달하겠다는 전략을 들고 나온 것이다. 이 인터넷 전화에 대해서는 그 성공 여부에 대해 많은 논란이 있지만, 새로운 비지니스 모델의 등장이라는 점에서 눈여겨 볼 필요가 있다.

휴대폰을 사용하여 은행 일을 보는 모바일 뱅킹은 2003년 이동통신사 기반의 서비스가 시범 운영되면서 시작되었다. 하지만 인터넷 뱅킹의 확산에 비해서는 모바일 뱅킹의 확산은 상당히 어려움이 많았다. 모바일 뱅킹에 대한 주도권 싸움으로 여러 가지 필요 없어 보이는 일들을 소비자들이 직접 찾아다니며 해결해야 하는 불편이 있었기 때문이었다. 모바일 뱅킹의 초창기에는 소비자가 IC 카드를 지원하는 휴대폰을 구매해야 했고, 은행의 점포에 찾아가서 IC 칩을 발급받는 절차를 진행해야만 했다. 모바일 뱅킹이라는 시장이 미래의 큰 수익원이 될 거라 생각한 은행과 이동통신사들은 서로 자신들이 주도권을 차지하려고 했고 이동통신망을 독과점하고 있던 이동통신사들이 자신들의 망을 무기로 초창기 모바일 뱅킹에서도 주도권을 잡았다. 하지만 VMVirtual Machine 뱅킹이 나오면서는 은행에서 주도권을 잡게 되었다.

VM 방식은 별도의 칩 없이 프로그램을 휴대폰에 다운로드하면 사용할 수 있어서 일반 사용자들이 그 전 방식에 비해 신청 자체를 편리하게 할 수 있다는 장점 때문에 가입자도 폭발적으로 늘어났다. 이제는 스마트폰이 일반화되고 PC와 같은 수준의 성능을 휴대폰에서도 기대할 수 있게 되면서 인터넷 뱅킹과 같은 수준의 서비스들이 가능하게 될 전망이다. 또한 휴대폰이 지니고 있는 개인화 기기의 특성을 이용한 개인 맞춤 서비스가 가능하다는 점도 앞으로 모바일 뱅킹이 더욱 활성화할 수 있는 점이기도 하다.

스마트 TV 뱅크 PC를 사용하는 인터넷 뱅킹과 휴대폰을 사용하는 모바일 뱅킹이 있다면, 사람들에게 친근한 TV를 활용한 TV 뱅킹에 대한 시도도 꾸준히 있었다. 2005년 SC제일은행이 TV 뱅킹 서비스를 처음 도입했을 때는 스카이라이프 가입자이면서 SC제일은행 고객이어야만 서비스를 이용할 수 있었고, 별도의 리턴 채널을 설치해야 했기 때문에 활성화도기 어려웠다. 은행 업무를 TV를 통해서 하기 위해서는 인터넷처럼 TV도 양방향이 가능해야 하는데 이런 양방향 서비스는 디지털 TV가 되어야만 가능하기 때문에 리턴 채널이 필요했고 이런 문제는 TV 뱅킹의 발목을 잡았다. 디지털 TV가 확산되고 있지만, 기존의 아날로그 TV 시청자 입장에서는 역시 디지털 셋톱박스를 구입해야 하는 등의 문제가 남아 있다. 현재는 디지털 케이블 TV를 기반으로 안정적인 리턴 채널을 통해 TV 뱅킹을 일부 은행들이 제공하고 있는데 사용 실적은 미미한 편이다.

TV 뱅킹 서비스는 로그인은 물론 고객 인증 등의 절차를 진행할 때 현재는 리모컨을 이용해 문자를 직접 입력할 수 없다. 따라서 고객은 TV 화면에서 ID와 비밀번호, 인증번호 등을 일일이 입력하는 번거로움을 감수하고 있다. 또한 인터넷 뱅킹이나 모바일 뱅킹에 비해 속도가 느리고 화질이 좋지 않다. 시스템 개발은 물론 유지 보수 비용도

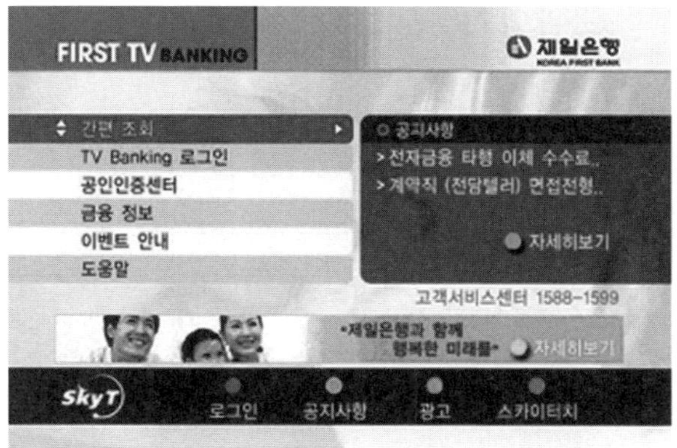

그림 17 | 제일은행 TV 뱅킹

훨씬 높다. 이런 이유로 소비자들에게 가장 쉬운 기기처럼 생각이 되는 TV를 통한 TV 뱅킹 서비스는 활성화가 좀처럼 이루어지지 않고 있다.

이런 TV 뱅킹의 문제점들이 스마트 TV에서는 쉽게 해결될 것으로 보인다. 스마트폰에서처럼 은행에서 만든 어플리케이션을 통해 불편한 절차 없이 은행 업무를 볼 수 있게 될 전망이다. 스마트 TV에서는 리모컨을 이용한 문자 입력이 필수적인 상황이라서 이 부분에 대한 문제도 자연스럽게 해결될 것이며, 어플리케이션을 다운로드 받아 실행되기 때문에 유지·보수 비용도 저렴할 것으로 보인다. 그리고 스마트폰을 통해 모바일 뱅킹을 경험한 소비자들이 유사한 UI를 가진 스마트 TV에서도 쉽게 은행 업무를 볼 수 있게 될 것이므로 초기 사용 방법을 정착시키는 문제도 크지 않을 것으로 보인다. 스마트폰의 은행 어플리케이션을 사용해 본 소비자들은 자연스럽게 스마트 TV에서도 은행의 어플리케이션을 사용하여 금융 업무를 보게 될 것이므로 스마트폰의 앱 시장을 먼저 장악한 은행이 스마트 TV 시대에도 지배력을 유지해 나가게 될 것이다.

NGO와 스마트 TV

온라인 기부 인터넷이라는 용어가 쓰이게 된 것이 얼마 되지 않은 것 같은데 이제 인터넷은 사회를 움직이는 주요한 힘으로 부상했다. 처음에는 정보의 공유라는 이상적인 생각에서 출발한 인터넷이 이제 우리 사회의 네트워크와 커뮤니케이션에 커다란 변화를 일으키며 그 체계의 근본을 흔들어버릴 정도의 위력으로 성장한 것이다. 우리 사회에서 막강한 영향력을 자랑하며 사회 변화와 통합이라는 두 가지 이질적이면서도 꼭 필요한 기능을 수행해온 방송도 이제는 인터넷이라는 새로운 환경을 맞이하여 변화를 주문받고 있다. 이처럼 경쟁관계에 있는 두 거인인 인터넷과 방송이 뜻 깊은 일을 만들어 내기 위해서 하나로 뭉치기도 하는데, 그 중의 한 분야로 기부 문화를 생각해 볼 수 있다.

필자가 「사랑의 리퀘스트」라는 프로그램을 제작하고 있을 때 새로운 변화를 만들어 내고자 온라인 포털 마케팅 담당자들을 만난 적이 있다. 온라인에서 그 당시 서서히 그 중요성이 인식되고 있었던 온라인 기부를 활성화시키기 위해서 「사랑의 리퀘스트」라는 국민들에게 친숙한 브랜드를 이용하여 네티즌들이 자연스럽게 기부 문화를 받아들일 수 있도록 하자는 취지였다. '한 통화에 1000원'이라는 단순명료한 콘셉트로 알려져 있는, 어려운 우리의 이웃들을 시청자들의 참여로 도와주는 프로그램인 「사랑의 리퀘스트」를 인터넷으로 연장시켜서 많은 네티즌들이 믿고 기부할 수 있도록 모든 포털들이 함께 하는 온라인 기부 사이트를 기획하고 추진하였던 것이다.

어느 날은 인터넷 포털 업체 중의 하나인 파란에서 제안서를 가지고 방문을 했는데 그 제안서의 내용은 자신들의 포털에서 「사랑의 리퀘스트」의 이름을 가지고 온라인 기부를 하고 싶다는 것이었다. 그 당시 파란은 인터넷 포털 업체 중에서도 신생 업체로, 이런 서비스를 통해 자신들의 이미지를 높이고 네티즌들의 참여를 이끌어 내려는 전략을 구상한 듯싶었다. 이 제안을 가지고 우리 팀에서 회의를 한 결과, 이것을 확대하여 전 온라인 포털 업체가 참여하는 프로젝트로 만들어 보자는 결론을 만들어 냈고 네티즌들이 포털을 통해 온라인 기부를 하는 것을 성사시키면 우리가 새로운 온라인 문화를 창조하는 뜻 깊은 일이 될 거라는 생각에 뿌듯했다. 결국 다음, 네이트, 야후코리아, 파란 이렇게 4개의 포털 업체가 이 프로젝트에 최종적으로 참여하는 것으로 확정되었고 2005년 6월 25일 토요일 KBS와 4개 포털의 공동

  스마트 TV 혁명

온라인 기부 프로젝트가 시작되었다. 이 프로젝트는 1년 간 지속되다가 중단되었다.

NGONon Government Organization들은 조직의 목적을 달성하기 위해서 자발적 참여자와 그들의 금전적 지원을 필수로 한다. 그런 점에서 NGO들은 항상 효과적으로 자신들을 알릴 수 있는 방안은 올드 미디어인 TV나 신문 등이 가장 중요한 홍보 수단이었다. 하지만 인터넷의 등장으로 NGO들의 홍보 수단은 큰 변화를 겪게 되었다.

아직까지도 기존 미디어의 힘을 완전히 무시할 수는 없지만 미래의 기부 문화를 주도할 새로운 세대들의 움직임을 예의주시하며 새로운 채널들을 하나 둘 만들어 가고 있다. 굿네이버스 등 여러 NGO들이 인터넷을 활용하여 홈페이지, 블로그, 동영상 UCC, 웹진 등 여러 경로로 네티즌들의 참여를 높이고 있다. 인터넷 업체들도 네티즌들의 기부에 대한 관심이 높아지자 자신들의 브랜드 이미지를 위해서 NGO 단체들의 이러한 움직임을 적극적으로 지원하고 나섰다. 포털 다음의 비영리재단인 다음세대재단은 비영리단체를 위한 웹 플랫폼을 무료로 내주고 있다. 또 사회를 변화하고 공익적 정보들을 축적할 수 있는 공간과 도구를 제공하거나, IT 자산들을 활용할 수 있는 교육 기회를 무료로 제공한다. 네이버는 해피빈이라는 공간을 만들어 네티즌들의 기부를 유도하고 있으며, KT의 IT 캐너스, 싸이월드의 사이좋은 세상은 풀뿌리 시민단체나 공익단체 재정에 힘을 보태는 네티즌들의 모금 장터를 열어두고 있다.

소셜 기부 문화   인터넷 기부는 트위터와 페이스북이라는 SNS가 등장하면서 또 한번의 도약을 하게 된다. 인터넷 업체들이 정해준 틀 안에서 기부가 이루어지던 기존의 문화와는 다르게, SNS는 NGO나 개인이 기부의 형태나 내용을 정하고 이를 지인들에게 알려 함께 참여하도록 하는 모습을 보여주고 있다는 점에서 큰 차이를 보여준다. 이제 개인 또는 시민단체가 트위터라는 플랫폼 안에 직접 들어와서 기부를 이끌 수도 있고 직접적인 홍보 행위를 할 수 있으며, 어떤 이슈를 가지고 네티즌과 논쟁을 할 수도 있게 되었다. SNS는 네티즌들이 기부에 참여할 수 있는 공간을 열어주고 그 안에서 시민단체나 개인이 능동적으로 이를 활용할 수 있게끔 해주는 형태로 새롭게 인터넷 기부 문화를 바꾸어 가고 있다. 트위터에는 트윗나눔이라는 곳도 생겼고, NGO 트윗라운지 같은 곳도 나타나면서 이제 일반 사용자들이 자발적으로 이러한 움직임에 동참을 하는 분위기가 성숙해 가고 있다.

해외에서도 트위터와 페이스북을 활용한 NGO들의 움직임이 활발하다. UN재단은 아프리카에 모기장을 보내기 위한 기금을 모으고 있는데, 이 캠페인을 트위터로 널리 알려 줄 UN 소셜 미디어 특사단을 결성하여 의미 있는 성과를 만들어 냈다. 팔로워가 많은 50명의 개인과 단체를 섭외했고, 이들로부터 월 1회 관련 트윗을 배포하겠다는 약속을 받아 냈다. 그 결과 특사단 캠페인 6개월 만에 세계 1억 7천 4백만 명에게 메시지를 전달하는 성과를 달성했다. 페이스북의 기부 싸이트인 코지즈는 생일 선물로 자신이 지지하는 NGO를 위해 기부금을 받을 수 있는 어플리케이션도 제공하고 있다.

또한 저스트기빙 같은 소셜 기부 사이트에 등록해 두면, SNS 이용자들이 자발적으로 이곳에 있는 모금 어플리케이션을 자신의 사이트에 설치하여 SNS와 블로그를 통한 기부금 모금이 가능해지는 시스템도 있다. 여기에서는 어플리케이션에 결제 모듈이 들어가 있어 바로 기부가 가능하고, SNS와 연동되는 버튼들이 있어 SNS 채널로 입소문을 낼 수도 있다.

모바일 기부　　휴대폰을 통한 모바일 기부도 그 편리성 때문에 인터넷 기부를 이어 많은 사람들에게 호응을 얻고 있다. 휴대폰에서 **1004를 누르고 SEND 버튼을 누르면 기부를 할 수 있는 화면이 나타나도록 하고 있는 SKT의 모바일 기부가 그 대표적인 예라 할 수 있다. 또한 구세군 냄비 옆에 티머니로 1천 원을 기부할 수 있는 장치도 선을 보였다.

이제는 스마트폰에서 기부가 가능한 어플리케이션들이 속속 모습을 드러내고 있다. 이런 스마트폰 어플리케이션은 앞으로 스마트 TV에서도 비슷한 형태로 기부가 가능하도록 변형되어 나타날 것이므로 그 형태나 방법에 대해 NGO 단체들은 주목할 필요가 있다. 그동안의 PC를 통한 인터넷 기부는 컴퓨터 사용에 익숙하지 않은 사람들이 이용하기에는 어려운 점이 있었고, 모바일 기부는 이동통신사마다 다른 형태로 진행되면서 그 기부 형태도 이동통신사들의 통제 안에 있어 창의적인 기부 문화가 나타나기에는 한계를 가지고 있었다. 하지만 어플리케이션을 통한 스마트폰과 스마트 TV 기부는 앞으로 다양한 기부 어플리케이션의 등장으로 새로운 기부 문화를 만들어 낼 전망이다. 언제 어디서나 기부를 인터넷과 모바일 그리고 TV를 통해서 할 수 있는 세상이 된 것이다.

환경 분야와 스마트 TV

녹색 방송　　환경을 보호하기 위해 IT 제품의 생산 과정에서 탄소의 배출량을 줄여야 한다는 그린 IT 운동이 있다. 그린 IT는 IT의 생산품의 제조 과정을 친환경적으로 바꾸어 탄소 발생량을 줄인다는 것과 현재 차량이나 산업에서 발생하는 환경오염 등 다른 분야에서 발생한 환경 파괴 행위를 IT 기술로 방지하고 예방하여 보다 나은 환경을 만들자는 의미를 가지고 있다. 방송도 이런 세계적인 환경 보호 움직임의 영향으로 녹색 방송이라는 개념이 나타나게 되었다. 방송사에서 제작물을 만들어 내는 과정을 친환경적으로 바꾸어서 탄소 배출량을 줄이는 노력과 함께 프로그램의 내용을 통해 환경 친화적인 생각에 대한 공감대를 확산시키는 것이 바로 녹색 방송이라 할 것이다.

녹색 방송은 두 가지 의미를 포함하고 있다. 우선 방송의 사회적 역할 중에 환경보호에 관한 메시지를 프로그램을 통해 적극적으로 전달하고 시청자와 공감을 이끌어 내는 것이다. 지구 온난화 문제, 공해·환경오염 문제 등 환경에 관한 이슈를 제기하고 이를 해결하기 위한 방안을 시청자와 함께 고민하는 것이 녹색 방송을 지향하는 방송사의 첫 번째 임무이다. 두 번째는 방송 프로그램의 제작 과정에서 발생하는 탄소 발생량을 줄이는 노력에 동참하는 것이다. 현재 방송사들은 제작 과정에서 스튜디오 세트를 대신하여 가상 스튜디오의 활용을 늘리고 있으며, 새로운 디지털 제작 과정의 도입으로 기존의 테이프를 사용하지 않고, 고효율의 LED 조명으로 전기 사용량을 크게 줄여 탄소 배출량을 줄이고 있다. 여기에 앞으로는 탄소 발자국이라고 불리는 제작물의 제작 과정에서 배출된 탄소량을 표시하는 제도를 방송 프로그램에도 도입하여 프로그램 방송 중에 이를 알려주는 모습도 등장할 것으로 보여진다.

사실 녹색 방송이라는 개념이 아직까지는 다소 추상적이고 선언적인 성격이 강하며 구체적인 성과가 부족하다는 비판도 있지만 방송 프로그램을 통한 친환경 분위기 조성과 환경에 대한 국민들의 인식을 높이는 일의 중요성은 모두가 공감하고 있다.

탄소 배출　　「지디넷코리아」라는 IT 전문 싸이트에서 구글 검색이 지구 온난화에 영향을 끼칠 수도 있다는 재미있는 기사를 본 적이 있다. 내용은 다음과 같다. "영국의 「더타임스」는 지난 11일(현지시간) 위스너 그로스박사 연구팀을 인용해 데스크톱 PC에서 일상적인 구글 검색을 하면 약 7g의 이산화탄소를 발생시키며, 두 번 검색할 경우는 물 한주전자를 끓일 때 나오는 이산화탄소량과 맞먹는다고 보도했다. 「더타임스」 보도는 일부 언론을 통해 구글 검색이 지구 온난화를 야기하고 있다는 내용으로까지 번졌다. …… (중략) …… 구글도 블로그를 통해 「더타임스」 보도를 반박하고 나섰다. 구글은 '구글 검색 때 소요되는 에너지는 인체가 10초당 사용하는 에너지량 정도'라며 구글 검색은 에너지 효율적이라고 주장했다."

지구 온난화라는 문제로 선진 외국, 특히 유럽과 미국에서는 탄소의 배출은 공공의 적이 되었다. 이런 움직임이 앞으로 어디까지 갈지는 단언하기 어렵지만 조만간 선진국에 제품을 수출하는 회사들은 자신들의 제품이 탄소를 배출하지 않는다는 증명서나 탄소의 양을 줄이고 있다는 증명서를 제출해야만 사업이 가능할지도 모른다. 탄소 배출은 앞으로 모든 의식 있는 사업체와 개인이 관심을 가지고 꼭 해결해야 할 의무이며, 이와 연관된 기술과 사업의 개발이 크게 붐을 이루게 될 것이다.

위의 인용 기사처럼 구글을 통해 검색하면 그 행위가 7g의 탄소를 배출한다며 구글의 검색이 환경 친화적이지 않다는 오해를 받고 있다는 것이다. 요즘 크게 증가하고 있는 웹상의 환경 전문 사이트들은 우리들의 일상적인 행위에 대해서 그것이 얼마나 탄소를 배출하는지를 분석하고 이에 대한 경각심을 심어주고 있으며 더 나아가 배출한

양만큼의 돈을 환경을 위한 사업에 기부하기를 독려하고 있다. 심지어 유럽에서는 제품의 표면에 그 제품을 만드는 과정에서 배출되는 탄소량을 표기하는 모습도 나타나고 있다. 이제 물건을 구입하는 소비자들에게 그 물건이 배출한 탄소량을 보면서 더 친화적인 제품을 사도록 유도하고 있는 것이다.

이런 움직임은 환경의 중요성이 강조되는 지금의 분위기에서 더욱 다양한 방법으로 탄소의 배출을 규제하는 쪽으로 발전할 것으로 보인다. 방송 프로그램에도 방송 제작에 필요한 작업으로 배출된 탄소가 표시될 날이 올지도 모르겠다. 방송 프로그램의 제작하면서 발생한 탄소량을 표기하는 것이 의무화하고, 발생한 탄소를 상쇄하는 만큼의 사회 공헌을 하거나 세금내야 한다면 방송에도 큰 변화가 올 것이다. TV 시청자들이 탄소배출량이 더 적은 프로그램을 공익적인 프로그램이라고 생각하여 더 선호하게 되면 변화의 속도는 더욱 빨라질 것이다.

그린 경제　　　　우리 사회에서는 그린 경제라는 용어가 친숙한 정도는 아니지만 서구의 나라들 특히, 영국에서는 그린 경제가 곧 미래의 희망인 것처럼 시대의 유행어가 되었다. 그린 경제가 단순히 환경을 보호하자는 내용을 넘어서 IT, 금융 등의 첨단 산업을 내포하고 있는 것이어서 경제 위기의 시대에 새로운 구원 투수가 될 것이라 확신하는 전망도 상당히 신뢰성 있게 등장하고 있다. 이런 그린 경제

열기에 새로운 용어들이 쏟아져 나오고 있으며 그 중 스마트 그리드라는 말이 오바마 미국 대통령의 정책 우선순위에 들어가면서 크게 주목받고 있다. 우리도 정부에서 발 빠르게 스마트 그리드 정책을 내놓고 있으며 이것과 관련된 회사의 주식들이 각광받기도 했다.

스마트 그리드는 우리가 자주 사용하는 전기에 관한 새로운 기술이라고 할 수 있다. 지금까지는 가전제품을 사용할 때 얼마나 전기가 이용되어 전기료가 얼마 부가되는지에 대한 정보를 나중에 고지서가 전달되서야 알 수 있었다. 스마트 그리드가 되면 전기 소비자의 입장에서는 사용하는 시간에 전기의 사용량과 전기료를 알 수 있고, 더 발전하면 전자제품이나 조명이 알아서 가장 전기료가 싼 시간에 작동하게 될 수도 있다. 구글은 이런 기능을 하는 파워 미터를 개발했고 이를 사용하면 제품 각각의 전기사용량을 바로 알 수 있다고 한다. 스마트 그리드를 국가적인 차원으로 생각해 보면 전기가 생산되는 것에서부터 전달되고 소비하는 것까지를 지능적인 관리로 가장 최적화해서 전기를 쓰도록 할 수 있는 것이다. 이런 기술이 가능한 것은 지금 우리가 사용하고 있는 인터넷이라는 망에 센서를 장착하여 정보를 한곳으로 모으거나 이를 가공하여 사용자에게 제공할 수도 있기 때문이다.

국내에서도 스마트 그리드에 대한 높은 관심을 가지고 미래에 대한 대비가 한창이다. 2030년까지 세계 최초 국가 단위 스마트 그리드 구축을 목표로 2009년 6월부터 제주도 구좌읍에 스마트 그리드 실증 단지를 선정하고, 같은 해 12월 컨소시엄 확정 및 사업 협약을 체결했다. 제주 스마트 그리드 실증 단지는 한국형 차세대 전력망 구현을 위해 국내 최초로 조성되는 시범 단지로, 제주 북동부에 위치한 구좌읍 일대 6천여 세대로 구성된다. 그런데 대부분 민간이 주도하는 해외의 실증 단지와 달리 정부가 전체 예산의 50%인 580억 원을 지원하고 있는데 초기의 추진력에는 도움이 될 수 있지만 지속적인 사업이다 보니 창의적인 사업 구상을 위해서는 외국처럼 민간이 주도하는 형태로의 전환도 사업이 본 궤도에 오르면 검토해 보아야 할 문제라고 생각된다. 이 실증 단지에서도 실시간 전기 요금 정보를 가전제품에 제공, 전기 요금이 비싼 시간대 전력 사용을 저렴한 시간대로 이동할 수 있도록 유도하는 스마트 계량기 사용이 일상화될 예정이다. 또한 전력 생산 지역에서 사용하고 남는 전력은 전력망을 통해 다른 지역으로 전송하는 스마트 리뉴어블Smart Renewable 시스템도 함께 구축된다고 한다.

이렇게 제공되는 정보를 소비자들은 무엇을 통해 볼 수 있을까. 여러 가지 방법이 있을 것이다. PC를 통해서도 가능할 것이고, 전용 모니터를 제공할 수도 있을 것이다. 그러나 가장 접근이 편하고 사용자가 쉽게 이용할 수 있는 것은 TV가 아닌가 한다. 이런 점에서 앞으로 TV는 단순히 방송 프로그램을 보여주던 기능에서 벗어나 정보화 사회의 중심으로 자리 잡을 수 있을 것이고, 그린 경제 시대에 에너지 절약의 중요한 도구 역할을 하게 될 것이다. TV는 끊임없이 발전하면서 여러 가지 가능성을 보여주고 있으며 그 가능성으로 새로운 TV의 모습을 만들어 가고 있다. 스마트 TV와 스마트폰 등 스마트 미디어의 시대가 되면 스마트 기기를 활용해 효율적인 자원 관리가 가능하게 될 것이다.

Chapter. 5

스마트 사회

Smart TV

스마트 사회

스마트 그리드와 스마트 워크　　이제는 스마트폰, 스마트 TV 등 인간의 행동 패턴에 대한 연구를 거쳐 UI·UX에 대한 고민이 기기에 녹아 있는 스마트 미디어 시대이다. 기존의 기기들과 스마트라는 형용사가 앞에 붙은 스마트 미디어 기기 사이에는 어떤 차이점이 있는 것일까? 스마트 기기는 기존의 가전 기기와는 다르게 정보처리 기능을 가지고 있어 컴퓨터에서나 가능했던 것들을 가능하게 만들어 주고 있다는 점 이외에도 인간에 대한 연구가 바탕이 되는 기기라는 것이 가장 큰 차이점이다. 특히 PC와 스마트폰, 그리고 스마트 TV로 이어지는 3-스크린 그리고 아이패드라는 태블릿 PC의 등장으로 나타난 N-스크린은 스마트 미디어 시대의 대표적인 모습이라 하겠다. 스마트 미디어는 어느 하나의 기기에서 나타나는 현상이 아닌 모든 미디어 기기가 정보처리 능력을 가지게 되면서 서로 접속하고 소통하며 정보를 주고받아 가장 합리적으로 업무를 수행하는 모습으로 세상에 나타날 것이다. 또한 이런 작업 환경은 우리의 사회를 한 단계 아니 그 이상으로 성장시킬 새로운 문명의 도구가 될 것이다. PC, 스마트폰 등의 스마트 기기가 몰고 온 변화 이상의 변혁이 스마트 기기가 연결되어 만들어 내는 스마트 미디어 사회를 통해 만들어 지게 될 것이다.

앞에서 언급한 스마트 그리드라는 전력 생산과 분배에 관한 새로운 기술도 바로 이런 스마트 기기 간의 연결 때문에 가능한 것이다. 망의 가장 끝 말단에 센서를 부착하여 여기서 정보를 취합하고, 이렇게 얻어진 정보를 PDA와 PC 등의 컴퓨터 기기를 통해 처리한 후, 이를 가정의 모니터에 전달해 주는 형태로 움직이는 첨단 시스템을 유비쿼터스 센서 네트워크 또는 사물 통신망이라 부른다. 각 가정의 전력 사용량과 필요 전력량을 계산해 내고 이를 통해 각 지역에 있는 전력 생산 시설에서 과연 얼마만큼의 전력을 생산하고 어떻게 이를 전송하는 것이 가장 효율적인가를 판단하여 전력이 낭비되는 요소를 줄여 나가는 핵심에는 스마트 기기들이 존재하는 것이다.

요즘 유행어가 된 스마트 워크Smart Work도 스마트 기기로 인해 우리 사회의 직장 문화가 바뀌게 될 것을 이야기하고 있다. 이는 스마트폰과 화상 회의 시스템 등의 최신 정보통신 기술을 이용해 시간과 장소에 구애받지 않고 일하는 방식으로, 오는 2015년까지 전체 노동 인구의 30%인 약 800만 명 정도가 스마트 워크 방식으로 일하도록 하는 방안이 정부 차원에서 추진되고 있다. 스마트 워크는 우리만의 이야기가 아니라 세계적인 추세가 되고 있다. 유럽을 필두로 미국과 일본에 이르기까지 선진국은 모두 스마트 워크를 정착시키기 위한 노력을 기울이고 있다. 미국은 2010년 5월에 상원에서 정보통신 기반 원격 근무 활성화 법안을 통과시켰고, 네덜란드는 전국에 스마트 워크 센터 99개를 설치해서 500인 이상 기업의 91%가 원격 근무 제도를 도입 중이다. 일본도 2010년까지 취업 인구의 20%로 스마트 워크 근무 비율을 확대할 계획을 세우고 추진하고 있다.

스마트 워크를 생각해 보더라도 그 변화의 깊이가 우리가 상상하기 어려운 수준이 될 전망이다. 우선 스마트 워크는 재택근무를 증가시켜 가정에 남녀 역할의 구분이 없어지게 될 것이다. 아직까지는 남성에 비해 가정 일이나 육아 문제에 따른 부담 때문에 여성이 직장에서 자신의 역량을 발휘하기가 어려운 것이 사실이었지만, 스마트 워크는 지금의 상황을 상당 부분 변화시킬 잠재력을 가지고 있다. 또한 출근과 퇴근이라는 개념이 없어짐에 따라 교통 문제 해결에도 큰 기여를 하게 될 것이며, 직장에서의 사람 관계에 대한 변화도 예상이 된다. 직장은 더 이상 모든 근로자를 위한 책상이나 의자가 필요한 곳이 아닌 지금의 PC 방이나 호텔의 비즈니스 센터와 같은 열려 있는 공간으로 변화하게 될 것이다. 누구나 자신이 원하는 시간에 예약을 하고 와서는 컴퓨터가 정해주는 새로운 자리에 앉아 업무를 보는 직장 문화가 만들어지면 상사와의 인간적인 문제로 인한 갈등은 사라지게 될 것이다. 직접적인 대면으로 일을 하는 지금까지의 직장 문화에서 서로가 연결은 되어 있지만, 그 연결과 소통이 스마트 기기를 통한 간접적인 접촉에 의한 것이어서 정보의 교환으로 인한 협업이 우선시되는 직장 문화가 정착하게 될 것이다.

물론 이런 변화에 대해 이견이 존재한다. 사람이 살아가는 사회에서 서로 간의 연결이 단순히 기기 간의 연결만으로는 이루어질 수 없다는 것과 과연 그런 사회가 실질적으로 가능한 것이며, 보다 더 인간을 풍요롭게 하는 시스템인가 하는 것에 대해서는 지속적인 철학적 고민이 필요할 것이다. 하지만 위에서 언급한 변화의 내용이 단순한 상상 속의 공상만은 아니라는 것은 너무나 자명하다. 스마트한 사회로의 변화에 따라 우리는 이러한 변화를 받아들이는 스마트한 인류로 탈바꿈해야 한다.

개방과 공유

제3의 개발자　　　스마트폰과 스마트 TV의 근간을 이루고 있는 인터넷은 초기부터 개방과 공유를 중요한 덕목으로 삼았다. 인터넷이 학술적인 논문의 교류를 위하여 만들어진 것이라는 점을 강조하지 않더라도 우리의 인터넷은 개방과 공유라는 정신을 바탕으로 지금까지 성장했다. 인터넷의 거품이 꺼진 이후에 새로운 인터넷의 모습으로 등장한 웹2.0의 정신은 이런 기조와 같은 맥락이라 하겠다. 웹2.0 이후의 새로운 시대정신이라고 할 수 있는 소셜도 개방과 공유라는 정신을 이어받고 있다. 그동안의 인터넷은 빠른 변화와 엄청난 발전 속에서도 그 근본정신만은 유지해 왔다는 생각이 든다. 이제는 무선 인터넷 시대의 총아, 스마트폰이 이러한 개방과 공유의 정신을 이어가고 있다. 스마트폰이 국내 시장을 강타하면서 사용자들이 필요로 할 것 같은 서비스들을 가지고 있는 사업자들이 신속하게 어플리케이션을 내놓지 못하고 있다.

이런 빈틈을 메워주고 있는 것이 바로 제3의 개발자Third Party라 불리는 일반 사용자 그룹의 개인 개발자들이다. 아이폰용 어플리케이션 중에서 국내 시장에서 많은 인기를 끌었던 '서울버스'는 제3의 개발자들의 중요성을 보여준 예라 할 수 있다. 서울 시내 주요 버스 노선은 물론, 해당 버스의 도착 예정 시간, 사용자 주변의 버스 정류장 위치까지 제공하는 이 어플리케이션은 한 고등학생이 개발했다. 그런데 서울버스 어플리케이션은 경기도에서 자신들의 정보를 무단으로 사용하여 만든 것이라 하여 정보 제공을 차단하려고 했으며 이런 상황이 뉴스화되면서 많은 사람들의 관심을 모으게 되었다. 일반 사용자들에게 편의를 제공하는 이 무료 어플리케이션에 대해 긍정적인 의견과 이를 막으려는 정부에 대해 비판하는 내용의 의견이 쏟아지면서 결국 이 어플리케이션은 계속 사용할 수 있게 되었다. 지금의 무선 인터넷 환경에서도 개방과 공유의 정신이 얼마나 창작을 육성하는 효과를 가지는지를 명확하게 보여준 대표적인 사례가 되었다.

물론 일부 개발자들이 공공적인 성격의 정보를 사용하는 것을 넘어서서 특정 사업자가 API를 개방하지 않은 서비스에 대해서도 사전 동의 없이 어플리케이션을 제작하여 유통시키는 사례도 발생하고 있어 문제가 되기도 했다. '네이버 무비'라는 어플리케이션은 NHN에서 API를 개방하지도 않았는데 개발자가 이를 무단으로 사용하여 제작하고 유통시킨 경우이다. 이 어플리케이션은 무료로 배포했기 때문에 NHN에서 문제를 크게 삼지 않았지만 저작권을 위반한 것임에는 틀림없다. 개발자들이 무료 유통을 통해 금전적인 이득을 얻지 않았다 하더라도 다른 사람의 저작물을 무단으로 사용하여 명성을 얻는 등 무형의 이득을 얻었다고 볼 수 있으며 이들이 제작하여 유통시킨 어플리케이션이 문제를 일으킬 경우에는 NHN의 회사 이미지에도 손상을 줄 수 있기 때문에 무료라 할지라도 원저작권자의 허락을 얻는 것이 필요하다. 이런 무료 어플리케이션의 경우에는 대부분 원저작권자가 사후에 개발자에게 API를 개방하는 등의 조치로 큰 문제 없이 해결되고 있지만 향후 스마트폰의 어플리케이션이 큰 수익을 만들어 내게 되는 시점에는 법적인 쟁점이 될 수 있을 것이다.

CGV 영화 예매의 경우는 원저작권자 동의 없이 스마트폰 어플리케이션을 제작해 유료로 판매하여 논란을 일으켰다. 'CGV 영화 예매'는 CGV 각 상영관 정보를 실시간으로 제공하는 편리한 어플리케이션이지만, 제3의 개발자가 이 어플리케이션을 무료가 아닌 유료로 판매하여 CGV에서 서비스를 종료시키게 되었다. 하지만 그 편리성 때문에 사용자들의 요청에 의해 CGV에서 제대로 개발해서 다시 사용이 가능하도록 하겠다고 하여 사건은 잘 마무리가 되었지만 미래의 콘텐츠 개발에 대해 여러 가지 시사점을 준 사건이었다.

인터넷 사업자들은 개방과 공유가 자신들의 서비스를 더욱 풍요롭게 만들어 준다는 것을 잘 알고 있기 때문에 API를 공개하고 이를 통해 자신들이 미처 생각하지 못한 새로운 서비스를 제3의 개발자에 의해서 만들고자 하는 전략을 펼치고 있다. 제3의 개발자에 의해 만들어진 어플리케이션들이 스마트폰이 정착해 가는 지금의 단계에서는 회사의 이미지를 높여주는 역할까지 하고 있어 대부분의 회사들은 이것에 관대한 제스처를 보여주고 있다.

업체들의 이러한 대응은 사실 공유와 개방이라는 덕목에 의해 이루어지기보다는 많은 네티즌들의 여론에 못 이겨 나타난 것이지만 결과적으로 스마트폰 콘텐츠 환경을 풍요롭게 해주고 있다는 것에 큰 의미가 있다. 아직까지 개방과 공유를 통한 사업의 확장이라는 전략이 조금은 생소한 우리의 인터넷 환경에서는 앞으로도 이러한 네티즌들의 격려와 지지가 콘텐츠 환경이 자리 잡는 데에 필요하다고 생각이 된다.

하지만 무분별하게 다른 사람의 저작권을 침해하는 행위를 하는 것을 두둔할 수만은 없다. 이런 점에서 균형적인 감각을 가지고 제3의 개발자들도 다른 사람들이 만든 저작물에 대한 존중을 바탕으로 개방과 공유가 추진될 수 있도록 하는 것이, 개발자들이 지속적으로 좋은 환경에서 서로 소통하며 창작물을 만들어 낼 수 있는 사회 기반을 만들 수 있을 것이다. 스마트폰의 어플리케이션 제작 환경은 스마트 TV에서도 그대로 이어질 수 있을 것이라 예상되며, 이런 점에서 지금의 스마트폰 어플리케이션 제작물에 대한 저작권 문제는 확실한 정리가 필요하다.

소셜 미디어

트위터와 페이스북　　　　요즘 SNS로 유명한 트위터와 페이스북이 인기를 끌고 있는데, 스마트폰이 이런 서비스의 인기에 촉진제 역할을 톡톡히 했다. 이 서비스들이 만들어진 미국에서는 일찌감치 크게 인기를 끌고 있어서 하나의 트렌드를 만들어 내고 있었지만 국내에서는 이제야 활성화되고 있다. 또한 국내에서는 트위터가 사용자를 크게 늘리며 언론에서 조금씩 소개되고 있고, 정치인들의 트위터 사용이 늘면서 트위터가 새로운 정치 도구로 사용되고 있다. 게다가 대통령도 트위터를 통해 민심을 듣는다고 하자, 사용자 수에 비해서는 트위터가 크게 주목받고 있다.

트위터에 비해 아직까지 크게 주목받고 있지는 못하지만 페이스북의 이용자들도 꾸준히 늘고 있는 추세이다. 이 두 가지 SNS 이외의 토종 서비스들도 네티즌을 유혹하고 있지만 외국산 SNS의 인기를 좀처럼 넘어서지는 못하고 있다. 지금 우리의 인터넷 서비스들은 대부분 외국에서 건너온 것들이 차지하고 있다. 외국계 포털이 우리 땅에서는 기를 펴지 못하던 얼마 전과는 많이 달라진 양상이다.

페이스북은 미국 대학생들의 인맥 사이트로 국내에서 한때 큰 인기를 얻었던 아이러브스쿨과 큰 맥락에서는 닮았다. 아이러브스쿨은 잠깐 유행하고 시들해지면서 사이트 자체가 잊혀졌지만 인터넷으로 자신의 옛날 친구들을 연결하고 이를 오프라인 모임까지 할 수 있도록 한 것이 인기의 비결이었다. 우리의 정서는 온라인 문화보다는 오프라인 문화에 더 친숙하기 때문에 온라인은 그저 매개체로써의 역할만을 하고 대부분의 의미 있는 내용들은 오프라인 모임에서 만들어졌다. 이런 이유로 아이러브스쿨은 엄청난 인기에 비해 사라질 때 남겨진 콘텐츠가 거의 없었다.

페이스북은 인터넷의 미래라는 이야기까지 들으면서 세계로 확대되고 있다. 앞으로 검색 시장의 변화를 이끌어 낼 최고의 복병으로 페이스북의 가치는 우리의 상상을 초월한다. 이런 영향력이 가능한 것은 페이스북에 있는 가입자들의 정보와 이것을 활용한 콘텐츠 유통망으로써의 잠재력 때문이다. 페이스북은 온라인에서의 콘텐츠와 이 콘텐츠를 소비하도록 연결해 주는 유통망으로, 지금의 엄청난 가치를 만들어 낸 것이다.

트위터와 비슷한 마이크로 블로그도 우리에게 소개된 지 꽤 되었다. 마이크로 블로그는 100여 자 되는 짧은 글을 올리게 되어 있는데

　　　　　　　　　　　　　　　　　스마트 TV 혁명

이런 형태에 우리의 네티즌들은 잘 적응하지 못했다. 블로그라는 인터넷 매체를 이용하여 자신의 생각을 장문으로 표현해 오던 사람들에게 문자메시지 서비스는 불편함을 초래했다. 자신의 생각을 올리기에는 너무 공개된 공간이었고, 자신이 가진 정보를 공개하기에는 우리 사회가 너무 닫혀있었다. 정보를 공개하는 것보다는 자신만이 정보를 소유하는 것이 아직도 힘이 된다그 믿는 사회 분위기는 이런 서비스를 의미 없는 것으로 만들어 버렸다. 요즘의 사회 분위기 변화를 반영하듯이 네티즌들이 하나둘씩 트위터와 페이스북으로 몰려들고 있다. 자신의 생각이나 정보를 공개하고 공유하려는 새로운 소통의 방식이 우리 사회에도 싹을 틔우고 있는 것이다.

트위터 같은 SNS 서비스가 TV와 결합된 형태가 소셜 TV이다. 그동안 TV는 린백 미디어라고 해서 소파나 의자에 등을 대고 편하게 즐기는 매체이기 때문에, 소셜 서비스 같은 시청 형태를 방해하는 서비스들은 결합되기 어렵다고 생각해 왔다. 이런 이유로 TV를 보면서 다른 사람들과 자신의 생각을 공유하는 서비스를 만들어 내는 것에 대해 이제까지는 부정적인 생각이 많았으나 요즘은 이런 금기를 깨고 새로운 TV의 모습으로 소셜 TV가 자주 거론되고 있다.

인터넷 전화와 스마트폰이 널리 퍼지면서 무선 인터넷을 즐기는 집이 많아지고 있으며 TV를 보면서 노트북(넷북)과 스마트폰으로 인터넷을 하는 사람들도 늘고 있다. TV에서 나오는 내용에 대해 자신과 같은 취향을 가진 친구들과 의견을 나누는 것이 TV를 시청하는 재미를 증가시킨다는 것이다. 그리고 보니 집에서 드라마를 보는 아내는 드라마 중간에 친구들과 문자를 주고받는다. 내용에 대한 공감이 문자 내용의 대부분이다. 누가 자신의 드라마 시청을 방해한다면 문제가 되겠지만 취향이 같은 친구가 자신과 같은 생각을 이야기한다면 드라마가 더 재미있게 느껴진다는 것이다.

소셜 TV는 미국에서도 이제 막 시도되는 하나의 트렌드이다. 성공할 수 있을지는 조금 더 두고 봐야겠지만 친구와 같이 영화를 보러가서 서로 의견을 귓속말로 주고받으며 영화를 즐긴다면 더 재미있지 않겠는가가 이 서비스의 시작점이다. 소셜 TV가 새로운 방송 시청 형태를 만들어 낼 수 있을까. 물론 SNS도 아직 제대로 자리잡지 못했는데 이것이 TV와 결합된 서비스의 성공을 전망하는 것이 빠른 감은 있지만 우리 문화에서는 인터넷보다는 TV를 함께 공유하면서 보는 것이 더 친근하지 않을까 하는 생각이 든다. 우리의 얼마 전 시골 동네엔 TV가 있는 집에 모두 모여 드라마와 스포츠를 보며 함께 울고 웃었던 기억이 있다. 이런 풍경이 새로운 기술로 서로 다른 공간에 있지만 함께 TV를 본다는 공감대를 만들어 낼 수 있지 않을까?

TV와 트위터 같은 SNS 서비스가 결합되는 시도가 여러 기업에서 이루어지고는 있지만 굳이 TV에 이런 기능을 넣어야 하는가에 대해서는 다른 의견들도 있다. 리모콘으로는 글을 입력하는 것이 불편하기 때문에 TV 자체가 SNS 서비스를 내장하는 것보다는 휴대폰이나 노트북을 이용한 연동형 서비스가 더 현실성이 있어 보인다는 것이다. 이런 연동성 서비스는 TV를 바꾸지 않고, 휴대폰이나 노트북을 업그레이드 하는 것만으로도 가능하기 때문에 도입하기가 훨씬 수월하다는 장점도 가지고 있다. 앞으로는 TV에 많은 기능을 내장한 새로운 TV보다는 기존의 TV를 다른 기기와 연동해서 즐길 수 있도록 하는 서비스들이 활성화될 것으로 보인다. 그만큼 TV는 모든 기기와 연결될 수 있도록 개방되어야 하고, 이런 개방된 형태의 TV가 바로 스마트 TV인 것이다.

소셜 미디어, 소셜 웹이라는 용어가 이제는 그리 낯선 말이 아닌 세상이 되었다. 소셜의 의미는 친구와 함께 하는 것이라 할 수 있다. 휴대폰 같은 개인 미디어가 발달하면서 TV 프로그램을 가족이 같이 모여서 보는 상황이 사라지고 사회는 삭막한 개인주의화가 될 것이라는 예측이 전혀 다른 방향으로 전개되고 있는 것이다. 소셜 미디어 시대는 바로 옆에 있는 가족보다도 나와 같은 취향을 가진 먼 외국의 온라인 친구가 더 가깝게 생각되고 그들이 함께 공동체 문화를 만들어 가는 네오 공동체 사회인 것이다.

이런 소셜 미디어의 영향은 미디어를 소비하는 분야뿐 아니라 기업과 정부 부분에도 큰 영향을 미치고 있고, 앞으로 그 변화 요구의 강도는 더욱 거세어질 것으로 보인다. 기업은 소셜 미디어로 인한 사회 변혁이 향후 기업과 소비자의 역할에 있어서도 커다란 변화를 가져올 수 있음을 인식해야 한다. 기업이 원하든 원치 않든 시장의 잠재 고객들은 해당 기업 또는 브랜드에 대해서 이야기하고 있으며 기업은 반드시 그 대화의 일원이 되어야만 미래의 시장에서 살아남을 수 있게 될 것이다. 광고나 홍보를 통해 기업을 알리려고만 하는 시도는 그 효과가 점점 반감하고 있다. 이제 소비자들이 기업에게서 단순히 제품과 서비스를 잘 만들어내는 것 이상을 요구하게 되었다. 기업이 사회적인 책임을 지고 기업이 속한 사회에 경제적인 가치 이외의 것들을 기여해 주기를 바라고 있으며, 수익의 극대화가 조금 훼손되더라도 도덕적인 기준에서 기업이 운영되기를 원하는 방향으로 소비자들의 인식이 변화하고 있다. 이제는 기업이 직접 소비자들과의 대화에 참여해서 고객의 소리를 듣는 것이 가장 중요한 홍보 수단으로 부상하고 있다.

소셜 미디어를 통해서 정치 참여에 대한 인식도 큰 변화를 겪고 있다. 정치도 국민들을 고객으로 하는 정당들의 마케팅이라고 볼 수 있다. 국민에 대한 정부의 홍보도 과거의 고압적인 자세를 벗어나 고객인 국민의 감정을 헤아리고 함께 고민하고 기쁨을 나누어야 하는 시기인 것이다. 앞으로 많은 기업들과 정부 그리고 정당들이 소비자 또는 국민과의 직접 소통 경쟁에 뛰어들 것이다. 소비자나 국민들과 실시간으로 직접 소통하는 것이 꼭 좋은 결과를 주는 것만은 아니다. 오히려 불만, 악성 루머와 같은 기업과 정부에 불리한 정보도 짧은 시간 내에 소셜 미디어를 통해 급속하게 유통될 수 있다. 그렇기 때문에 소셜 미디어를 활용한 기업과 정부의 홍보는 섬세한 접근이 필요하다. 고객과 국민의 목소리에 항상 귀를 기울이고 그들과의 대화를 세심하게 지속하는 것만이 소셜 미디어를 통한 홍보 효과를 극대화할 수 있는 방법이다.

개인화와 사회화

매스미디어의 개인화　　　　신문, TV, 라디오 등의 매스미디어의
가장 큰 특징은 수많은 사람들이 한꺼번에 같은 내용의 메시지를 전
달받게 된다는 것이고, 이런 특성 때문에 현대 사회에서 엄청난 영향
력을 가지게 되었다. 대중매체는 기술의 발달이 우리에게 가져다준
선물로 역사에 큰 변화의 동인으로 작용했으며, 우리의 사회를 작은
촌락에서 거대 국가 그리고 더 나아가 지구촌이라고 불리는 세계 공
동체로 만들었다. 이제 거대 국가의 구성원들은 매스미디어를 통해
같은 내용의 메시지를 듣고 자신들의 동질감을 확인하고 세계를 아
우르는 몇몇 거대 미디어를 통해서 인류가 하나의 공동체라는 인식
도 가지게 되었다.

　인간은 각자 서로 다른 개성과 취향을 가지고 있으며 획일적으로

똑같은 내용의 메시지를 전달하는 매스미디어의 거대한 힘에서 벗어
나려는 성향 또한 가지고 있다. 내가 다른 사람과 같은 조직의 구성
원이라는 것에서 안정감을 느끼는 동시에 나는 다른 사람들과 독립
된 자유의지를 가진 인격체라는 생각도 자리한다. 매스미디어가 기
술의 발달을 통해 나타난 것이듯이, 개인 미디어라고 부르는 최근의
경향들 역시 기술의 발달로 인해 가능해졌다.

언제부터인가 개인화Personalization라는 용어가 사용되기 시작했
다. 그 시작은 인터넷 서비스에서부터 생겨났는데 수없이 많은 콘텐
츠 중에 자신에게 필요한 것만을 선택해서 사용할 수 있게 한다는 것
이 그 취지였다. 인터넷 포털은 그야말로 잡다한 콘텐츠들이 다 모여
있는 곳이다. 누군가 뉴스를 포털에서 이용한다고 할 때, 정치, 경제,
문화, 스포츠 등 다양한 분야의 것들을 포털 한곳에서 모두 볼 수 있
다. 그런데 이렇게 모든 분야의 콘텐츠를 한 곳에 모아두게 되면 이
용자는 자신이 관심있는 것을 일일이 찾아다녀야 하기 때문에 오히
려 이용에 방해가 되는 현상이 발생한다. 그래서 미리 자신의 취향에
맞는 분야만을 선택하도록 하고 이에 해당하는 뉴스만을 볼 수 있도
록 해주는 것이 개인화 서비스의 시작이라고 하겠다.

개인화 서비스는 콘텐츠 내용의 적용뿐 아니라 형식에까지 영향을
주어서 PC 화면을 자신이 원하는 형태로 바꿀 수 있는 기능도 인기
를 끌었다. 다양한 레이아웃을 제공하고, 화려한 스킨Skin을 통해 이
용자들은 마치 자신만의 홈페이지를, 블로그를 가지게 된 것 같은 들
도록 하고 있다. 물론 이러한 서비스들이 가진 기본적인 한계를 해결

하기 위해 이제는 아예 블로그 디자인을 이용자가 알아서 만들 수 있는 서비스까지 나온 상태이다. 휴대폰처럼 이미 그 탄생 자체가 개인 미디어인 경우에는 이러한 개인화 서비스의 경향이 더욱 강한 것은 당연한 일일 것이다. 휴대폰은 처음에는 기기의 외관을 다른 사람들 것과 다르게 꾸미는 제품들의 출시로 개인화가 시작되었다가 휴대폰의 성능이 높아지면서 휴대폰 첫 화면의 개인화가 이루어졌고, 이제 스마트폰이 대중화되면서 콘텐츠의 개인화가 이루어지고 있다.

인류는 개개인이 가진 개성을 표현하는 것을 자신이 살아있는 것을 보여주는 중요한 의식처럼 생각하는 경향이 있다. 이러한 특성에 따라 패션 산업이 성황을 이루고 있고, 디자인이 현대 문화에서 차지하는 비중이 점점 커지고 있는 것이다. 그런데 개인화가 이제 하나의 트렌드로 정착하고 있는 지금, 우리는 다시 소셜이라는 말로 대변되고 있는 공동체 의식이 나타나고 있음을 보고 있다. 인류는 개인이면서 동시에 조직의 구성원일 수밖에 없다는 근원적인 특성이 우리 안에 자리 잡고 있기 때문일 것이다.

우연한 기회에 재미있는 글을 보게 되었다. 톰 스탠디지가 쓴 『빅토리아 시대의 인터넷The Victorian Internet』에는 이미 1840년에 있었던 인터넷 혁명 이야기가 쓰여 있다. 내용을 간단히 소개하자면 다음과 같다. "1840년 전보가 발명되면서 큰 인기를 얻게 되고 이에 따라 거미줄형의 전보망이 기하급수적으로 증가했다. 전보망의 증가로 이와 관련된 새로운 회사와 비즈니스 모델이 생겨났으며, 업무 추진의 속도를 가속화함으로써 기업들의 생산성이 증대되었고, 대부분의 회사들이 전보를 수용하게 되었다. 이런 변화에 따라 일각에서는 정보의 과부하와 가정생활에의 침해라는 비판이 제기되기도 했으며, 전보망을 활용한 새로운 형태의 범죄가 발생하기도 했다. 또한 먼 도시에 살고 있던 전신사들 간의 사랑 이야기도 생겨났고, 이상주의자들은 지구상의 모든 사람들이 하나의 지적 네트워크로 묶일 수 있다는 주장도 했으며, 자유로운 사상의 교환이라든지 새로운 평화 시대를 예견하기도 했다."

어디서 많이 본 내용이 아닌가 하는 생각이 드는 건 필자만은 아닐 것이다. 정말 전보가 처음 등장하고 나타난 사회의 변화가 인터넷이 우리에게 가져다준 변화와 너무도 흡사하다. 전보에 비해 지금의 인터넷과 네트워크 기술이 인류가 이상적으로 생각하는 것을 달성할 가능성이 더 높다고 하더라도 그때의 이상이 이루어지지 않은 것처럼 지금의 인터넷 이상주의 또한 꿈으로 그칠 가능성이 있다. 전보가 만든 네트워크에서도 사람들은 서로 생각을 공유할 수 있는 가상의 공동체를 꿈꾸었고 서로 간의 연결을 갈망했다.

네트워크 기술은 기본적으로 사람을 묶어주는 기능을 가지고 있다. 물리적으로 멀리 떨어져 있는 사람들을 연결해 주어 정서적으로 묶어 주고 이를 통해서 공감대를 만들어 주는 역할을 하는 것이다. IT 기술의 발달로 개인화가 인류에게 사람들마다 가진 개성의 표현을 가능하도록 해주었다면, 이런 개개인들의 공통점을 네트워크상에서 찾아 주어 전에는 존재하지 않았던 새로운 공동체를 만들어 주게 된 것도 IT 기술이 우리에게 준 선물이다. 소셜 미디어를 이용하는

사람들은 인터넷 공간에서 자신과 소통할 수 있는 사람들을 찾아 가
상의 공동체를 만들고 있으며 이런 현상은 개인화가 극단까지 추구
되는 현실 속에서 더욱 가속화되고 있다. 개인화와 사회화가 함께 진
행되고 있는 모습에서 우리 인류가 가지고 있는 야누스적인 성격이
드러나고 있는 것이다.

스마트 미디어 시대에는 이처럼 개개인이 원하는 대로 자유롭게
자신을 표현할 수 있는 개인화가 극대화되면서, 개인화된 개인이 네
트워크라는 가상의 공간에서 서로 공감할 수 있는 다른 사람들과 공
동체를 만드는 현상이 자연스럽게 여겨지는 양면적인 사회가 될 것
이다.

법과 제도

스마트 TV와 제도　　　　IPTV는 그 용어가 등장하자 이것이 방송인지 통신인지에 대한 논쟁이 벌어졌다. 방송통신융합 시대라는 말이 진부해졌는데도 IPTV가 방송인가, 통신인가 하는 논쟁은 사실 관련 사업자들에게는 너무나 중요한 문제이기 때문에 이 논쟁은 그 끝을 모르고 계속 되었다. 우리 사회에서 방송은 그 영향력으로 인해 많은 규제를 안고 사업을 진행하고 있지만, 그것에 비해 통신 쪽은 규제의 강도가 조금은 덜한 편이다. 사업자라면 그 누구도 규제가 많은 것을 좋아할리 없기 때문에 IPTV 사업자인 통신사들은 이 서비스를 계속해서 방송이 아니라고 주장해 왔다. 하지만 방송사 입장에서는 IPTV를 방송이 아닌 제3의 것이라는 주장에 동의하기가 어려웠다. 이 논쟁은 새로운 미디어 IPTV에 대한 주도권 다툼이 내재되어 있는 것으로 미래의 방송에서 과연 누가 주도권을 장악할 것인가에 대한 문제였기 때문에 관련 업체 누구도 양보할 수 없었던 것이다. 산업의 발전을 촉진한다는 측면으로보면 IPTV를 통신으로 보고 되도록 규제를 줄여주는 것이 합당한 선택이었지만, IPTV가 가지는 방송으로써의 측면 또한 무시할 수 없었고 다른 방송, 특히 케이블과의 형평성 문제 등 여러 가지 쟁점으로 끊임없이 진행되었는데 논쟁은 결국 IPTV 방송을 위한 법률이 제정되면서 일단락되었다.

이제 스마트 TV에서도 비슷한 논란이 재연될 가능성이 있다. 스마트 TV의 어플리케이션에서 서비스하게 될 기능들을 방송이라고 불러야 할까 아니면 통신 서비스라고 불러야 할까? 물론 스마트 TV는 IPTV처럼 사업자의 선정이나 방송사를 허가하는 등의 문제가 없는, 스마트 TV를 통해 각종 서비스를 제공하는 회사들을 어떻게 규정할 것인가에 대한 고민이 필요한 것이 사실이다. TV용 앱스토어의 어플리케이션은 등급제를 실시할 것인가? 그럼 결국 누군가 이 앱스토어를 관리해야 하는 문제가 발생하는데 이를 기업에만 맡겨두는 것이 타당한 것인가? 어플리케이션에 문제가 있다면 그 책임은 누구에게 있는 것인가? 어플리케이션 제작자가 책임을 질 것인지? 아니면 앱스토어를 관리하는 기관의 책임인가?

현재 어플리케이션 온라인 시장인 앱스토어는 회사마다 자체적으로 관리하고 있으며 그 수도 점점 늘어나고 있다. 관련 회사들 모두가 미래에는 앱스토어가 미디어의 판도를 좌우하게 될 것이라는 것을 직감적으로 느끼고 있다.

애플은 자신들이 정한 철저한 기준을 가지고 이것에 적합하지 않은 어플리케이션은 앱스토어에 올리는 것을 허락하지 않는 정책을 펴고 있으며, 구글은 최소한의 규제만 할 뿐 어떠한 어플리케이션이든지 시장에 올릴 수 있도록 하고 있다. 스마트폰은 주로 개인이 자신만의 세계를 담아서 사용하는 개인 미디어이지만, TV는 휴대폰과는 다른 특성을 가지고 있다. TV용 앱스토어는 TV가 가지는 미디어적인 특성상 가족이 함께 어플리케이션에서 제공하는 콘텐츠를 공유할 가능성이 크기 때문에 스마트폰의 어플리케이션 앱스토어보다는 규제가 더 가해질 수밖에 없다. 그렇다면 스마트 TV 어플리케이션들은 시장에 올려지기 전에 심사를 누군가에 받아야 하므로 어플리케이션 심사 기구의 신설과 심의위원의 선발이 있어야 할 것이다. 그리고 이 심의 기구의 성격을 어떻게 규정할지에 대해서도 논의가 필요하다. 어플리케이션의 등급제를 시행하게 된다면 등급을 정하는 것을 제작자에게 맡기고 이를 사후에 심의 기구에서 추인하는 방법으로 하게 될 것이다.

새로운 기술과 미디어가 세상에 선을 보일 때에 사람들은 그것이 가져다줄 변화에 치중하여 관심을 가지게 되지만, 현실에서는 기존 사회의 법규와 제도와의 조화가 결국 그 기술이나 미디어의 성공을 좌우하게 된다. 조직의 구성원이 새로운 것을 받아들일 때, 법규나 제도에 대한 고민 없이는 스마트 TV의 성공을 장담하기는 힘든 것이다. 개인 미디어라는 이미지를 가진 스마트폰에 비해 스마트 TV는 가족이 함께 사용하는 공동 미디어의 성격이 강하기 때문에 이런 법

　　　　　　　　　　　　　　　　　　　　스마트 TV 혁명

규나 제도에 대한 이해가 중요한 요소가 될 것이다. 스마트 TV를 중심으로 한 스마트 미디어 시대를 위한 준비를 위해 명확한 법규의 선행적 마련이 필요하다.

또한 새로운 시대에 맞추어 저작권에 대한 법규도 정리도 필요하다. 기존 아날로그 기술 시대의 역사적 산물인 저작권 개념에 대한 디지털 시대의 변형이나 획기적인 사고의 전환이 이루어져야만 스마트 TV 시대에 맞는 디지털 콘텐츠의 활성화가 이루어질 수 있다. 그런 고민 중에 하나가 바로 CC 운동이다.

CC 운동

요즘 저작권이라는 무형의 권리에 대해 많은 사람들이 관심을 보이고 있다. 저작권이라는 것이 저작권자 사후 70년 동안 보장이 된다는 것이 알려지면서, 대중가요 작사, 작곡가들의 저작권 수입이 꽤 높다는 소문이 돌면서 금전적인 이유로 더 관심을 갖는 듯하다. 음악과 방송, 영화 등 일반 대중에게 인기를 얻고 있는 콘텐츠는 이러한 저작권 보호에 따른 수입이 상당한 것이 사실이다. 이런 금전적인 이유 때문만은 아니겠지만 요즘은 저작권 보호를 강조하는 목소리가 꽤 크다.

그런데 저작권을 보호하려는 움직임과 반대되는 운동이 나타나고 있다. 카피라이트copyright라고 불리는 저작권에 반대되는 개념으로 카피레프트copyleft 운동이 그것이다. 이 운동의 주장을 단순화해 보면 이렇다. 저작권 보호는 저작권자의 권리를 보호하여 창작에 따른

정신적, 금전적 보상을 갖도록 하고, 이를 통해서 보다 더 질 높은 창작물을 제작하도록 하는 선순환 구조를 만들어 내는 것인데 저작권이 점점 복잡해지면서 오히려 새로운 창작을 방해하는 현상이 일부 나타나고 있다는 것이다. 그러므로 결론은 모두가 공유해서 사용하는 것이 보다 더 좋은 결과물을 만들어 낼 수가 있다는 것이다.

이런 주장에 현실적인 고민을 더한 것이 바로 CC 운동이다. 간단하게 말하자면 저작물에 대해 미리 사용할 수 있는 범위를 설정해 두자는 것이다. 저작권자가 자신의 창작물에 대해 이것은 마음대로 써도 된다든지, 비영리적인 부분에서만 사용이 가능하다든지, 자신이 만든 것이라는 내용을 나타날 경우는 마음대로 써도 된다든지 등 조건을 붙여서 저작물을 내놓자는 것이다. 그러면 다른 사람들이 이를 보고 쉽게 사용할 수 있으니 저작권 때문에 창작에 제한이 생기지는 않을 것이라는 내용이다.

그림 18 | CC 운동

위의 표에 보이는 것처럼 여섯 가지 자신의 저작물에 표시를 해두면 다른 이용자들이 저작자와의 번거로운 계약 없이도 정해둔 조건만 지킨다면 편리하게 이용할 수 있게 되는 것이다. 합리적으로 보이기는 하지만 이 운동은 창작자가 적극적으로 동참하지 않으면 추진할 수 없는 내용이기 때문에 전파가 그리 빠르지 않은 편이다. 특히 상업적인 목적으로 만들어진 창작물의 경우는 자신의 권리를 미리 일정 부분 포기해야 하는 것이어서 더 쉽지 않다. 그래서 공공 부문의 CC 적용이 많이 논의가 되고 있다.

저작권 개념이 우리 땅에서 제대로 자리를 잡기도 전에 CC라는 저작권 운동을 만나게 되었다. 저작권을 보호해서 질 높은 창작물을 만들 수 있도록 하는 것과 저작물을 창작자가 자발적으로 그 정도를 정해 개방하여 더 많은 창작이 가능하도록 하는 이 두 가지 방향이 조화를 이루어 우리 콘텐츠가 더 다양하게 발전했으면 하는 바람이다.

디지털 콘텐츠에서는 기존의 소유라는 개념이 의미가 없다. 디지털 기술의 발달로 이제 콘텐츠의 원본과 복사본은 그 품질의 차이를 구분할 수 없게 되었다. 기존의 저작권 개념이 저작자에게 자신의 저작물에 대한 모든 배타적 권리를 주었다는 것은 무형의 저작물에 대한 배타적인 소유권을 인정했던 것인데, 이저 소유의 개념에서 소비의 개념으로 변화가 일어난 콘텐츠 산업에서는 저작권에 대한 새로운 인식이 필요하다.

스마트 미디어 시대는 단순히 기술적인 진보나 새로운 콘텐츠의 개발뿐 아니라 이를 아래서 받혀줄 수 있는 법과 제도의 정비도 중요하다. 이런 문제에 대한 사전 작업이 없다면 스마트 TV도 그 모습을 만들어 가는 초창기에 IPTV가 그랬던 것처럼 엄청난 혼란을 일으키게 될 것이다. 이것이 곧 다가올 스마트 미디어 시대를 준비하는 첫 단추가 법과 제도에 대한 준비여야 하는 이유이다.

스마트 TV와 망 중립성

망 중립성　　인터넷의 대중화를 이끈 가장 큰 요인은 바로 초고속 인터넷망의 확충이다. 망을 확충하는 사업은 엄청난 금액의 투자가 필요한 것으로 대기업들만이 뛰어들 수 있는 분야이다. 그러다 보니 초기 인터넷 사업은 기존의 거대 통신사들의 차지였다. 그런데 망이 확충되자 이제 망을 이용한 콘텐츠 비즈니스가 중요해졌고 모든 과실이 콘텐츠 사업자와 플랫폼 사업자에게 넘어가 버리게 되었다. 실제로 미국의 망 사업자들은 야후, 구글, 유튜브, 네이버 등 대형 포털(플랫폼)사업자들이 거대한 비용이 드는 망 구축에 일체 기여하지 않고도 높은 수익을 올리는 것에 불만을 가져왔다. 망 중립성 지지자인 미국의 로렌스 레식 교수는 2006년 「파이넨셜 타임스」에 기고한 글에서 "동영상 공유 사이트인 유튜브가 1년여 만에 TV 네트워크에 견줄 만

한 시청자를 확보할 수 있었던 것은 망의 중립성 덕분이었다."고 분석
했다. 이것은 국내의 포털 네이버나 다음이 급속도로 성장한 이유와
동일하다고 할 수 있다.

일반 소비자들은 KT 등 통신사에 매달 일정액을 지불하면서 인터
넷 콘텐츠를 즐기고 있고, 포털이나 동영상 사이트들은 IDCInternet
Data Center에 사용 트래픽만큼의 이용 대가를 지불하며 인터넷 콘텐
츠를 서비스하고 있다. 그런데 콘텐츠에서 수익이 발생하는 시장이
형성되고 망의 이용 대가를 소비자에게서 받는 시장이 포화가 되면
서 통신사들은 망 개선 투자를 명목으로 대형 트래픽을 유발하는 인
터넷 사업자에게 공동의 비용을 부담할 것을 요구하고 있는 것이다.
통신사들이 직접적으로 콘텐츠 비즈니스를 펼칠 수 있는 포털 같은
플랫폼 시장에 뛰어들기를 원하고 있다.

통신사들은 망을 고도화하는 것에 들어가는 엄청난 비용을 이유로
자신들의 투자금에 대한 보장을 요구하고 있으며 이를 위해서 사유
재산인 망을 자신들의 사업을 위해서는 일부 콘텐츠에 대해 폐쇄적
으로 운영할 수 있어야 한다고 주장하고 있다. 이런 망 사업자들인
통신사들의 움직임에 대해 콘텐츠 사업자를 보호하고 앞으로 인터넷
환경이 거대 기업에 의해 독과점되는 것을 막기 위한 논리가 바로 망
중립성이라고 할 수 있다. 이미 소비자와 콘텐츠 사업자들이 정당한
사용료를 지불하고 있기 때문에 더 이상 비용을 요구하는 것은 통신
사들의 횡포라는 주장이다. 인터넷 공간은 누구나 차별받지 않고 자
신의 콘텐츠를 올릴 수 있는 공간이어야 하며 인터넷 망은 사기업의

　　　　　　　　　　　　　　　　　　　　　　스마트 TV 혁명

투자로 만들어졌다고 해도 공공재적 성격을 가질 수밖에 없는 것이라는 생각이다.

미국의 망 중립성 문제는 통신사인 컴캐스트가 P2P 서비스인 비트렌트를 트래픽을 과다하게 유발한다는 이유로 막으면서 불거졌다. 그 후 미국의 연방통신위원회가 나서면서 컴캐스트의 조치에 대해 제재를 가하자, 컴캐스트는 이를 법정으로 가지고 갔고 법원은 컴캐스트의 손을 들어주었다. 사유 재산에 대한 보장을 중요하게 생각하는 미국 사회에서 망을 구축하기 위해 투자를 한 통신사들의 권리를 우선시한 결정을 내린 것이다. 그 후 FCC가 미래의 미디어 산업의 발전을 위해서는 망 중립성이 필요하다는 판단으로 제3의 길The 3rd Way이라는 안을 들고 나오게 된다. 이 제3의 길은 인터넷 서비스를 기존의 정보 서비스에서 통신 서비스로 바꾸어 FCC가 통제할 수 있도록 한 이후에 망 중립성에 대한 부분 이외는 규제를 유예하는 방법을 말하는 것인데 이에 대해 미국 정치권이 이견을 보이고 있어 제대로 추진될지는 미지수이다.

이렇게 망 중립성에 대한 정책의 기준을 마련하지 못하고 있는 것은 우리나라도 마찬가지이다. 국내에서는 2005년 인터넷 전화의 인터넷 망 이용 대가 산정시부터 망 중립성 논의가 시작됐다. 그 뒤 2006년 9월에는 LG파워콤이 하나로텔레콤에 임대한 광동축 혼합망HFC에서 하나 TV 트래픽을 차단하면서 망 중립성 논쟁을 일으켰다. 당시 LG파워콤은 하나 TV의 트래픽 때문에 다른 서비스 이용자들에게 피해를 줄 수 있다며 일방적으로 접속을 차단했다. 문제는 LG파워콤과 하나로 사이의 상호 정산을 조절하는 것으로 해결되었지만, 하나 TV 측은 이 과정에서 자신들의 협상에 유리하게 여론을 이용하기 위해서 문제를 포털 및 UCC 업체 등 인터넷 전체 문제로 확산시켜 버렸다. 곰 TV, 판도라 TV 등의 UCC, 웹 TV 서비스도 트래픽을 유발한다며 형평성 문제를 제기한 것이고 이를 통해 다시 망 중립성 문제가 논란의 중심이 되었지만 결론을 만들어 내지는 못했다.

또한 현재 케이블 방송 사업자MSO들은 자사의 망을 이용하는 소비자들에게 IPTV 사용을 여전히 허용하지 않고 있다. 이들은 IPTV에 대하여 망을 개방할 경우 트래픽이 갑자기 커져 인터넷 등 다른 서비스 이용에 문제가 생긴다고 주장하고 있지만, 이는 앞으로 인터넷 환경의 변화에 따라 다르게 변화해야 할 것으로 보인다. 이제 케이블 망과 초고속 인터넷망은 모두 인터넷이라는 새로운 미디어로 통합되어 가고 있으며 가까운 미래에 궁극적으로는 모든 망이 통합되어 자유롭게 콘텐츠가 오가는 세상이 만들어야만 우리의 미래 콘텐츠 환경이 구축되어 질 수 있다.

특히 최근에는 스마트폰 도입 이후 이동통신 사업자들이 모바일 인터넷 전화 서비스 이용을 제한하면서 무선망 중립성 이슈가 새롭게 등장하고 있다. 유선과 무선에서 모두 망 중립성을 같이 가져가야 하는가의 문제가 나타났고, 한때 구글이 버라이즌과 무선에서의 망 중립성을 유보한다고 합의했다는 소식이 전해지면서 비난에 휩싸이기도 했다. 스마트 TV 시대가 되면 이러한 망 중립성의 문제가 중요한 이슈로 다시 한 번 나타나게 될 것으로 보인다. 이제 대부분의 동영상 콘텐츠는 인터넷에서도 HD 화질로 유통되고 있기 때문에 스마트 TV를 이용하여 동영상을 시청하는 것이 상당한 트래픽을 유발하게 될 것이 분명한 사실로 보인다. 그런데 이런 서비스를 망을 소유한 업체들이 자신들의 이익에 도움이 되지 않는다는 이유로 막게 된다면 제대로 된 서비스가 자리잡기 어렵게 될 것이며 스마트 TV라는 기기도 그 의미가 퇴색하게 될 것이다. 이런 이유로 망 중립성은 스마트 TV의 성공을 위해서도 미리 정책이 정리가 되어야 할 문제이다.

망 중립성을 해결할 방법 중에 하나가 화이트 스페이스이다. 화이트 스페이스는 지상파 TV 방송 채널의 주파수 사이에 존재하는 주파수로 어느 한 회사에 넘기지 않고 모두에게 개방하여 제2의 와이파이를 만들려고 하는 움직임을 보여서 주목받고 있다. 현재 공짜로 인터넷을 이용할 수 있는 와이파이 주파수 대역은 원래는 아주 사소한 용도로 사용하기 위해 일반에 개방된 주파스 대역이 사람들의 연구가 거듭됨에 따라 지금의 형태로 자리를 잡은 것으로 무선 인터넷의 폭발적인 성장에 큰 기여를 하게 된 것이다. 화이트 스페이스가 제2의 와이파이를 만들어 낼 것이라 보고 이미 수퍼–와이파이Super-WiFi라는 용어까지 등장했다. 이렇게 주파수 일부를 공중에 개방하여 사기업들이 만들어 내기 어려운 혁신을 창조해 낼 수 있다는 점에서 미국의 망 개방 정책은 주의 깊게 지켜볼 필요가 있다.

모든 미디어는 하나로
통합되어 간다

사람은 누구나 자신의 생각을 다른 사람에게 전하고 싶어한다. 그 의사 표현의 방식이 음악이든 영상이든, 그림이든 아니면 목소리이든 여러 가지 미디어를 사용하여 자신의 생각을 타인에게 전하려는 것은 사람의 본능 같은 것이라 여겨진다.

현대는 커뮤니케이션이 크게 발달하면서 많은 사람에게 자신의 얘기를 전할 수 있는 수단인 매스미디어를 탄생시켰고, 이런 미디어를 소유하는 것은 엄청난 권력을 갖는다는 것을 뜻한다. 방송은 가장 강력한 의사전달의 수단이며, 이에 종사하는 사람들은 매체의 특성 때문에 자신의 이야기를 여러 사람에게 전할 수 있는 위치에 서게 된다.

스마트 TV가 미래 미디어로써 관심받고 있는 것은 이러한 방송이 가진 엄청난 영향력에서 기인하는 것이라 보인다. 인터넷의 등장으로 TV와 신문 등 기존의 미디어들은 한동안 수세에 몰려 있는 것처럼 보였다. 하지만 인간의 미디어 소비 행태라는 것은 한순간에 변화하는 것이 아니기 때문에 뉴 미디어의 홍수 속에서도 TV가 가지고 있는 마력은 좀처럼 줄어들지 않고 있다.

스마트 TV는 인터넷으로부터 시작된 새로운 미디어의 물결과 기존의 미디어가 수렴하는 지점이 될 것이다. TV가 가진 마력은 모든 콘텐츠를 빨아들여서 TV화하는 마술을 보여주고 있으며 그 궁극적인 모습이 스마트 TV가 될 전망이다. 미래 미디어 소비의 중심이 TV가 될 것이며, 미디어 센터로써의 역할을 담당하게 될 것이라는 것은 SF 영화를 통해서도 미루어 짐작할 수 있다. 영상이 주는 무시무시한 영향력과 컴퓨터의 정보처리 능력이 결합된 스마트 TV가 인간이 미래 사회에서 꿈꾸는 미래 미디어의 모습인 것이다.

인터넷이 디지털이라는 이름으로 모든 미디어를 아우르는 궁극의 미디어가 됨에 따라 인터넷을 어떤 단말기를 사용해서 이용하는가에 대한 것이 다를 뿐 이제 모든 미디어는 하나로 통합되어 간다는 것이 필자의 생각이다. 이미 콘텐츠 제작자들에게 플랫폼이라는 것은 큰 의미가 없어졌다. 하나의 콘텐츠 소스를 이용하여 다양한 매체에 맞는 여러 버전의 콘텐츠를 제작하여 가능한 모든 곳에서 소비자들과 만나는 새로운 전략이 콘텐츠 업계의 미래라는 생각이다. 스마트 TV에서 즐기는 콘텐츠를 스마트폰에서도 즐길 수 있고 태블릿에서도 즐길 수 있다. 플랫폼으로써의 TV는 이제 인터넷이라는 커다란 바다의 가장 큰 대양이 될 것이다. 하지만 그동안 이 TV라는 거대한 대양은 인터넷이라는 바다가 집어 삼키기에는 너무나 견고한 성 같았다.

이제 TV는 인터넷을 받아들이며 새로운 세상을 만드는 변혁의 초입에 서있다.

물론 스마트 TV가 막 시작된 지금부터 소비자들의 관심을 받으며 고속 성장하리라는 것은 지나친 기대일 수 있다. 하지만 스마트 TV가 가지고 있는 거대한 잠재력은 그 누구도 부인할 수 없으며 몇 년 안에 그 위력을 보여주리라 생각된다. 이 책에서 언급한대로 새로운 사용자 경험을 가능하게 해줄 기술의 적용이 필요하며, 디자인적인 요소의 결합도 필요하다. 또한 그동안 소비자들이 경험하지 못했던 새로운 콘텐츠와 서비스의 개발도 이어져야할 것이다. 기존의 미디어인 TV와 신문, 책 등 고급 콘텐츠를 생산하던 업체들이 이제 사고를 변환하여 새로운 기술을 받아들이고 이들과 함께 그동안 창조하지 못했던 새로운 콘텐츠 생산에 도전해야 할 때인 것이다.

1. 『웹 이후의 세계』(2009, 김국현)

2. 『비즈니스 발가벗기기』(2010, 리처드 브랜슨)

3. 『블루오션 전략』(2005, 김위찬, 르네 마보안)

4. 『빅토리아 시대의 인터넷』(1999, 톰 스탠디지)

5. 『마이크로트렌드』(2008, 마크 펜)

6. 『메가트렌드』(존 네이스비트)

7. 『소셜 웹이다』(2010, 김재연)

8. 『디지털 방송과 방송통신 융합 서비스』(2008, 정화섭/서흥수/고우종)

9. 『제 4의 불』(2010, 정지훈)

10. LG전자 홈페이지 www.lge.co.kr

11. 삼성전자 홈페이지 www.samsung.com/sec

12. 지디넷코리아 www.zdnet.co.kr

13. VoIP on Web2.0 www.mushman.co.kr

14. 제레미의 TV 2.0 이야기 http://jeremy68.tistory.com

15. 하이컨셉＆하이터치 http://health20.kr

16. 위키백과 www.wikipedia.or.kr

17. 블로터닷넷 www.bloter.net

18. 네이버 백과사전 www.naver.com

19. 크리에이티브 커먼스 코리아 www.creativecommons.or.kr

20. 유튜브 www.youtube.com

21. 구글 www.google.co.kr

22. 씨넷 www.cnet.com

KI신서 3114

스마트 TV 혁명

1판 1쇄 인쇄 2011년 1월 28일
1판 1쇄 발행 2011년 2월 7일

지은이 고찬수 **펴낸이** 김영곤 **펴낸곳** (주)북이십일 21세기북스
기획 김정규 **편집** 오원실 **본부장** 이승현 **디자인** 박선향
마케팅·영업 문병구 도건홍 박민준 이총석
출판등록 2000년 5월 6일 제10-1965호
주소 (우413-756) 경기도 파주시 교하읍 문발리 파주출판단지 518-3
대표전화 031-955-2100 **팩스** 031-955-2151 **이메일** book21@book21.co.kr
홈페이지 www.book21.com

ⓒ 2011 고찬수

값 17,000원
ISBN 978-89-509-2870-4 13320